KB273147

서범강의 웹툰 경제학

서범강의 웹툰 경제학

초판 1쇄 인쇄 2026년 1월 22일
초판 1쇄 발행 2026년 1월 30일

지은이 서범강
펴낸이 박세현
펴낸곳 팬덤북스

기획 편집 곽병완
디자인 김민주
마케팅 전창열
SNS 홍보 신현아

주소 (우)14557 경기도 부천시 조마루로 385번길 92 부천테크노밸리유1센터 1110호

전화 070-8821-4312 | **팩스** 02-6008-4318
이메일 fandombooks@naver.com
블로그 http://blog.naver.com/fandombooks

출판등록 2009년 7월 9일(제386-251002009000081호)

ISBN 979-11-6169-383-5 03320

서범강의 웹툰 경제학

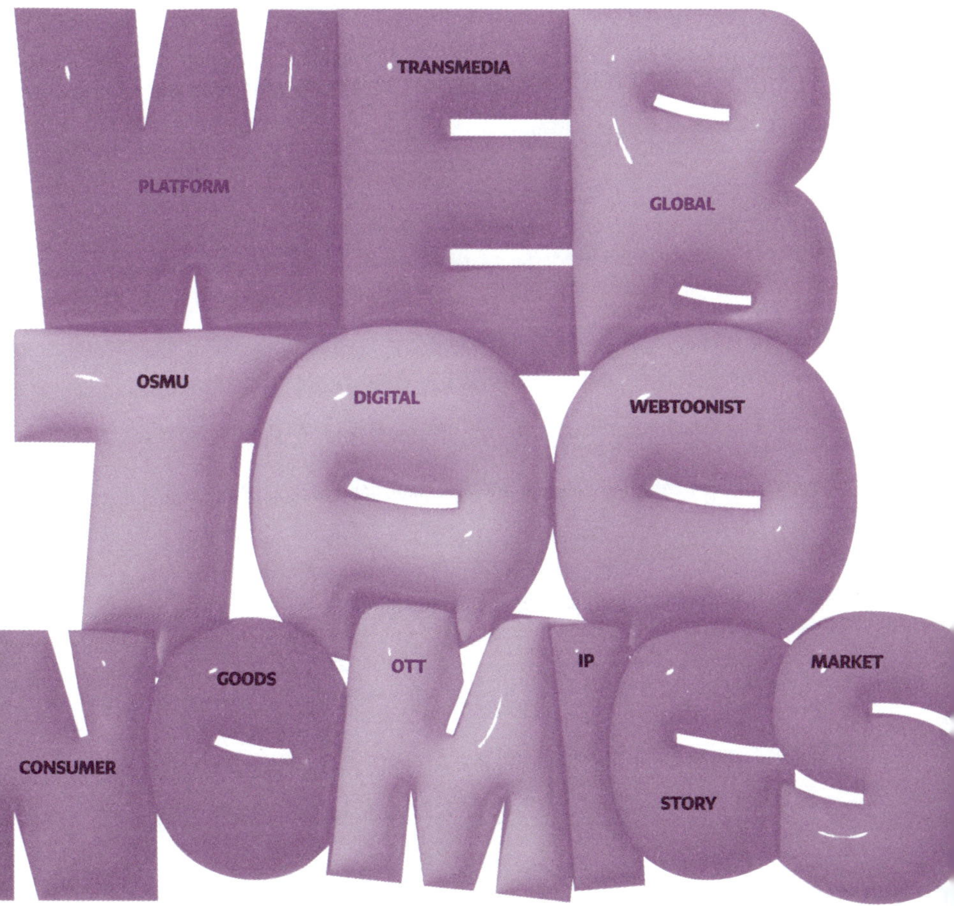

팬덤북스

웹투노믹스의 시대가 온다

 한 편의 웹툰이 만화는 물론이고 IT, 출판, 방송, 캐릭터, 광고 등 콘텐츠 관련 산업 전반으로 파생되면서 사회문화적 의제를 제시하고 경제산업적 구조를 만들어내고 있다. 20세기의 일본 만화산업이 만화잡지의 '망가' 작품들을 중심으로 애니메이션, 방송, 캐릭터 라이선싱으로 이어지는 망가노믹스Manganomics 의 시스템을 구축하였다면, 이제 우리 만화산업은 우수한 웹툰 작품을 중심으로 한 웹투노믹스Webtoonomics 의 시대를 열고 있는 것이다.

- 2014년 한국문화산업교류재단 〈2014 한류백서〉 중

지난해 국내 웹툰시장 규모는 5,800억 원. 2020년에는 1조 원 규모의 시장이 예상된다. 스마트폰 보편화와 함께 인터넷 포털 사이트에 연재되는 웹툰의 파급력이 강해진 것이다. 웹툰의 경제적 가치를 환산해 '웹투노믹스Webtoonomics'라는 신조어도 생겼다. 광고와 유료 연재를 통한 1차 수익뿐 아니라 웹툰을 원작으로 한 드라마, 영화 등 2차 창작물로 판권 수익을 얻을 수 있기 때문이다.

– 2017년 독서신문 〈책으로 세상을 비평하다〉 중

한국의 웹툰산업은 차세대 문화 콘텐츠로서 영화와 방송드라마는 물론, 연극, 뮤지컬, 게임 등의 원천 콘텐츠로 각광받고 있다. 최근 웹툰을 원작으로 한 영화 〈신과 함께〉는 관객수 1,400만 명을 모으며 역대 영화 관객 순위 2위를 달성하는 등 큰 성과를 거두고 있다. 이러한 시대 변화를 반영하듯 웹툰의 경제적 가치를 의미하는 '웹투노믹스webtoonomics'라는 신조어도 생겨났다.

– 2018년 한국저작권보호원 〈CHANGE vol.09〉 중

웹툰업체들이 해외 시장에 공들이는 이유는 광고와 유료 연재를 통한 1차 수익뿐 아니라 웹툰을 소재로 한 드라마, 영화 등 2차 창작물로 거둘 수 있는 판권 수익 때문입니다. 잘 만든 웹툰 하나로 방송·출판·광고 등 다방면에 걸쳐 수익이 창출되면

서, 웹툰의 경제적 가치를 의미하는 웹투노믹스webtoonomics 라는 말이 신조어로 생겨났습니다.

- 2019년 〈시사상식 노트 7_시선뉴스〉 중

한국에서 자생적으로 만들어져 플랫폼을 중심으로 성장과 진화를 거듭해온 K-웹툰은 이른바 '웹투노믹스webtoonomics '라는 신조어까지 등장시키며 가장 수익성 있는 차세대 한류 콘텐츠로 인식되고 있다.

- 2021년 한국문학번역원
〈문화 콘텐츠 번역 시스템 및 번역가 1차 질적 연구〉 중

잘 만들어진 웹툰이 단지 콘텐츠의 한 형태에 그치지 않고, IT, 출판, 방송, 캐릭터, 광고, 게임, 공연, 전시 등 콘텐츠와 미디어 관련 산업 전반으로 파생되며 사회문화적 의제를 제시하고, 나아가 경제산업적 구조까지 만들어내고 있다. 이는 웹툰이 단순한 문화 소비재를 넘어서 다양한 산업 분야에 영향을 미치도록 연결된 콘텐츠 생태계의 중심축으로 기능하고 있음을 의미한다. 웹툰은 IP 기반 산업 간 가치사슬의 시작점이자, 다양한 분야의 연쇄적 수익 창출을 이끄는 경제적 엔진으로 작동하고 있으며, 창작물이 산업 전체의 구조와 소비자 행동에까지 영향을 주게 되는 새로운 경제 현상의 상징으로 대두되고 있다.

이는 창작물의 소비를 넘어서 생산과 유통, 재생산의 전 과정에

서범강의 웹툰 경제학

서 발생하는 다층적 가치와 연결되어 있으며, 결과적으로 웹툰은 단일 콘텐츠 장르를 넘어, 지식재산IP 기반 경제의 핵심축으로 자리매김하며 산업 생태계 안에서 중심축 역할을 수행하게 되었다. 이는 콘텐츠 생산 → 유통 → 2차 확장영상화, 출판, 게임화 등 → 파생상품화 → 글로벌 진출로 이어지는 가치사슬 전반에서 웹툰이 차지하는 전략적 위치를 보여주는 셈이다.

특히 플랫폼 경제 내에서 웹툰은 고정 독자층 확보, 정기 결제 기반 수익 창출, 글로벌 콘텐츠 수출의 선도 콘텐츠로 기능하며, 창작자 고용 및 연관 산업의 고부가가치 창출에도 실질적인 영향을 미치고 있다. 이는 대한민국의 웹툰이 중심이 되어, 디지털 플랫폼을 기반으로 한 연재 구조와 글로벌 유통, 애니메이션, 영상화, 방송 연계, 캐릭터 라이선싱과 IP 비즈니스 확장까지 포괄하는 새로운 문화경제 시스템이 하나의 산업 질서로 자리 잡아 가고 있음을 보여준다.

국내 웹툰시장은 2022년 기준 1조 8,920억 원 규모를 형성하였으며, 2023년에는 전년 대비 19.7% 증가한 2조 1,890억 원을 기록하며 2조 원을 넘어섰다. 이와 같은 성장은 스마트폰 보급과 디지털 플랫폼의 확산, 그리고 포털사이트의 무료 연재 기반의 독자 경험의 축적을 통해 폭발적으로 이루어진 것이다. 나아가 웹툰의 경제적 가치는 1차 수익유료 연재 광고 수익에서 끝나지 않고, 이를 원작으로 한 드라마, 영화, 애니메이션, 게임 등 2차 및 3차 콘텐츠로 확장되며 파급 효과를 증대시키고 있다. 이러한 흐름은 '웹투노믹스'라는 신조어의 등장으로 요약되며, 이는 웹툰이 단순한 콘텐츠 장르를 넘어 다양한 산업과 경제 주체 간의 상호작용 속에서 새로운 부가가치를 창출하고 있다는 사실을 반영한다.

'웹투노믹스'는 스마트폰 중심의 소비환경, 플랫폼 경제의 확산, 그리고 IP 기반의 수익 다각화와 같은 배경 속에서 탄생한 신조어로, 웹툰산업을 단지 문화현상이 아닌 경제학적 분석이 필요한 구조로 보아야 한다는 연구적 필요성에서 비롯되었다. 다시 말해 웹툰을 둘러싼 생태계가 복잡해지고 산업 간 융합이 심화되면서, 그 경제적 흐름과 파급 효과를 계량적으로 파악하고 분석하려는 시도에서 '웹투노믹스'는 개념적 도구로 자리 잡게 된 것이다.

웹툰은 디지털 환경에 최적화된 유통 시스템을 기반으로 전 세계 시장에 빠르게 진입하고 있으며, 영화, 드라마, 뮤지컬, 출판, 광고는 물론이고, K-컬처 전반과의 융합을 통해 글로벌 콘텐츠 생태계의 중요한 한축으로 성장하고 있다. 'K-웹툰'이라는 명칭은 단지 국적을 뜻하는 것이 아니라, 그 자체가 고유한 산업적 모델과 문화적 영향력을 함께 내포하고 있음을 의미한다. 다시 말해 한국의 웹툰산업은 단순히 콘텐츠 장르를 넘어서, 연계 산업을 촉진하고, 새로운 고용과 수출 가능성을 창출하는 복합산업으로 진화하고 있는 것이다.

따라서 웹툰업체들이 해외 시장 개척에 적극적으로 나서는 것은 단지 '한류 콘텐츠 수출' 차원이 아닌, 1차 콘텐츠인 웹툰이 다른 산업과 연계되어 파생시키는 2차적·3차적 수익 모델을 글

서범강의 웹툰 경제학

로벌로 확장시키는 전략적 접근이다. 이 과정에서 웹툰은 국가 경제의 수출산업으로 편입되며, 지식재산권IP을 중심으로 한 고부가가치 창출 모델로 기능하고 있다. 특히 웹툰은 무형자산을 기반으로 반복적인 경제활동이 가능한 콘텐츠 상품으로, 수출입 통계와 무역수지 분석에 포함될 정도의 실질적 산업지표로 발전하고 있다.

이러한 구조는 웹툰이 단순한 창작물이 아니라, 독립적인 경제 단위로서의 역할을 수행하고 있음을 의미하며, 정책적 차원에서도 창작 인프라 투자, IP 보호 제도, 해외 유통지원 등 복합적인 산업육성 전략이 필요한 신성장 산업군으로 주목받도록 하고 있다. 그러한 점은 웹툰이 기존 제조업 중심 경제와는 차별화된 지식 기반 경제의 핵심 동력으로 작용할 수 있다는 가능성을 시사한다는 점에서 중요하다.

결과적으로 웹툰은 단순한 디지털 콘텐츠가 아니라 다양한 산업을 연결하는 경제적 자산으로 기능하고 있으며, 그것을 가능하게 하는 근본에는 플랫폼 기반의 생태계와 산업 간 융합 메커니즘이 존재한다. 이와 같은 전환적 흐름을 설명하기 위해서도 '웹투노믹스'는 반드시 짚고 넘어가야 할 주요한 요소라고 볼 수 있다. 이는 단순히 시대를 표현하는 유행어가 아니라, 웹툰산업이 어떻게 경제학적 구조 속에서 작동하며, 시장과 소비자, 산업 전반에 어떤 영향을 미치는지를 분석하고 판단하는 기능으로 작용되고 있다.

웹투노믹스의 개념은 단순히 콘텐츠 제작과 소비의 선형관계를 넘어서 IP의 수익 다변화, 산업 간 융합 촉진, 창작 인프라 형성, 청년 고용 창출, 수출 경쟁력 강화 등 거시경제적 영향까지 포괄한다. 다시 말해 웹툰은 문화상품을 넘어 경제 시스템과 맞물려 작동하는 복합 콘텐츠로 전환되었으며, 소비자 행동의 변화, 유통 구조의 재편, 새로운 산업전략 수립 등으로 이어지고 있다.

그렇기에 이제 웹툰을 논할 때 단지 작품의 예술성이나 독자의 반응만으로는 산업의 본질을 포착할 수 없다. 웹툰산업의 구조와 수익 흐름, 산업 간 연계성과 사회경제적 파급력을 계량화하고, 데이터를 기반으로 분석하는 접근이 절실히 필요하다. 이는 웹툰의 가치를 명확히 파악하고, 산업적 지속 가능성과 정책적 방향성을 수립하기 위한 필수조건이다.

하지만 현실적으로는 웹툰산업에 대한 구조적 계량분석이나 정량적 리서치 기반이 아직 미비하다. 산업의 연계 효과, 수출 성과, 창작자의 수익 구조, 유통 효율성, 투자 대비 수익률 등 경제학적 핵심 지표에 대한 집계와 해석은 극히 일부에 그치고 있다. 이에 따라 웹툰산업을 전방위적으로 평가할 수 있는 데이터 기반 시스템과 분석 모델의 구축이 향후 중요한 과제가 될 수밖에 없다.

그러한 배경에서 앞으로의 웹툰산업은 지금까지와는 다르게 작가 양성이나 작품 기획, 기술 향상에만 머무르지 않고, 웹툰의 경제적 가치와 영향력을 수치화하고 계량화하여 산업전략과 투자판단의 근거로 삼는 '웹투노믹스 기반의 접근'이 병행되어야 한다.

이 책에서 다룰 '웹툰 경제학'은 이와 같은 문제의식에서 출발한다. 웹툰이라는 창작물이 어떤 방식으로 플랫폼과 시장, 산업과 정책, 독자와 투자자 사이에서 경제적 구조를 만들어내는지 분석하고, 이를 통해 웹툰 생태계를 지속 가능하게 유지하기 위한 새로운 경제 모델을 제시하려 한다. 예를 들어, '웹툰 플랫폼 간 수익 분배 구조의 경제적 효율성', 'IP 가치 평가와 투자 결정 구조', '글로벌 진출에 따른 수출 파급 효과', '정책 지원이 창작 생태계에 미치는 영향' 등의 주제를 통해 실질적인 분석 사례를 제시할 것이며, 각 장은 이러한 테마를 중심으로 구성되어 있다.

'웹툰 경제학'은 콘텐츠 산업에 대한 기존의 정성적 평가 중심 접근을 보완하고, 전통 경제학의 이론게임이론,가격결정,시장구조,소비자행동 등을 웹툰 콘텐츠에 적용함으로써 문화산업의 경제학적 정당성을 강화하고자 한다. 이 책이 제대로 기능하게 된다면 독자들은 웹툰이 단지 '재미있는 이야기'를 넘어, 어떻게 플랫폼 경제와 융합되고, 산업 간 가치사슬을 형성하며, 글로벌 문화경제의 흐름에 편입되고 있는지를 입체적으로 파악할 수 있을 것이다. 나아가 웹툰은 전 세계를 잇는 디지털 문화경제의 전략 자산으로 작동하고 있으며, 웹투노믹스라는 새로운 틀을 통해 명확히 조망될 필요가 있음을 알 수 있다.

안녕하십니까!

더불어민주당 경기 부천시갑 국회의원이며 '만화웹툰을 사랑하는 국회의원 모임' 공동대표 의원 '국민비타민' 서영석입니다.

이제 웹툰은 문화의 주변부가 아닌, 산업·기술·정책이 만나는 중심부에 서 있습니다. 창작자의 상상력에서 출발한 이야기는 플랫폼을 통해 유통되고, 데이터와 알고리즘을 거쳐 IP 산업으로 확장되며, 다시 영상·게임·출판·전시 등 다양한 산업과 결합해 새로운 가치사슬을 만들어내고 있습니다.

저는 '만화웹툰을 사랑하는 국회의원 모임'의 공동대표로서, 창작자·플랫폼·제작사·학계·정부 관계자들과 활발히 소통하고 있습니다. 그 과정에서 웹툰산업의 놀라운 성장 가능성과 함께, 여전히 해결되지 않은 구조적 과제들 또한 마주했습니다. 창작자의 노동은 고도화되고 있지만 보상 구조는 불안정하고, 플랫폼 중심의 산업 구조는 효율성과 동시에 불균형을 낳고 있으며, 글로벌 시장으로 확장되는 과정에서 정책과 제도의 뒷받침은 충분하지 않은 것이 현실입니다.

그런 점에서 한국웹툰산업협회와 만화웹툰협회총연합의 서범강 회장의 《서범강의 웹툰 경제학》은 이러한 현실을 똑바로 직시하는 것에서 시작합니다. 저자는 웹툰을 '좋은 이야기'나 '성공한 콘텐츠'의 차원에서만 바라보지 않고, 웹툰이 작동하는 경제적 구조와 산업적 메커니즘을 정면으로 분석합니다. 경기 변동과 소비 패턴, 플랫폼 경제와 네트워크 외부성, 알고리즘과 데이터, 그리고 IP 확장과 글로벌 전략에 이르기까지, 웹툰산업을 둘러싼 복합적인 요소들을 경제 언어로 차분하게 풀어냅니다. 이는 웹툰산업을 둘러싼 논의를 한 단계 끌어올리는 매우 의미 있는 시도입니다.

특히 인상 깊은 점은, 이 책이 창작의 가치를 존중하는 태도를 끝까지 유지하고 있다는 점입니다. 저자는 경제학을 창작의 대립항으로 놓지 않습니다. 오히려 훌륭한 창작물이 시장에서 정당한 평가를 받고, 지속 가능한 환경 속에서 이어지기 위해서는 산업 구조에 대한 이해가 필수적이라는 점을 설득력 있게 보여줍니다. 자아 고갈 이론을 통해 주간 연재라는 고강도 창작 노동의 현실을 설명하고, 사슴 사냥 게임을 통해 플랫폼과 창작자, 독자 간의 신뢰 구조를 분석하는 대목은 현장을 애정 어린 시선으로 오래 지켜본 사람만이 할 수 있는 통찰이라 느껴졌습니다.

만화웹툰 정책을 고민해 온 입장에서, 이 책은 단순한 이론서가 아니라 정책 논의를 위한 중요한 참고서이기도 합니다. 웹툰산업의 지속 가능한 성장을 위해서는 창작 단계의 혁신, 유통 구조의 공정성, IP 확장의 제도적 기반, 그리고 데이터 생태계와 표준 계약 등 정책적 설계가 유기적으로 맞물려야 합니다. 《서범강의 웹툰 경제학》은 이러한 과제를 추상적으로 나열하지 않고, 산업 내부에서 실제로 작동하는 메커니즘을 통해 설명함으로써 정책이 개입해야 할 지점을 구체적으로 드러냅니다.

그동안 '만화웹툰을 사랑하는 국회의원 모임' 활동을 통해 웹툰산업이 문화 정책의 영역뿐 아니라, 노동·산업·통상·기술 정책이 교차하는 종합 정책 영역이라는 점을 거듭 확인해 왔습니다. 창작자의 권익 보호와 공정한 계약 구조, 플랫폼의 책임 있는 역할, 글로벌 시장에서의 경쟁력 확보는 어느 하나만으로 해결될 수 없는 문제들입니다. 이 책은 그러한 복합적인 과제를 명쾌하게 설명하며, 산업의 모든 주체가 보다 합리적인 선택을 할 수 있도록 돕습니다.

하지만《서범강의 웹툰 경제학》은 독자에게 쉬운 답을 제시하지 않습니다. 대신 질문을 던집니다. 우리는 웹툰산업을 어떤 구조로 설계할 것인가, 창작과 산업은 어떻게 조화를 이룰 수 있는가, 그리고 한국 웹툰은 세계 시장에서 어떤 방식으로 지속 가능한 경쟁력을 가질 수 있는가. 이러한 질문은 앞으로의 웹툰 정책과 산업 전략을 고민하는 모든 이들이 반드시 함께 숙고해야 할 질문들입니다.

웹툰은 여전히 사람의 이야기에서 출발합니다. 그러나 그 이야기가 더욱 빛을 발하기 위해서는 산업의 언어, 정책의 시선, 그리고 사회적 합의가 필요합니다. 이 책이 웹툰을 사랑하는 독자와 창작자, 산업 종사자, 그리고 정책을 고민하는 이들 모두

에게 의미 있는 출발점이 되기를 기대하며, '만화웹툰을 사랑하
는 국회의원 모임' 공동대표 의원으로서 기꺼이 이 책을 추천합
니다.

_ 만화웹툰을 사랑하는 국회의원 모임

공동대표 의원 서영석 더불어민주당 국회의원

〈무빙〉〈서울 자가에 대기업 다니는 김부장 이야기〉〈친애하는X〉〈모범택시〉….

이들의 공통점은 모두 웹툰을 원작으로 하면서 최근 영화와 드라마로 제작되어 많은 인기를 얻었던 작품들입니다. 한 편의 웹툰이 드라마, 영화, 뮤지컬, 게임, 캐릭터, 광고 등 콘텐츠 산업 전반으로 파생되면서 새로운 경제산업적 구조를 만들어내고 있습니다.

이제 웹툰은 유료 연재를 목표로 하는 단순한 콘텐츠 장르를 넘어 웹투노믹스webtoonomics 라는 신조어까지 만들어내며 다양한 경제적 가치를 창출해내고 있는 것입니다. 국내 웹툰시장의 규모는 2023년 기준 약 2조 1,890억 원으로 추정되며, 한국 웹툰 플랫폼은 전 세계 190여개 국가, 1억 명 이상의 독자와 만나고 있습니다.

웹툰시장의 규모가 커지고 플랫폼 경쟁이 가속화되고 해외 진출이 확대되면서, 조회수, 이용자 잔존율, IP확장성, 플랫폼 점유율 등 경제학이나 경영학에서나 다루던 지표들이 웹툰산업의 중심으로 이동하고 있습니다. 이렇듯 웹툰산업을 이해하기 위해서는 경제경영학이 필수적이 되었지만, 웹툰 경제학을 체계적으로 정리한 도서는 지금까지 거의 없었습니다.

이러한 때에 서범강 회장이 쓴《서범강의 웹툰 경제학》은 웹툰산업은 단순히 '그림을 그리고 보는 행위'가 아니라 거대한 자본의 흐름임을 이해하게 해주고, 웹툰이라는 친근한 예시를 들어 '경제학'의 개념과 원리를 이해하도록 설명하고 있습니다.

플랫폼에 대한 이해부터 행동 경제학의 개념과 알고리즘이 시장에 미치는 영향까지. 작가가 그려놓은 길을 따라가다 보면, 어느새 웹툰산업 생태계에 대한 이해와 웹툰이 앞으로 어떤 산업으로 성장해 나가야 하는지에 대한 해답을 쉽게 찾을 수 있을 것입니다.

다들 K-콘텐츠의 세계적인 위상에 대해 얘기합니다. 하지만 아직 우리 K-컬처의 기초가 튼튼하게 뿌리내리진 못한 상황입니다. 이 책을 통해 웹툰산업뿐만 아니라 우리 K-컬처 전체가 나아가야 할 방향에 대해 고민하고 해답을 찾을 수 있기를 기대합니다.

_만화웹툰을 사랑하는 국회의원 모임

공동대표 의원 김승수 국민의힘 국회의원

웹툰은 어떻게 하나의
'경제 시스템'이 되었는가?

글로벌 플랫폼의 최전선에서 20년이 넘는 시간 동안 디지털 생태계의 변화를 지켜보면서 수많은 콘텐츠의 흥망을 목격해 왔습니다. 웹툰은 단순히 만화를 디지털로 옮긴 결과물이 아닙니다. 모바일 환경에 최적화된 새로운 서사 문법을 창조했고, 이제는 전 세계 콘텐츠 산업에서 강력한 IP의 원천이자 플랫폼 경제의 핵심축으로 자리 잡았습니다. 'K-웹툰'은 하나의 장르를 넘어, 디지털 시대 콘텐츠 산업이 어떻게 진화하는지를 보여주는 대표적인 모델입니다.

그러나 이처럼 눈부신 성장에도 불구하고, 웹툰을 하나의 독립된 산업 구조이자 경제 시스템으로 분석한 시도는 의외로 많지 않았습니다. 웹툰은 개별 창작자의 재능에서 출발하지만, 그

　　　　　　　　　　　　　　서범강의 웹툰 경제학

것이 지속 가능한 산업으로 성장하기 위해서는 플랫폼의 설계, 기술 인프라, 정책 환경, 그리고 정교한 비즈니스 모델이 유기적으로 맞물려야 합니다. 웹툰산업의 성패를 가르는 핵심은 '재능의 총합'이 아니라, 그 재능을 확장하고 보호하며 재생산하는 구조와 시스템에 있다고 생각해 왔습니다.

서범강 회장님의 《서범강의 웹툰 경제학》은 바로 이 지점에서 출발하는 책입니다. 이 책의 가장 큰 미덕은 웹툰을 감성이나 창작의 영역에 가두지 않고, 가치가 생성되고 분배되는 '경제의 언어'로 끝까지 밀고 나간다는 점입니다. 예컨대 저자는 '밴드웨건 효과'로 인기작 쏠림 현상을, '낙관 편향'으로 신인 작가들의 계약 판단을 설명합니다. 이처럼 행동 경제학과 산업 경제학의 개념들이 웹툰산업의 실제 구조 위에 촘촘히 적용됩니다. 그 결과 이 책은 '웹툰산업 해설서'를 넘어 디지털 콘텐츠 산업 전반에 재사용 가능한 사고의 틀을 제공합니다.

특히 인상적인 점은, 이 책이 특정 이해관계를 대변하기보다 산업 구조 자체를 분석 대상으로 삼는다는 것입니다. 작가에게는 계약 구조와 데이터 이해를 요구하고, 플랫폼에는 구조적 탄력성과 공정한 생태계 설계를 주문하며, 독자에게조차 콘텐츠 과소비와 효용 구조를 성찰하게 합니다. 창작자, 제작사, 플랫폼, 그리고 독자를 모두 하나의 경제 주체로 놓고, 각자의 합리성과 비합리성을 동시에 분석하는 이 균형감각은 오랜 현장 경험 없이는 결코 가능하지 않습니다.

또한 제작 파이프라인과 툴·AI 활용을 다루는 후반부의 논의도 적절합니다. 저자는 AI를 단순한 비용 절감 수단이나 유행하는 기술로 다루지 않습니다. 파이프라인 정교화, 전문 인력 배치, 툴과 AI의 결합을 통해 어떻게 콘텐츠 산업이 구조적 생산성과 장기적 회복력을 확보할 수 있는지를 설득력 있게 설명합니다. 이는 웹툰산업을 넘어, AI 시대 모든 콘텐츠·플랫폼 산업이 반드시 던져야 할 질문이기도 합니다.

《서범강의 웹툰 경제학》은 웹툰산업의 현재를 정리하는 데서 멈추지 않습니다. 이 책은 다음 단계로 나아가기 위해 우리가 어떤 착각을 버려야 하고, 어떤 구조를 새로 설계해야 하는지를 차분하지만 단호하게 제시합니다. 웹툰 종사자는 물론, 디지털 콘텐츠의 미래를 고민하는 정책 입안자, 플랫폼 비즈니스의 새로운 모델을 찾는 경영자, 그리고 글로벌 시장을 꿈꾸는 모든 창작자에게 이 책은 명확한 나침반이 될 것입니다.

_**이상현** 구글 플랫폼·디바이스 부문 글로벌 디렉터/ 정보시스템학 박사

웹툰은 예술이면서 동시에 산업이다

작가가 언급한 것처럼 "웹툰은 예술이면서 동시에 산업이다". 시간의 흐름을 따르자면, "웹툰은 하나의 산업이 되었습니다". 다만, 글로벌 엔터테인먼트 산업의 하나로 보자면, 웹툰은 여전히 증명해야 할 많은 과제를 가지고 있습니다. 웹툰산업이 글로벌 엔터테인먼트 산업의 핵심 요소로 자리 잡기 위해서는, 콘텐츠의 다양성만큼이나 이 생태계를 바라보고 분석하는 관점 역시 다양해져야 한다고 생각합니다.

그런 관점에서 《서범강의 웹툰 경제학》은 플랫폼, 제작사나 창작자, 사용자의 관점에서 여러 경제학 이론들을 풀이하고 그에 대한 질문을 던집니다. 이 책이 이 생태계를 산업으로 바라보는 다양성 중 하나로 독자들에게 다가갈 수 있기를 기대합니다.

_**차정윤** 네이버웹툰 커뮤니케이션실장

웹툰을 시스템적인 시각으로 새롭게 바라보다

웹툰은 지난 20여 년간 글로벌 콘텐츠 시장에서 유례를 찾아볼 수 없을 만큼 비약적인 성장을 거듭해 왔습니다. 하지만 그 눈부신 외형적 확장 뒤에 숨겨진 구조적 작동 원리를 우리 사회가 충분히 이해하고 있는지에 대해서는 의문이 남습니다. 웹툰이 그저 '작가와 작품'이라는 전통적인 콘텐츠 시각, 다시 말해 개인의 창의성과 독자의 감상이라는 일차원적 관계 안에서만 주로 이해되어 왔기 때문입니다.

그러나 오늘날의 웹툰은 더 이상 고독한 예술가의 창작물에만 머물지 않습니다. 웹툰은 전문화된 제작사**스튜디오**, 대규모 자본과 데이터를 움직이는 디지털 플랫폼, 다층적인 욕망을 지닌 이용자들이 복합적으로 얽힌 거대한 '산업의 생태계'가 되었습니다. 분업화와 전문화가 본격화되면서 웹툰은 이제 하나의 독립된 산업이자 대한민국의 미래 전략 산업으로 발돋움했습니다.

웹툰산업 현장의 한가운데 있는 사람으로서, 저는 늘 이 역동적인 변화를 체계적으로 설명해 줄 '산업적 언어'에 목말라 있었습니다. 이러한 시점에 출간된 《서범강의 웹툰 경제학》은 가뭄 끝의 단비처럼 매우 반갑고 귀중한 결과물입니다. 지은이는 이 책을 통해 웹툰을 단순한 감상의 대상이 아닌, 치밀하게 설계된 '시스템'이자 '경제학적 분석의 대상'으로 정의합니다.

또한 '창작은 자유롭지만 시장의 로직은 냉정하다'는 사실을 경제학이라는 안경 Lens 을 통해 입체적으로 조명합니다. 이는 창작의 가치를 폄훼하는 것이 아니라, 오히려 창작이 지속될 수 있도록 산업적 토양을 견고하게 다지려는 진정성 있는 노력입니다.

이제 웹툰산업은 '감感'에 의존하는 시대를 넘어 데이터와 논리, 그리고 정교한 경제적 설계가 필요한 시대로 진입했습니다. 웹툰을 시스템적으로 바라보는 이 새로운 시각이, 우리 산업을 한 단계 더 성숙하게 만드는 소중한 밑거름이 될 것이라 확신합니다. 웹툰이라는 멋진 신세계를 함께 만들어가는 모든 분께, 그리고 웹툰의 미래가 궁금한 모든 독자분께 기쁜 마음으로 이 책을 권합니다. 웹툰을 아끼는 마음이 가득 담긴 이 책이, 우리 산업의 내일을 밝히는 따뜻한 등불이 되기를 진심으로 응원합니다.

_**조한규** 카카오엔터테인먼트 대외협력실장

차례

프롤로그 | 웹투노믹스의 시대가 온다 _______________ 4

추천사 _______________________________ 12

1장 웹툰이 바꾸는 경제 생태계

1. 웹툰과 경제의 상호작용 _______________ 37

웹툰의 정의와 발전

웹툰과 경제의 상호작용 개요

2. 웹툰이 경제에 미치는 영향 _______________ 41

콘텐츠 산업으로서의 경제적 기여

IP 산업과 부가가치 창출

3. 경제적 환경이 웹툰산업에 미치는 영향 _______________ 45

경기 변동과 소비 패턴 변화

기술 발전과 산업 구조 혁신

정책 및 제도 환경의 영향

소득 수준과 시장 구조의 변화

2장 플랫폼 시대의 웹툰산업

1. 넷플릭스와 유튜브: 플랫폼 경제의 실현 사례 _______________ 55

넷플릭스의 의의

유튜브의 의의

2. 플랫폼 경제의 개념과 작동 원리 _______________ 60
　　양면시장과 네트워크 외부성의 메커니즘
　　초기 설계를 위한 플랫폼의 경제 전략

3. 웹툰산업과 플랫폼 모델의 접목 _______________ 66

4. 경제학적 분석: 웹툰 플랫폼의 특징 _______________ 69

3장　플랫폼 성장의 이해와 웹툰산업

1. 플랫폼의 구조와 성장 과정 _______________ 77
　　플랫폼 초기 설계와 진화 전략
　　플랫폼 성장의 단계별 작동 원리

2. 플랫폼 양적 성장의 핵심 메커니즘 _______________ 85

3. 플랫폼 성공을 위한 핵심 전략 _______________ 88

4. 플랫폼 실패의 경제학적 요인 _______________ 93
　　진입부터 실패까지 플랫폼의 여정
　　실패를 부르는 플랫폼의 다섯 가지 결핍

5. 웹툰산업과 플랫폼 경제학의 적용 _______________ 102
　　웹툰 플랫폼의 단계 별 진화 방정식
　　웹툰 플랫폼의 경제학적 설계 원칙

4장　'마감' 앞에선 왜 갑자기 힘이 빠질까?
웹툰산업의 관점에서 보는 자아 고갈 이론의 경제학적 해석

1. 자아 고갈 이론의 경제학적 의미 _______________ 113

2. 웹툰산업과 자아 고갈 이론의 상관관계 _______________ 118

3. 자아 고갈 이론을 통한 웹툰산업의 핵심 쟁점 _______________ 120

작가적 측면 : 창작력 유지와 반복적 자기 통제

독자적 측면 : 콘텐츠 과소비와 만족도 저하

플랫폼 측면 : 운영자의 결정 피로와 시스템 안정성

5장 사슴을 잡기로 했는데, 왜 토끼만 남았을까?
사슴 사냥 게임 이론을 통한 웹툰산업의 경제학적 통찰

1. 사슴 사냥 게임 이론의 개요 _______________________ 127
   게임 구조 및 보수 체계
   이론적 함의

2. 웹툰산업으로 보는 사슴 사냥 게임 _______________ 131
   작가와 플랫폼 간의 협력
   독자와 플랫폼 간의 신뢰관계
   작가와 독자 간의 신뢰관계

3. 게임 이론 기반 전략적 전환의 필요성 _______________ 141

6장 '남들처럼'과 '남들과 다르게'의 선택은 누가 하는가?
웹툰으로 보는 밴드웨건 효과와 스놉 효과의 이해와 적용

1. 경제적 선택의 이론적 개요 및 개념 _______________ 147
   밴드웨건 효과
   스놉 효과

2. 웹툰산업에서의 밴드웨건 효과와 스놉 효과 _______ 152
   밴드웨건 효과의 적용
   스놉 효과의 적용

3. 플랫폼, 작가, 독자의 관점에서 본 전략적 분석 _______ 158

플랫폼의 활용 전략

작가의 전략적 대응

독자의 관점

4. 두 효과의 전략적 병행과 설계적 활용 _______________ 170

7장 '잘 될거야'라는 믿음을 위해 착각의 비용을 지불하다
낙관을 설계하는 사람들, 기대는 전략이 아니다

1. 행동 경제학의 기본 개념과 상관관계 _______________ 177

2. 낙관 편향 이론이란 무엇인가? _______________ 180

낙관 편향의 원인

낙관 편향의 긍정적 측면

낙관 편향의 부정적 측면

낙관 편향을 극복하기 위한 방안

3. 웹툰산업에서의 낙관 편향 적용 _______________ 189

웹툰 작가와 낙관 편향: 창작과 성공 가능성에 대한 과신

웹툰 독자와 낙관 편향: 콘텐츠 기대치 과잉

플랫폼 운영자와 낙관 편향: 작품 성공 가능성 과신

4. 낙관 편향의 양면성, 웹툰산업에서의 긍정과 부정 _______________ 193

5. 낙관 편향 극복 전략 _______________ 195

6. 통합적 실행 전략, 실천을 위한 세부 접근법 _______________ 197

8장 울타리 안과 밖의 경계, 어디에 머물 것인가?
프랜차이즈 경제학으로 보는 웹툰 유통 구조의 재해석

1. 브랜드 전략과 시장 확산력의 경제학 _______________ 203

프랜차이즈의 구조와 경제학적 원리

단일 매장과 프랜차이즈의 구조적 비교

2. 독점 vs 비독점으로 투영된 프랜차이즈 원리 _______________ 207
소비자와 독자의 심리 경제학적 인식 차이
유통 전략의 기준과 구조적 현실

9장　당신의 소비는 보이지 않는 손에 의해 결정된다
선택의 심리, 지금이 아니면 안 된다는 착각

1. 희소성의 경제학, 욕망의 심리학 _______________ 217
'희소성'은 어떻게 가치를 만드는가?
희소성과 선택의 경제학

2. 디지털 플랫폼과 희소성 설계 _______________ 223
웹툰 플랫폼의 선택, 희소성을 연출하라
웹툰 서비스는 감정 설계의 기술

3. 웹툰산업의 희소성의 법칙 _______________ 229

10장　협력이냐 경쟁이냐, 전략이 곧 생존이다
협상 테이블 위의 전략, 윈-윈'은 가능한가?

1. 게임 이론으로 본 전략의 경제학 _______________ 233
협상 없는 게임, 딜레마의 반복
반복 게임과 신뢰의 경제학
하이리스크 로우리턴의 함정, 치킨 게임의 경고

2. 논제로섬 게임의 착시: 왜 제로섬처럼 보이는가? _______________ 239
서로 이기는 게임을 설계하라
게임의 법칙, 집단 행동 문제와 웹툰산업

11장　창작은 자유, 시장의 로직은 자유인가?
디지털 시대의 보이지 않는 손, 알고리즘은 자유를 설계하는가?

1. 수요와 공급의 법칙과 '보이지 않는 손' _______________ 249

　수요와 공급이 만드는 가격과 자원의 메커니즘

　보이지 않는 손이 움직이는 자율적 시장의 본질

　보이지 않는 손의 한계와 제도적 보완

　디지털 전환과 새로운 시장 구조

2. 웹툰과 디지털 경제, '보이지 않는 손'의 재해석 _______________ 260

　창작 생태계와 자율적 조정의 원리

　경제학 원리와 사회적 통찰의 균형

12장　의사 결정, 왜 우리는 실수를 반복하는가?
포기를 모르는 잘못된 끈기의 경제학

1. 교두보에서 배우는 경제학 _______________ 269

　전초 기지가 주는 전략적 교훈

　전장의 심리, 시장의 심리

2. 웹툰 속 상륙 거점의 그림자 _______________ 273

　시기를 놓친 결단, 잃어버린 기회

　후퇴를 통한 성장 전략

13장　과유불급의 경제학, 어디까지가 한계인가?
경제학의 숨은 나침반, 한계의 법칙으로 균형점 찾기

1. 한계의 경제학적 의의 _______________ 281

한계 수입과 한계 비용

한계 효용과 체감의 법칙

2. 웹툰산업에서의 한계 개념 적용 _______________________ 288

한계 분석으로 보는 웹툰 관리 전략

한계 효용과 타이밍의 과학

한계 분석은 작가와 플랫폼의 협업 도구

14장 내 옆구리를 콕, 콕 찌른 게 너지? 넛지?
선택을 설계하는 마법의 단어 '넛지', 부드러운 개입의 힘

1. 행동 경제학의 부드러운 힘, 넛지 _______________________ 297

선택을 설계하는 기술

넛지, 작은 변화로 큰 세상을 바꾸다

2. 웹툰 UI 속 넛지의 언어 _______________________ 306

웹툰 플랫폼의 행동 설계자

긍정적 피드백의 심리 설계자

독자 체험을 유도하는 설계자

15장 지금은 맞고 그때는 틀리다
결과로 바라보는 왜곡된 시선과 기억의 재구성

1. 사후판단 편향의 연구와 필요성 _______________________ 315

2. 일상 속의 사후판단 편향 _______________________ 319

3. 웹툰과 사후판단 편향의 상호성 _______________________ 322

4. 관점별 적용과 활용 _______________________ 328

5. 추가적 시사점과 결론 _______________________ 331

16장　보이지 않는 거래, 당신의 선택이 나를 바꾼다
그림자 속의 경제와 보이지 않는 파동

1. 외부 효과, 시장을 넘어선 관계의 경제학 _______________ 337
2. 보이지 않는 가치사슬, 웹툰의 외부 효과 _______________ 340

17장　경계 없는 경제, 산업의 붕괴와 재조립
경계의 해체와 융합이 가져온 새로운 질서와 신新 산업 구조의 경제학

1. 빅블러와 경제 구조의 변화 _______________ 349
　빅블러 경제의 탄생과 가치 재편
　변화를 일으키는 변화의 경제 논리
2. 웹툰과 빅블러 시대, 감정과 데이터의 융합 _______________ 358

18장　웹툰산업의 경제학 프레임
복잡한 경제적 원리에 의해 움직이는 거대한 웹툰 생태계

1. 웹툰산업의 가치 창출 메커니즘 _______________ 365
　창작·소비 구조를 설명하는 핵심축
　플랫폼 중심 구조를 강화하는 보이지 않는 벽
　산업 내 권력 구조를 형성하는 핵심 메커니즘
　과거 선택이 미래 혁신을 제약하는 구조적 요인
2. 플랫폼·제작사·작가·독자가 얻어야 할 시사점 _______________ 375

19장 오래 머문 자리일수록 길게 드리워지는 그림자
당신의 선택 뒤에 숨어 있는 손, 떠나는 발길을 멈추게 하는 힘

1. 묶여 버린 선택의 경제학 383
2. 구조적 종속의 메커니즘 386
3. 플랫폼이 만들어 낸 중력 390

20장 집중과 편중의 경제학, 세상을 지배하는 불균형의 법칙
왜 세상은 20%가 모든 것을 결정하는가? '소수의 힘'을 읽어내는 기술

1. 파레토 법칙과 산업의 현실 399
2. 80:20의 법칙의 숨겨진 질서 404
3. 파레토 법칙으로 읽는 웹툰산업 407

　파레토 법칙으로 읽는 플랫폼 생태계의 비대칭

　알고리즘과 파레토 패턴의 결합

　제작사의 전략을 결정하는 파레토 구조

　작가에게 필요한 '핵심 20% 집중 전략'

　파레토 원리로 본 웹툰 소비 패턴

　시장 효율성과 형평성의 균형 찾기

21장 웹툰을 보는 또 다른 시선, 웹툰 경제학
웹툰을 움직이는 보이지 않는 언어를 해독하라

1. IP 시대, 웹툰 경제학이 답이다 _______________________ 421

2. 웹툰 경제학으로 산업을 설계하다 _______________________ 424
   플랫폼 경제와 창작 생태계의 이해
   정책과 산업 전략을 위한 기반

3. 웹툰 경제학을 통해 만들어가야 할 산업의 방향 _____________ 428
   창작자 중심의 지속 가능한 생태계
   플랫폼 간 건전한 경쟁과 혁신 구조
   글로벌 IP 산업으로의 확장 전략
   IP 기반 융합 산업의 가치 극대화
   데이터 기반의 산업 의사 결정 체계 확립

4. 웹툰산업의 구조적 특징과 경제학적 해석 _________________ 432
   생산 구조의 경제학적 특징
   소비 구조의 경제학적 특징
   플랫폼의 조정자 역할
   IP 확장과 외부 효과의 경제학

5. 웹툰산업의 문제점과 구조적 병목 ___________________ 437

6. 지속 가능성과 확장성의 관점에서 웹툰산업의 미래 _________ 439

7. 웹툰 경제학, 산업의 언어로 웹툰을 다시 정의하다 ___________ 442

에필로그 | 웹툰 경제학을 만나다. 창작은 감성, 전략은 이성 ______ 445

1장

웹툰이 바꾸는 경제 생태계

웹툰과 경제의 상호작용

 ## 웹툰의 정의와 발전

웹툰Webtoon 은 웹 Web 과 카툰 Cartoon 의 합성어로, 디지털 플랫폼을 통해 연재되는 글과 그림이 병합된 연출기법을 이용한 세로형 스크롤 방식의 디지털 콘텐츠를 의미한다. 2000년대 초반 한국에서 출발한 이 장르는 스마트폰 보급과 고속 인터넷 인프라의 확산을 바탕으로 빠르게 대중화되었으며, 오늘날에는 글로벌 콘텐츠 산업의 중심축으로 자리 잡았다. 웹툰은 세로형 스크롤 방식의 사용자 인터페이스UI, 장르의 폭넓은 확장성, 스마트 디바이스를 기반으로 한 접근 용이성 등의 특성을 통해 기존의 지면 중심 출판만화시장이 가진 물리적 · 유통적 제약을 극

복하였다.

　이러한 특징은 시간과 장소의 제약 없이 콘텐츠를 소비할 수 있게 함으로써 디지털 네이티브 세대의 라이프스타일에 부합하는 새로운 문화소비 패턴을 만들어냈다. 특히 실시간 업데이트, 댓글 및 공유 기능 등 플랫폼 기반 상호작용은 소비자 참여와 콘텐츠 확산을 동시적으로 촉진시켰으며, 이는 전통적 만화 독서 경험과는 차별화된 '참여형 소비환경'을 조성하는 데 기여하였다. 초기에는 아마추어 작가 중심의 자생적 창작 플랫폼에서 시작되었으나, 현재는 대형 플랫폼 기업, 전문 제작사, IP 투자사 등이 참여하는 복합산업 생태계로 확장되었다.

 ## 웹툰과 경제의 상호작용 개요

웹툰산업은 콘텐츠 산업의 핵심 분야로 성장하며, 문화경제학적·산업경제학적 관점에서 생산, 유통, 소비의 구조뿐만 아니라 노동시장, 무형자산 가치, 플랫폼 경제 구조에 이르기까지 다층적인 영향을 미치고 있다.

　첫째, 생산 측면에서는 웹툰 창작과 관련한 전문직 일자리 창출과 창작 인프라 투자 증가가 나타난다.

　둘째, 유통 측면에서는 디지털 플랫폼 기반의 새로운 가치사슬이 형성되며, 중개 플랫폼의 수익 모델 다변화를 이끌어내고 있다.

셋째, 소비 측면에서는 디지털 콘텐츠의 이용행태가 변화하면서 소비자 행동 경제학과 가격 민감도 분석의 중요한 사례로 작용한다.

마지막으로, 웹툰을 중심으로 형성된 IP는 무형자산화되어 자본시장에서 평가되고 있으며, 따라서 웹툰이 단지 창작물이 아닌 금융적·산업적 자산으로 인식되고 있다는 것을 의미한다.

웹툰은 직접적 수익 유료화, 광고, 구독 등 외에도 관련 산업의 연쇄적 활성화, 지식재산IP 기반 비즈니스 확장, 고용창출과 수출효과 등 다양한 경제적 효과를 발생시킨다. 반면 경제적 환경의 변화는 웹툰산업 전반에 직·간접적인 영향을 미친다. 우선, 경기 순환은 소비자의 여가 지출구조에 변화를 일으키며, 이는 웹툰의 유료 구독률이나 광고 기반 수익 모델의 민감도와 직결된다. 경기 호황기에는 프리미엄 콘텐츠 소비가 증가하지만, 불황기에는 무료 콘텐츠 선호도가 높아지며 광고 수익 비중이 상대적으로 확대되는 구조가 나타난다.

다음으로 기술변화는 웹툰의 제작 및 유통 인프라에 영향을 주어, AI 기반 콘티 생성, 클라우드 협업 시스템, 자동 채색 툴 등 제작 효율을 극대화하는 기술의 채택을 가속화하고 있다. 이로 인해 인건비 부담을 경감하고 진입 장벽을 낮춰 새로운 창작자 유입을 촉진한다.

　정책 기조 측면에서는 창작자에 대한 세제 감면, 수출 장려 정책, 저작권 보호 체계의 정비 등이 산업의 구조적 기반 형성과 지속 가능성 확보에 기여한다. 마지막으로 소비자의 소득 수준은 콘텐츠의 가격 책정 전략과 수익 분배 모델 전반에 영향을 미치며, 플랫폼은 이를 고려해 정액제·마이크로페이먼트·광고 기반 등 다양한 수익구조를 병렬적으로 운용하게 된다.

　이러한 경제 변수들은 웹툰산업의 전환점과 성장 방향성에 중대한 함의를 가지며, 복합적이고 전략적인 대응이 요구된다. 이와 같이 경제적 변수들은 웹툰산업의 전반적인 구조와 수익 모델, 글로벌 확장 전략에 밀접하게 작용하고 있다. 본 장에서는 웹툰과 경제의 상호작용을 다층적으로 분석하고, 웹툰을 경제학적 대상으로 바라보는 이론적·실천적 접근의 토대를 제시하고자 한다.

웹툰이 경제에 미치는 영향

 ## 콘텐츠 산업으로서의 경제적 기여

웹툰산업은 콘텐츠 산업 내에서 독립된 경제 부문으로 성장하며, GDP 기여도, 고용 창출, 세수 확보 등의 측면에서 실질적 가치를 보여주고 있다. 한국의 웹툰시장은 2023년 기준 약 2조 1,890억 원 규모로 추정되며, 웹툰 플랫폼 운영자, 작가, 편집자, 콘텐츠 기획자, 기술 엔지니어 등 다양한 직종에 걸친 고용 창출 효과뿐 아니라, 웹툰산업이 다층적 가치사슬을 형성하며 파생 산업 전체에 경제적 파급력을 미치고 있음을 보여준다.

수익구조 또한 단순한 광고나 유료 연재에 국한되지 않고, 구독 기반 수익 모델, 크라우드 펀딩, 콘텐츠 후원, OSMU One

Source Multi-Use 확장을 통한 판권 판매 등으로 다변화되며, 플랫폼 중심 디지털 경제 내 핵심 성장 동력으로 작동하고 있다. 이러한 현상은 웹툰이 더 이상 단일 콘텐츠 장르에 머무르지 않고, 경제학적 분석의 대상이 될 수밖에 없음을 시사한다. 따라서 웹툰산업의 실질적 기여도를 정량적으로 평가하고, 수익구조의 지속 가능성, 파생산업과의 연계성, 고용 및 투자 유발 효과 등을 종합적으로 분석할 수 있는 체계적이고 전문적인 연구가 필요하다.

나아가, 이와 병행하여 수요·공급의 탄력성, 네트워크 외부성, 수익 불균형과 규모의 경제, 정보의 비대칭성 등 다양한 경제학 이론들을 웹툰산업에 적용하고, 이로부터 발생하는 현상을 다각도로 분석해야 한다. 이러한 이론적 접근은 산업 내 구조적 불균형을 개선하고 지속 가능한 생태계를 설계하는 데 기여할 수 있으며, 급변하는 디지털 환경 속에서 플랫폼, 창작자, 소비자 간의 상호작용을 이해하는 핵심 도구로 작용할 것이다.

웹툰산업의 규모가 커지고 미래 성장 동력으로서의 가능성이 확대되고 있는 만큼, 더 이상 소수의 유명 작가나 흥행 대작에 의존하는 생태계로는 한계가 명확하다. 따라서 경제적 분석을 바탕으로 한 산업 구조 설계와 정책 기반 마련, 그리고 생태계 전반의 지속 가능성을 확보하는 전략적 준비가 필수적이다. 이를 통해 정책 설계, 민간 투자, 교육 인프라 구축 등 산업 전반의 전략 수립에 근거를 제공할 수 있을 것이다.

IP 산업과 부가가치 창출

웹툰은 지식재산 IP의 핵심 원천으로 기능할 수 있는 몇 가지 구조적 특성을 갖는다.

우선, 웹툰은 디지털 플랫폼 기반으로 기획, 유통, 소비까지 빠르게 확산될 수 있는 콘텐츠 구조를 가지며, 지식재산으로서의 창출과 검증 속도를 비약적으로 향상시킨다.

둘째, 연재 기반의 콘텐츠 특성상 서사와 캐릭터가 장기적으로 축적되고 브랜드화되기 용이해 IP의 자산가치가 누적된다.

셋째, 웹툰은 모바일 중심의 소비환경과 결합되어 독자의 지속적 관여와 데이터 기반 수요분석이 가능하다는 점에서 IP의 상업적 활용 가능성을 사전에 검증할 수 있는 유리한 조건을 제공한다.

이러한 특성으로 인해 웹툰은 드라마, 영화, 게임, 애니메이션, 캐릭터 상품, 출판 등 다양한 산업으로의 전환이 용이하며, IP를 활용한 판권 수익, 광고 계약, 제휴 마케팅, 머천다이징 등 복수의 경제활동을 유발할 수 있다. 이와 같은 특징은 곧 웹툰 1차 창작물을 중심으로 한 산업 간 융합구조를 만들어내고, 전체 콘텐츠 산업의 가치사슬 상위에 위치하도록 한다. 무엇보다 웹툰은 초기 개발 비용 대비 상대적으로 높은 확장성과 회수 가능성을 지니며, 이는 금융투자자의 관점에서 IP 자산으로서의 매력도를 강화한다.

결과적으로 웹툰은 창작과 소비를 넘어 경제 주체 간 상호작용과 산업 전반의 부가가치 증진을 이끄는 플랫폼형 콘텐츠로 자리 잡고 있다.

경제적 환경이 웹툰산업에 미치는 영향

 경기 변동과 소비 패턴 변화

경제 불황기에는 상대적으로 저비용 콘텐츠에 대한 수요가 증가하는 경향이 있다. 웹툰은 단가가 낮고 접근성이 높아 경기 침체 시기 오히려 소비가 증가하는 대체재적 특성을 가진다. 이것은 경제학에서 말하는 '열등재 inferior goods' 또는 '대체재 substitute goods' 개념과 연관되며, 소비자들이 고가의 엔터테인먼트 소비를 줄이는 대신 웹툰과 같은 저렴한 콘텐츠로 대체함을 의미한다.

대체재란 동일한 효용을 제공하는 다른 상품이 존재할 경우, 한쪽 상품의 가격상승이나 소득 감소 시 상대적으로 가격이 낮

은 상품으로 수요가 이동하는 현상을 설명하는 개념이다. 웹툰은 이러한 대체재로서의 역할을 하며, 특히 넷플릭스, 영화관 이용, 콘서트 관람 등 고비용 여가활동에 대한 지출이 줄어드는 시기에 웹툰으로의 소비전환이 뚜렷하게 나타난다. 코로나19 팬데믹 동안 디지털 콘텐츠 전반의 수요가 증가했으며, 그 중에서도 모바일 기반 소비에 가장 적합했던 웹툰은 단연 폭발적인 성장을 경험했다.

한편 경제가 안정기에 접어들면 소비자의 문화소비 여력이 증가하면서 웹툰에 대한 소비형태도 고도화된다. 프리미엄 웹툰, 정기 구독 모델, 인앱 결제 기반의 고부가가치 콘텐츠 소비가 증가하며, 이때에도 '정상재 normal goods'로서 웹툰의 위상을 보여준다. 정상재란 소득 수준이 증가함에 따라 수요도 함께 증가하는 재화를 의미하며, 이는 웹툰이 저소득기에는 대체재로 소비되다가 소득 증가와 함께 고품질 콘텐츠에 대한 지불 의사가 강화되는 구조를 반영한다. 또한 호황기에는 '한계 효용 체감의 법칙'에 따라 소비자의 콘텐츠 다양화 요구가 커진다.

이 법칙은 동일한 재화를 반복 소비할수록 추가로 얻는 만족**효용**이 점점 줄어든다는 이론으로, 하나의 콘텐츠 형식에 대한 소비가 일정 수준에 이르면 소비자는 새로운 형식이나 장르로 수요를 분산시킨다. 이에 따라 플랫폼은 장르 확장, 연령층 맞춤형 콘텐츠 개발, 인터랙티브 포맷 도입 등 차별화 전략을 추진하게 되며, 그에 따라 웹툰의 콘텐츠 다양성과 산업 확장성을 동시에 강화시켜야 하는 요인이 된다. 이와 함께 광고 단가와 플랫폼의 협업 콘텐츠 수익도 상승하여 전체 산업의 수익구조의 상향 평준화를 유도한다.

결론적으로 웹툰은 경제 상황에 따라 소비자 선택의 대체재에서 정상재로 전이되며, 각 시기에 따른 가격 전략과 콘텐츠 기획이 경제학적 이해를 바탕으로 설계되어야 한다. 경기 변동에 따라 가격 탄력성과 콘텐츠 차별화 전략, 수요 유연성에 근거한 시장 대응이 이루어질 때, 웹툰산업은 외부 충격에 덜 민감하면서도 안정적으로 성장할 수 있는 내재적 구조를 갖추게 된다.

# 기술 발전과 산업 구조 혁신

AI, 빅데이터, 클라우드, 블록체인 등의 기술은 웹툰산업 전반의 생산성과 투명성을 증대시키는 데 기여하고 있다. AI 기반 자동 채색 프로그램은 제작시간을 단축시키고, 개인화 알고리즘은 독자 경험을 정교하게 맞춤화하며, 블록체인 기반 저작권 관리 기술은 창작자의 권리를 효과적으로 보호한다. 이러한 기술은 웹툰산업을 전통적인 '노동집약형'에서 '지식 기반 창작산업'으로 전환시키는 핵심 수단이 된다.

이는 산업경제학적 관점에서 창작 노동의 물리적 한계를 기술이 극복하게 만들고, 산업 구조를 전통적인 노동집약형에서 고부가가치 중심의 지식 기반 창작산업으로 변화시킴에 따라 새로운 경제적 환경이 생성될 수 있음을 의미한다. 웹툰 제작의 자동화와 정밀화는 콘텐츠 생산의 효율성을 극대화할 뿐 아니라, 그에 따른 경제적 이익의 창출을 동시에 확보할 수 있는 체계를 만들어내는 것이다.

예를 들어, IP 수익화 모델의 정교화, 초기 진입 비용의 하락, 글로벌 유통 네트워크와의 통합 가속화, 산업 내 경쟁 우위 확보 등 다양한 효과를 통해 기술 발전이 무형자산 기반의 자본 축적을 가능하게 함에 따라, 창작 기반에서 자산 기반의 경제 구조로 진입하게 된다.

따라서 향후 웹툰산업의 지속 가능성과 성장 가능성을 평가하고 전략화하기 위해서는 다음과 같은 주제들을 핵심 연구 대상으로 삼아야 한다.

첫째, 기술투자 대비 수익률과 콘텐츠 자동화 기술이 창작자와 제작인력의 고용구조에 미치는 영향.

둘째, 무형자산IP의 자본화 방식과 시장 내 가치평가 메커니즘.

셋째, 기술 기반 맞춤형 콘텐츠 생산이 소비자 행동과 수익에 미치는 실증적 분석.

이러한 다각적 연구는 웹툰산업이 기술혁신과 경제 구조 변화를 선도할 수 있는 미래 산업으로 자리매김하는 데 필요한 근거를 제공할 것이다.

 정책 및 제도 환경의 영향

웹툰산업은 정책적 지원과 제도적 규제의 영향을 민감하게 받는 산업이다. 정부의 문화산업 육성 전략, 창작 지원금, 수출 바우처, 해외 진출 지원사업 등은 산업 성장의 중요한 기반이 되며, 이러한 공공 부문의 적극적 개입은 웹툰산업의 지속 가능성과 글로벌 경쟁력 확보를 위한 필수조건으로 간주된다. 특히 웹툰산업은 비교적 신생 산업으로, 민간 투자만으로는 창작 초기 단계의 리스크 분산, 해외 진출에 따른 언어적·법적 장벽 극복, 기술 인프라 구축 등의 측면에서 충분한 자립을 이루기 어렵다.

그렇기 때문에 공공 지원은 시장 실패를 보완하고 혁신의 기반을 조성하는 촉진 요인으로 작동해야 하며, 장기적 관점에서 창작 생태계 안정화와 산업 확장성 확보를 위한 전략적 개입이 지속적으로 장려되고 활성화되어야 한다.

반면 저작권법 개정, 연령 제한 강화, 유해성 규제 등은 산업 활동에 일정한 제약을 가할 수 있다. 무엇보다 이러한 규제는 산업 성숙기에 도입될 경우 질적 개선을 유도할 수 있지만, 웹툰처럼 아직 성장 궤도에 진입한 신생 산업에는 과도한 부담으로 작용할 수 있다. 규제가 창작의 자유를 위축시키거나 유통 경로를 제한하게 되면 산업의 혁신성과 시장 유연성이 저해될 우려가 있다. 자칫 투자 회피, 창작자 이탈, 플랫폼 수익 감소 등 연쇄적인 부정적 효과를 초래할 수 있기 때문이다.

따라서 정책 설계에 있어 규제는 경제적 효과와 문화적 파급력을 종합적으로 고려하여 신중하게 접근되어야 하며, 산업의 자생력과 글로벌 확장성을 해치지 않는 유연한 규범 체계가 요구된다. 이러한 이유로 웹툰산업은 문화적 자유와 경제적 효율성 사이에서 균형 잡힌 정책 설계가 필요한 분야로 인식된다.

소득 수준과 시장 구조의 변화

소비자의 소득 수준은 디지털 콘텐츠에 대한 지불 의사 및 소비빈도에 영향을 미친다. 고소득 계층은 정액제 구독이나 프리미엄 콘텐츠 소비에 적극적인 반면, 중저소득 계층은 무료 콘텐츠나 광고 기반 모델을 선호하는 경향이 있다. 이 현상은 웹툰산업이 단일한 소비자군이 아닌, 소득 수준에 따라 상이한 지불의사와 콘텐츠 선호를 가진 다층적 소비자 집단으로 구성되어 있다는 것을 의미한다.

따라서 플랫폼은 가격 민감도와 소득 분포를 고려한 가격 정책과 콘텐츠 기획 전략을 병행해야 하며, 이는 웹툰산업의 수익 최적화와 포괄적 시장 확보에 필수적인 전략적 판단이다. 이러한 차이를 이해하여 웹툰 플랫폼은 세분화된 가격정책과 다양한 상품군**정액제, 에피소드별 결제, 묶음형 상품 등** 을 운영하도록 유도하며, 결과적으로 시장의 다층화를 초래한다. 또한 지역별 소득 격차는 해외 시장 진출 시 현지화 전략과 가격 차등화 전략을 수립하는 데 중요한 변수가 된다.

이상과 같이 웹툰산업은 문화 콘텐츠의 외형을 띠고 있으나, 실질적으로는 다양한 경제적 변수들과 상호작용하는 복합 경제 시스템으로 작동하고 있다. 그렇기에 웹툰을 단순한 콘텐츠가 아닌, 경제학적 분석의 대상이자 전략산업으로 강조하며 접근하는 방식이 요구된다.

2장

플랫폼 시대의 웹툰산업

넷플릭스와 유튜브: 플랫폼 경제의 실현 사례

 ## 넷플릭스의 의의

1998년 설립된 넷플릭스는 온라인 기반 DVD 대여 서비스를 시작으로, 당시 미국 전역을 장악한 오프라인 대여 체인인 블록버스터, 무비갤러리 등을 압도하면서 빠르게 비디오 스트리밍 플랫폼으로 진화하였다. 그들의 경쟁자는 오프라인 매장 중심의 유통망과 브랜드 인지도를 보유한 거대 사업자였으나, 넷플릭스는 기술 기반 예측 추천 알고리즘, 사용자 데이터 분석, 정액제 구독 모델이라는 혁신을 통해 기존의 관습을 깨뜨렸다.

여기서 흥미로운 점은 넷플릭스가 여전히 살아남아 거대 플랫폼 신화를 써 내려가고 있는 반면, 당시 시장을 주도하던 대형 비디오 대여 체인 기업인 '블록버스터'와 '무비갤러리'는 모두 넷플릭스와의 경쟁에서 도태되어 2010년 즈음 역사의 뒤안길로 사라졌다는 것이다.

2019년 기준 넷플릭스의 매출은 202억 달러, 시가총액은 1,630억 달러에 달했고, 2020년에는 전 세계 190개국에서 1억 8,300만 명의 유료 가입자를 확보하였다. 이후 2022년 1분기 기준 가입자 수는 2억 2,164만 명으로 늘어나면서, 전 세계 SVoD Subscription Video on Demand 형 OTT 서비스 가운데 가입자수 1위를 기록, 2025년에는 가입자수 3억 명 돌파와 102억 5천만 달러 매출로 여전히 성장 중이다.

넷플릭스의 구독 시스템은 단순히 소비자의 효용을 높이는 데 그치지 않고, 전통적인 DVD 소장 방식에서 발생하는 물리적 공간의 제약과 보관 비용이라는 문제까지도 해결했다. 사용자는 언제 어디서나 원하는 콘텐츠를 손쉽게 스트리밍으로 이용할 수 있게 되었고, 콘텐츠 소비방식의 혁신이자 소비자 편의성과 플랫폼 효율성의 상승이라는 양면적 효과를 불러왔다.

넷플릭스는 미국 외 국가에서만 1억 명 이상의 유료 가입자를 확보하며 글로벌 플랫폼으로 성장했고, 오리지널 콘텐츠 제작을 통해 콘텐츠 유통과 생산의 수직 계열화를 완성하였다. 결과적으로 넷플릭스는 전 세계에 걸쳐 비디오 스트리밍 서비스를 제공하는 콘텐츠 유통사이자, 자체적으로 오리지널 콘텐츠를 제작하는 콘텐츠 제작사 및 배급사로서 확고한 자리를 굳힌 셈이다. 그와 동시에 넷플릭스는 OTT라는 새로운 콘텐츠 생태계를 구축하고, 디지털 콘텐츠 산업의 중심에 위치한 선도 기업으로 자리매김하였다.

여기서 주목할 점은 넷플릭스의 성공이 단순한 시기적 타이밍이나 운에 의한 것이 아니라, 사용자 중심의 경험 설계와 정교한 데이터 기반 의사 결정, 기술혁신에 대한 전략적 투자의 결합이라는 점이다. 이러한 전략은 모두 데이터 기반 의사 결정, 사용자의 경험 중심 설계, 기술 인프라 투자에 기반을 둔 장기적 설계였다.

유튜브의 의의

유튜브는 웹 2.0 환경에서 일반 사용자가 영상을 직접 공유하고 소비할 수 있는 구조를 제공하며 탄생하였다. 웹 그래픽 디자이너였던 채드 헐리는 어느 날 '앞으로 유망한 비즈니스는 디지털 환경에 있을 것이다'는 생각에 도달하게 되었고, 프로그래머인 친구 자웨드 카림, 스티브 첸과 함께 그 아이디어를 실현할 회사를 창업하기로 의기투합했다. 당시는 웹 2.0 환경이 활발히 전개되던 시기로, 일반 사용자들이 자신의 사진이나 일상 이야기, 요리 레시피, 사적인 활동 기록 등 다양한 콘텐츠를 손쉽게 온라인에 업로드하는 참여 중심의 디지털 문화가 빠르게 형성되고 있었다. 이들은 이러한 흐름을 주목하면서, 누구나 영상을 손쉽게 업로드하고, 공유하며 시청할 수 있는 온라인 플랫폼이 필요하다는 점에 착안하였다.

그렇게 탄생한 유튜브는 개인이 직접 영상을 게시하고, 누구나 접근 가능하게 만든 최초의 대중적 동영상 플랫폼으로, 이후 디지털 콘텐츠 생태계의 중심축으로 자리 잡게 되었다. 무엇보다 두드러진 유튜브의 혁신은 '수익 공유' 모델이었다. 플랫폼이 광고 수익을 창작자와 나누어 주는 구조는 참여를 촉진하고, 다양한 창작자가 스스로 생계와 직업을 만들어나가는 디지털 경제의 토대를 구축했다. 유튜브의 출현으로 비디오 산업의 새로운 시대를 열었으며, 콘텐츠가 생성, 배포 및 소비되는 방식에 혁명을 일으켰다.

누구나 콘텐츠를 만들고 공유할 수 있는 개방적이고 민주화된 플랫폼을 도입함으로써, 유튜브는 전통적인 미디어 매체들이 변화하지 않으면 도태될 수밖에 없는 상황을 만들어냈다. 이에 더해 유튜브 플랫폼의 다국어 기능은 다양한 문화적 배경을 가진 콘텐츠 제작자들이 국가적·지역적 장벽을 넘어 자신만의 콘텐츠를 전 세계에 선보일 수 있게 하였으며, 마침내 한계를 극복하고 글로벌 문화교류와 상호이해의 장을 확대했다.

이러한 유튜브의 보급은 소비자의 콘텐츠 소비 행동에도 근본적인 영향을 주었다. 시청자는 이제 무엇을 볼지, 언제 볼지, 어떻게 콘텐츠에 참여할지를 자신의 자유 의지에 따라 선택하거나 제어할 수 있게 되었다. 전통적인 방송 시청 방식과 비교할 때 유튜브가 소비자 주도형의 미디어 소비환경을 정착시키는 데 결정적인 역할을 했다고 볼 수 있다.

2025년 기준 유튜브의 월 방문자는 25억 명, 하루 시청 시간은 10억 시간을 돌파했다. 현재는 검색 엔진으로의 역할도 함께 수행하며, 인플루언서 경제, 교육 콘텐츠, 브랜드 마케팅, 게임 방송 등 복합적인 콘텐츠 생태계를 형성하고 있다. 유튜브의 알고리즘은 시청자의 취향을 실시간으로 분석하여 콘텐츠를 추천하고, 이는 다시 창작자의 수익과 피드백으로 연결되는 자율적 순환을 낳는다.

두 사례 모두 사용자 참여를 이끌어내는 플랫폼 설계, 참여자 간 상호작용을 극대화하는 알고리즘, 글로벌 확장을 고려한 인프라 투자를 통해 '플랫폼 중심 경제 구조'의 교과서적 모델로 자리 잡았다. 이러한 성공은 콘텐츠 자체의 품질만이 아니라, 플랫폼이 지닌 중개 기능, 정보 구조, 거래 효율화의 복합적인 결합이 만들어낸 결과였다.

플랫폼 경제의 개념과 작동 원리

 양면시장과 네트워크 외부성의 메커니즘

앞서 넷플릭스나 유튜브를 언급하는 이유는 바로 '플랫폼' 때문이다. 플랫폼**Platform** 은 본래 기차나 지하철을 타는 장소처럼, 사람과 사람의 만남이 이루어지는 공간을 의미한다. 경제학적으로 플랫폼은 서로 다른 두 집단**예: 소비자와 생산자, 공급자와 수요자, 사용자와 광고주 등** 을 연결하는 중개구조로 정의되며, 이들은 플랫폼을 중심으로 상호작용하며 경제활동을 수행한다. 이처럼 플랫폼은 단순한 중개를 넘어서, 양 집단의 상호작용을 촉진하고 네트워크 효과를 극대화하며 새로운 부가가치를 창출하는 기반이 된다.

이 구조는 '양면시장two-sided market'으로 불리며, 플랫폼이 서로 다른 두 이용자 집단을 동시에 대상으로 하여, 이들 간의 상호작용을 통해 플랫폼 전체의 가치와 규모를 확대해 나가는 복합적인 경제 메커니즘을 의미한다. 쉽게 설명하면, 양면시장은 서로 의존적인 두 집단이 플랫폼이라는 공간을 통해 상호작용하며, 그 상호작용 과정에서 경제적 가치를 창출하고 공유하는 시장 구조를 말한다. 특히 한 집단의 사용자수가 증가할수록 상대 집단의 효용 또한 상승하는 네트워크 외부성이 작동하며, 이는 플랫폼 전체의 성장동력으로 작용한다.

서비스 중심의 양면시장 비즈니스는 일반적으로 정보 시스템 기반의 비즈니스 모델 구현이 가능하며, 제조업 대비 빠른 시장 확장과 수익 실현이 특징이다. 이러한 특징 덕분에 플랫폼 사업자는 비교적 낮은 초기 고정비로도 빠르게 시장을 형성하고 경쟁 우위를 점할 수 있다.

결국 플랫폼 비즈니스의 성공은 양면시장을 얼마나 안정적으로 형성하고, 서로 다른 이용자 그룹 간의 효용을 극대화할 수 있느냐에 달려 있다. 이를 위해서는 초기에 유인정책을 통해 각 이용자 그룹을 유입시키고, 플랫폼 참여의 반복성과 네트워크 외부성이 강화되는 구조를 구축하여 플랫폼 이용자 집단이 고착화되도록 설계해야 한다. 이후에는 각 그룹의 가격 민감도를 분석해 최적의 가격정책을 수립함으로써 지속 가능한 수익 모델을 실현하게 된다.

각 집단은 상대 집단의 존재를 전제로 효용을 창출하며, 플랫폼은 이러한 상호작용을 촉진하기 위한 설계 구조와 인센티브 시스템을 내포하고 있다. 다시 말해 양면시장은 거래 비용을 줄이고, 네트워크 외부성network externality 을 활용하여 양 집단 간의 상호 수요를 증폭시키는 구조로 작동하는 것이다. 이는 단순한 중개를 넘어서 거래의 효율성과 시장의 규모를 극대화하기 위한 전략적 구조이기도 하다. 이때 이들의 상호작용은 플랫폼이 창출하는 네트워크 외부성에 따라 큰 영향을 받는다.

네트워크 외부성이란 어떤 상품이나 서비스를 이용하는 사용자수가 늘어날수록, 그 상품이나 서비스를 사용하는 다른 사용자에게도 추가적인 효용이 발생하는 현상을 의미한다. 다시 말해 참여자수가 많아질수록 플랫폼의 전체 가치가 증가하며, 이때에는 이용자 각자에게 더 많은 혜택과 선택지를 제공하게 된다. 이러한 효과는 플랫폼 비즈니스 모델이 지닌 구조적 경쟁력의 본질이자, 네트워크 중심 경제에서 지속 가능한 성장을 견인하는 핵심 동력으로 작용한다.

예컨대, 영상 플랫폼은 콘텐츠 제작자와 시청자 양쪽을 연결하며, 콘텐츠 제작자가 많을수록 시청자에게는 더 큰 선택지가 주어지고, 시청자가 많을수록 제작자는 더 많은 수익의 기회를 가지게 된다. 이처럼 한 집단의 규모가 증가할수록 다른 집단의 가치가 커지는 구조는 '간접 네트워크 외부성indirect network externality '의 대표적인 예시다.

더 나아가, 멀티사이드 플랫폼에서는 세 개 이상의 시장이 연결되기도 하며, 이러한 다면 구조는 복잡한 가격 메커니즘과 네트워크 외부성의 상호작용으로 플랫폼 운영의 전략적 복잡도를 높인다. 플랫폼 기업은 이 상호작용을 최적화하여 거래 비용을 줄이고, 자원의 효율적 배분과 수익의 극대화를 도모하게 된다.

 ## 초기 설계를 위한 플랫폼의 경제 전략

양면시장의 또 다른 핵심 특징은 바로 '가격 구조price structure 의 차별성'이다. 플랫폼은 각 사용자 집단의 가격 민감도와 네트워크 외부성의 크기를 분석하여, 어느 한 쪽 집단에는 무료 서비스를 제공하거나 보조금을 지원하고, 다른 한 쪽 집단에서는 직접적인 수익을 창출하는 전략을 채택한다. 이러한 전략을 '교차보조cross-subsidization'라고 하며, 이는 플랫폼이 전체 생태계의 균형과 활성화를 유도하기 위해 양측의 경제적 기여를 비대칭적으로 설계하는 방식이다.

예를 들어, 유튜브는 시청자에게는 전면 무료 서비스를 제공하지만, 광고주로부터 광고 수익을 확보하고, 그 수익 일부를 콘텐츠 제작자에게 분배함으로써 시청자-제작자-광고주로 이어지는 삼각 생태계를 견고히 유지한다. 이 방식은 사용자 기반을 신속히 확대하면서 동시에 콘텐츠 품질을 유지하고, 수익 창출 모델을 지속 가능하게 만든다.

반면 양면시장에서는 흔히 '치킨과 에그의 딜레마Chicken-and-Egg Problem'로 알려진 구조적 난제가 발생한다. 플랫폼이 운영 초기 단계에서 이용자 양쪽 집단을 동시에 유치하기 어렵다는 문제로, 어느 한 쪽 집단예: 콘텐츠 제작자 또는 소비자 이 먼저 활성화되지 않으면 반대편 집단의 참여도 유도하기 어렵다는 점에서 기인한다.

이 문제를 해결하기 위해 플랫폼은 초기 진입 장벽을 낮추는 다양한 전략을 채택한다. 예를 들어, 보상 제공, 무료 콘텐츠, 혜택 강화, 독점 콘텐츠 제공 등 한 쪽 시장의 참여 유인을 극대화하여 '임계 질량critical mass'에 도달하고자 한다. 플랫폼 성공의 핵심은 바로 이 초기 임계 질량을 얼마나 신속하고 효율적으로 확보하느냐에 달려 있으며, 이를 기반으로 자발적인 네트워크 효과가 확산되고 플랫폼 전체의 확장이 촉진되는 선순환 구조가 형성된다.

웹툰산업과 플랫폼 모델의 접목

웹툰 플랫폼 역시 넷플릭스나 유튜브와 동일하게 플랫폼 경제의 작동 원리를 따른다. 작가 혹은 제작사**또는 CP**인 공급자와 독자인 소비자가 플랫폼을 중심으로 만나는 구조이며, 양측의 규모가 성장할수록 전체 생태계는 확장된다. 또한 웹툰 플랫폼은 독자의 피드백 데이터를 통해 큐레이션 알고리즘을 고도화하고, 인기 IP를 중심으로 OSMU 전략을 가동하여 수익을 극대화한다.

웹툰 플랫폼은 단순한 콘텐츠 유통 경로가 아니라, IP의 가치 평가, 수익 분배 구조, 추천 알고리즘, 연재 주기, 팬덤 커뮤니티 형성 등 복합적 경제 활동이 이루어지는 장이다. 유료 회차, 정액제 구독, 후원형 모델, 크라우드 펀딩, 광고 기반 무료 서비스 등 다양한 수익구조는 각기 다른 독자층의 소비성향에 대응하여 정교하게 구성되어 있다.

그러나 웹툰 플랫폼은 여타 플랫폼과 비교해 몇 가지 차별적 특성을 지닌다.

• 콘텐츠 생산주기

웹툰은 정기 연재 기반의 지속적인 창작활동이 필요하다. 유튜브와는 달리 고정적인 콘텐츠 제작 리듬이 존재하여, 작가의 노동력과 지속 가능성이 플랫폼의 품질 유지에 직접적으로 연결된다. 이는 작가의 노동구조가 장기적인 계약, 피드백 시스템, 제작 보조 기술과 연동되어야 한다는 것을 시사한다.

• 콘텐츠 소비형태

웹툰은 기본적으로 텍스트와 이미지를 결합한 정적인 형태이면서 동적인 연출 기반의 결합형 콘텐츠이며, 소비는 개인 단말기 기반의 세로 스크롤인 자율적 콘트롤 방식에 최적화되어 있다. 이것은 영상 콘텐츠와는 다른 몰입 방식과 시간 소비 패턴을 낳는다. 더불어 웹툰은 비선형적 소비가 아닌, 회차별 연속적 소비 구조를 지니기 때문에 콘텐츠 유지력과 이야기 구조의 장기 설계가 중요한 경쟁력이다.

• 수익 모델의 구조

웹툰 플랫폼은 광고 기반, 유료 회차, 정액제, 캐시 결제, IP 판매 등 다양한 수익 모델을 혼합 운영한다. 이때, 유료 결제는 독자의 충성도와 직결되며, 플랫폼의 경제적 예측 가능성에도 영향을 미친다. 더불어 PPL, 외부 브랜드 제휴, 웹툰 기반 게임 · 애니 · 드라마 제작을 통한 수익 다각화도 활발히 전개되고 있다.

서범강의 웹툰 경제학

경제학적 분석 : 웹툰 플랫폼의 특징

• 양면시장 구조의 완성도

웹툰 플랫폼은 작가와 독자 모두의 규모가 플랫폼 성장에 필수적이다. 독자수가 늘수록 플랫폼은 작가 유입을 장려하고, 작가수가 증가할수록 독자의 선택 폭은 넓어져 플랫폼 충성도가 높아진다. 이 구조는 양면시장론에서 말하는 네트워크 외부성의 전형적 사례이며, 가격 전략, 보조금 정책, 참여 장벽 완화 등 세부 운영 설계에 큰 영향을 준다.

• 교차보조

유튜브와 같이 초기에는 무료 서비스를 통해 독자를 유치하고, 후속 유료 콘텐츠 혹은 프리미엄 모델로 수익을 창출하는 교차보조cross-subsidization 전략이 활발하다. 웹툰 플랫폼이 운영 초기 단계에서 시장 양측의 규모가 비대칭적이라는 점을 고려해, 보다 가격 민감도가 높은 쪽예: 독자 에는 낮은 비용이나 무료 이용 정책을 적용하고, 상대적으로 수익 창출 가능성이 높은 반대편예: 작가 혹은 광고주 으로부터 수익을 도출하는 전략을 선택하는 이유다. 이러한 교차보조방식은 플랫폼의 네트워크 효과를 조기에 극대화하고, 한 쪽 시장의 성장에 따라 다른 쪽 시장의 참여 유인을 증대시키며, 결과적으로 플랫폼 생태계의 초기 균형과 안정화를 촉진한다.

• 데이터 기반 의사 결정

웹툰 플랫폼은 독자의 클릭, 시청 시간, 완독률, 공유수 등의 데이터를 분석하여 콘텐츠 노출을 조절한다. 이것은 넷플릭스나 유튜브처럼 알고리즘이 콘텐츠 소비를 유도하는 결정적 메커니즘으로 작용하고 있으며, '경제적 행동 분석 기반 콘텐츠 유통 시스템'이라는 점에서 웹툰 플랫폼 역시 경제학적으로도 중요한 분석 대상이 된다. 사용자 대상 데이터를 실시간으로 수집·분석함으로써, 플랫폼은 콘텐츠 노출과 추천 순서를 전략적으로 조정하고, 독자의 이용 패턴에 최적화된 서비스 구조를 설계할 수 있다.

AI 기반 피드백 분석은 사용자 반응을 예측하고 창작자에게 실시간 개선 방향을 제공하며, 자동 추천 큐레이션은 반복 방문

률과 정주 시간을 극대화한다. 또한 개인 맞춤형 알림 시스템은 사용자의 주기적 콘텐츠 소비를 유도함으로써 이탈률을 감소시키는 데 기여할 수도 있다. 이러한 시스템들은 모두 자원의 효율적 배분과 소비자 만족도 제고를 동시에 달성함으로써, 경제적 효율성을 극대화하는 핵심 도구로 작동한다.

• 규모의 경제와 진입 장벽

대형 웹툰 플랫폼은 더 많은 트래픽과 IP를 확보함으로써 신규 웹툰 플랫폼의 진입을 어렵게 만든다. 이는 자본 집약적 구조와 독점적 계약을 통해 플랫폼 간 양극화를 심화시키며, 경제학적으로는 '경쟁 제한적 시장 구조'로 평가된다. 특히 신규 창작자와 스타트업 플랫폼에게는 진입 리스크가 크며, 플랫폼 독과점 현상에 대해 균형적이고 형평성 있는 개선을 위한 접근도 필요하다.

넷플릭스와 유튜브가 보여준 플랫폼의 성공은 단순히 양질의 콘텐츠에 의존한 결과가 아니라, 정교하게 설계된 경제 구조, 사용자 중심의 경험 설계, 그리고 알고리즘을 중심으로 한 데이터 기반 전략이 복합적으로 작동한 결과였다. 이들은 플랫폼 내에서 생산자와 소비자 간의 상호작용을 극대화하고, 네트워크 외부성과 양면시장 구조를 효율적으로 활용함으로써, 기술 기반의 콘텐츠 산업이 어떻게 경제적 지속 가능성과 글로벌 확장을 달성할 수 있는지를 증명해냈다.

이와 같은 맥락에서 웹툰 플랫폼 또한 단순한 콘텐츠 유통 채널이 아니라, 경제학적 분석이 가능한 구조를 갖춘 '시장 그 자체'로 이해되어야 한다. 웹툰산업이 미래형 문화산업으로 진화하기 위해서는 창작자와 독자, 광고주 간의 상호작용을 최적화할 수 있는 설계가 필요하며, 이를 뒷받침할 수 있는 정책적·제도적 기반 또한 병행되어야 한다.

플랫폼 생태계는 더 이상 콘텐츠 품질이나 기술력만으로는 성과를 담보할 수 없는 환경에 있으며, 이는 곧 전체 산업 구조와 시장질서를 설계하고 조율하는 핵심 경제적 기제로서 기능하고 있음을 의미한다. 웹툰산업은 그 중심에서 콘텐츠의 가치를 경제적 자산으로 전환하고, 산업 생태계 전반을 유기적으로 연결하는 플랫폼 전략을 기반으로 한 미래 구상 능력을 확보해야 한다.

3장

플랫폼 성장의 이해와 웹툰산업

플랫폼의 구조와 성장 과정

 플랫폼 초기 설계와 진화 전략

플랫폼의 성장 단계는 세 가지 핵심 과정을 순차적으로 밟아 가는데, 이는 경제학적으로 시장 지배력 확보를 위한 진화 경로로 설명될 수 있다. 이 과정을 통해 플랫폼은 단순한 유통 채널을 넘어, 경제 생태계 내에서 다양한 주체들을 긴밀하게 촉진하는 다층적 상호작용과 새로운 가치 창출의 허브로 진화하게 된다.

플랫폼의 성장 과정은 경제학적으로 네트워크 외부성Network Externalities, 규모의 경제 Economies of Scale, 시장 집중Market Concentration 과 같은 핵심 이론들과 깊은 관련이 있다. 네트워크 외부성은 플랫폼에 참여하는 이용자가 늘어날수록 다른 이용자에게도 추가적인 가치를 제공하는 현상을 의미하며, 이는 플랫폼 확장의 주요 촉진제로 작용한다.

규모의 경제는 사용자수가 증가함에 따라 평균 비용이 감소하는 구조를 설명하고, 시장 집중은 일정 규모 이상의 플랫폼이 네트워크 효과를 극대화함으로써 시장을 과점하거나 독점할 수 있는 가능성을 의미한다. 이러한 이론적 기반을 바탕으로 플랫폼은 성장 전략을 수립하고, 경쟁 환경에 맞춘 시장 지배 전략을 구체화할 수 있다.

앞서 설명했듯이 플랫폼은 초기 단계에서 시장 내 존재감을 확보하고, 일정한 규모에 도달하면 자체적으로 강력한 성장을 촉발하거나 유지할 수 있는 임계 질량에 가급적 빠르게 도달하는 것이 유리하다. 이를 위해 전략적으로 보조금subsidization 정책을 시행하거나, 이용자들의 진입 장벽을 낮추는low entry barriers 접근을 선택한다. 이러한 조치는 사용자 기반의 신속한 확대를 가능하게 하며, 직접 네트워크 효과를 활성화시킨다.

다시 말해 하나의 사용자 그룹이 확대될수록 다른 사용자 그룹에게도 추가적인 효용이 발생하여 플랫폼 전체의 가치가 상승하는 선순환 구조가 형성되는 것이다. 동시에 플랫폼은 양면시장 메커니즘을 활용해 공급자와 소비자 모두를 유기적으로 성장시키며, 상호 강화적인 네트워크 외부성 Cross-Network Externalities 을 극대화하는 방향으로 설계된다.

또한 플랫폼 성장 과정은 생태계적 관점으로도 바라봐야

한다. 플랫폼이 커질수록 단순히 이용자수의 증가만을 목표로 삼는 것이 아니라, 각 참여자의 기여와 협력 구조를 최적화해야 하기 때문이다. 초기에는 빠른 확장을 위해 개방성과 다양성을 유지하지만, 성숙 단계로 갈수록 생태계의 안정성과 수익 모델의 정교화를 추구해야 한다.

이러한 흐름은 플랫폼 내에서 완전 경쟁이 아닌 불완전 경쟁 구조Imperfect Competition 를 심화시키며, 시간이 지남에 따라 시장이 독점 Monopoly 이나 과점 Oligopoly 형태로 수렴할 위험성을 내포한다. 이는 플랫폼이 성장함에 따라 소수의 대형 사업자가 시장을 장악하게 되는 경향을 강화하고, 경쟁 제한, 가격 결정력 강화, 진입 장벽 상승 등 다양한 경제적 문제를 유발할 수 있음을 의미한다. 따라서 플랫폼의 지속 가능한 성장을 위해서는 초기 단계부터 시장 지배력 집중을 방지하고, 생태계 내 다양한 참여자 간 균형과 건강한 경쟁을 촉진하는 전략적 관리가 필수적이다.

이 과정을 구체적으로 이해하고 분석해야 하는 이유는 다음과 같다.

첫째, 플랫폼의 초기 설계와 전략적 방향성은 향후 시장 내 성장성과 생존 가능성을 좌우하는 핵심 변수다. 임계 질량 확보에 실패하거나, 네트워크 외부성을 제대로 설계하지 못할 경우, 초기 확산 속도를 확보하지 못해 시장진입에 실패하거나, 이후 플랫폼 확장이 지체되어 경쟁 플랫폼에 주도권을 빼앗기는 결과를 초래할 수 있다.

이를 위해 플랫폼 설계 초기부터 수요 측 네트워크 효과con-sumer-side network effects 와 공급 측 네트워크 효과producer-side network effects 를 균형 있게 고려하고, 두 집단 간 상호작용이 자연스럽고 지속적으로 증폭될 수 있도록 세밀한 구조를 구축하는 것이 필수적이다. 이는 플랫폼이 초기 확장성과 장기적 생존 가능성을 동시에 확보하기 위해 반드시 갖추어야 할 전략적 요건이며, 각 이용자 집단의 성장 곡선을 정교하게 조율하여 네트워크 외부성을 최대한 실현하는 데 결정적인 역할을 한다.

둘째, 플랫폼 경쟁은 '승자독식Winner-Takes-All ' 구조를 띠기 때문에, 초기 단계에서의 미세한 전략적 판단 착오조차도 시간이 흐를수록 점차적으로 누적되어, 결국에는 극복이 불가능한 시장 지배력 차이를 만들어낼 수 있다.

이러한 플랫폼의 경제학적 메커니즘은 웹툰산업에 적용할 때, 더욱 중요해진다. 동시에 웹툰을 비롯한 디지털 콘텐츠 플랫폼은 빠르게 변화하는 시장환경, 기술 혁신속도, 그리고 소비자 트렌드의 급격한 변동성을 고려할 때, 단순한 성장만을 목표로 삼아서는 안 된다. 따라서 웹툰 플랫폼은 기술진화, 사용자 수요 변화, 글로벌 시장 확장 가능성 등을 종합적으로 반영하여 유연

서범강의 웹툰 경제학

하고 지속가능한 생태계를 설계해야 한다.

다시 말해 단순히 다양한 작품을 확보하는 데 그치는 것이 아니라, 창작자-플랫폼-이용자 간의 긴밀한 상호작용을 강화하고, 네트워크 외부성을 극대화할 수 있는 구조를 구축하는 것을 의미한다. 특히 기술 기반 추천 시스템, 데이터 분석을 통한 소비 패턴 예측, 맞춤형 서비스 제공 등 다층적 전략이 병행되어야만 장기적 경쟁우위를 확보할 수 있다.

웹툰 플랫폼은 작가공급자와 독자소비자를 연결하는 양면시장의 전형적인 사례이며, 양측의 규모를 동시에 키워나가는 전략적 설계 없이는 네트워크 외부성을 충분히 활용할 수 없다. 또한 독자수와 작가수가 상호 증폭 효과를 일으키는 구조를 설계하지 못하면, 플랫폼은 네트워크 외부성의 핵심 메커니즘을 충분히 활성화할 수 없게 된다. 이것은 단순히 이용자수를 늘리는 것 이상의 문제가 된다. 독자와 작가 간의 상호 의존적 성장 구도를 구축하지 못하면, 플랫폼 내 가치 창출이 제한되고, 시장 내 지배력 역시 확보하기 어려워지기 때문이다.

구체적으로, 독자가 많아질수록 다양한 작품을 제공할 수 있는 작가의 유입이 촉진되고, 작가수가 증가할수록 독자에게 선택지와 만족도가 증대되어 추가 독자를 유입시키는 선순환 구조가 만들어져야 한다. 이러한 구조를 정교하게 설계하고 유지하지 못하면, 경쟁 플랫폼에 비해 상대적 열위를 가지게 되어 시장 지배력을 구축하거나 지속하는 데 심각한 한계를 초래하게 된다.

이를 위해 플랫폼 초기 설계 단계부터 독자와 작가 간의 상호 강화적 네트워크 외부성을 체계적으로 증진시킬 수 있는 전략이 반드시 마련되도록 할 필요가 있다. 다시 말해 웹툰 플랫폼은 단순히 작품수를 늘리거나 사용자수를 끌어모으는 데 그치는 것이 아니라, 플랫폼 설계 초기부터 생태계의 질적 조화, 네트워크 효과의 극대화, 양면시장 간 균형 관리, 장기적 시장 지배 전략까지 종합적으로 고려한 체계적인 접근을 강조하는 것이다.

 플랫폼 성장의 단계별 작동 원리

앞서 살펴본 플랫폼 성장 메커니즘을 바탕으로, 이제 플랫폼이 경제 생태계 내에서 어떻게 단계별로 진화하는지를 체계적으로 살펴보기로 하자. 그 과정을 통해 단순한 거래 중개를 넘어 산업과 시장을 유기적으로 연결하고, 새로운 가치를 창출하는 경제 생태계의 중심축으로 자리매김하는 과정을 구체적으로 이해하는 데 도움이 될 것이다.

첫 번째 단계는 '이륙Take-off'이다.

이 단계에서는 플랫폼이 시장에서 유지 가능한 성장속도에 도달하고, 임계점을 넘어서는 것을 목표로 삼는다. 플랫폼은 핵심 가치를 명확히 정의해야 하며, 이를 통해 공급자와 수요자 모두

　　　　　　　　　　　　　　서범강의 웹툰 경제학

에게 실질적인 효용을 제공해야 한다. 이 과정을 '코어링Coring'
이라 부른다. 이는 과거에 존재하지 않았던 새로운 핵심 가치를
창출함으로써, 시장에 플랫폼의 존재 이유와 필수성을 강력히
각인시키는 전략적 과정이다.

코어링은 단순히 제품이나 서비스를 제공하는 데 그치지 않
고, 플랫폼이 제공하는 고유한 가치가 참여자들의 생태계 내 선
택과 상호작용을 주도하게 만드는 것을 목표로 한다. 이를 통해
플랫폼은 초기 시장에서 강력한 차별성과 네트워크 효과를 확
보할 수 있으며, 소비자와 공급자 모두에게 '이 플랫폼을 반드시
이용해야 하는 이유'를 만들어내는 데 핵심적인 역할을 한다.

입소문Word-of-Mouth 효과는 플랫폼이 이륙 단계에서 이러한
플랫폼 확산의 핵심적인 촉매 역할을 한다. 소비자 간 자연스러
운 추천과 긍정적 경험의 공유는 추가 이용자의 유입을 유도하
고, 플랫폼 가치에 대한 신뢰와 인지도를 증대시킴으로써 초기
시장 확산을 비약적으로 촉진하는 데 기여하기 때문이다.

두 번째 단계는 '티핑Tipping'이다.

티핑은 네트워크 효과를 전략적으로 극대화하여 플랫폼이
급격한 시장 지배력을 확보하고, 경쟁 플랫폼과의 격차를 확실
히 벌리는 결정적 성장단계이다. 이 과정에서는 사용자수의 증
가가 곧 추가적 사용자 유입을 가속화하는 선순환 고리가 형성
되며, 플랫폼은 대세로 자리매김하게 된다. 이때 직접 네트워크

효과와 간접 네트워크 효과가 모두 작동하여 선순환을 만들어 낸다. 플랫폼은 시장 내 지배적 위치를 확보하기 위해 외부 보완자들과 전략적으로 협력하여 네트워크 효과를 극대화하고, 생태계 내 핵심 가치 창출을 강화하는 데 주력한다.

세 번째 단계는 '성숙Maturity'이다.

플랫폼이 제품과 서비스 경쟁에서 압도적 우위를 확보하고, 생태계를 공고히 구축한 상태를 의미한다. 이 단계에서는 기존 시장 수확을 넘어 인접 시장 진출Adjacent Market Entry과 신시장 개척New Market Exploration을 통해 새로운 성장 사이클을 만들어 내야 한다. 성숙 단계에 이른 플랫폼은 외부 충격이나 신규 경쟁자의 도전에도 흔들리지 않고 안정적으로 기능할 수 있도록, 강력한 네트워크 효과와 탄탄한 생태계 기반, 그리고 유연한 대응 전략을 갖춘 구조를 확립해야 한다.

플랫폼 양적 성장의 핵심 메커니즘

플랫폼의 양적 성장은 단순히 사용자수의 증가를 넘어, 생산자와 소비자 간의 연결구조를 정교하게 설계하고 이들의 상호작용을 지속적으로 촉진함으로써 생태계 전반의 조화와 안정성을 확보하는 과정을 의미한다. 단계별 과정을 거쳐 플랫폼 내 다양한 주체들이 상호 보완적 가치를 창출하고, 이를 통해 전체 생태계의 핵심 가치가 효율적으로 극대화되도록 유도하는 전략적 성장 메커니즘이라고 할 수 있다.

주요 성장 요인은 다음과 같다.

• 생산/분배의 한계비용 최소화

디지털 플랫폼은 특성상 사용자수가 증가하더라도 추가적인 생산 비용이나 서비스 제공 비용이 거의 늘어나지 않는 구조를 가진다. 이는 '한계 비용marginal cost'이 극도로 낮은 경제적 특성으로, 새로운 사용자가 플랫폼에 참여할 때마다 수익 잠재력은 커지는 반면, 이에 수반되는 추가 비용은 거의 발생하지 않는다. 이러한 구조는 디지털 플랫폼이 대규모 확장과 빠른 성장에 유리한 이유 중 하나이며, 규모의 경제를 극대화할 수 있는 핵심 기반이 된다.

• 네트워크 효과 강화

플랫폼의 초기 사용자 기반을 빠르게 확장시키면서, 기존 사용자들의 활동이 신규 사용자 유입을 자연스럽게 촉진하는 선순환 구조Positive Feedback Loop를 구축하고 강화한다. 이로써 플랫폼 내 이용자 증가가 또 다른 이용자 증가를 유발하는 네트워크 효과를 가속화하며, 플랫폼 가치와 참여도 모두를 지속적으로 상승시키는 핵심 성장 메커니즘으로 작용한다.

• 행동 디자인 및 커뮤니티 문화 조성

사용자의 참여를 자연스럽게 이끌어내고, 플랫폼 내 커뮤니티의 활성화와 지속적인 상호작용을 촉진함으로써 이용자 간의 네트워크 효과를 극대화한다.

• 큐레이션과 학습 필터의 정교화

정보 과잉으로 인한 사용자 피로를 최소화하고, 개별 사용자의 선호와 행동 패턴에 최적화된 콘텐츠 경험을 제공함으로써 플랫폼 이용 만족도와 체류 시간을 효과적으로 증대시킨다.

• 커뮤니케이션 촉진 활동 강화

사용자 간 활발한 상호작용과 정보 교류를 체계적으로 촉진함으로써, 플랫폼 내 커뮤니티 활성화와 사용자 참여도를 지속적으로 증대시킨다. 이를 통해 이용자 간의 관계망을 강화하고, 자연스러운 네트워크 효과를 극대화하여 플랫폼 전체의 활동성과 생태계의 역동성을 한층 끌어올린다.

이러한 요인들은 플랫폼이 자체적인 경쟁력을 심화시키고, 외부 시장환경의 급변이나 경제적 충격에도 흔들림 없이 지속 가능한 성장을 이어갈 수 있는 견고한 토대를 마련해준다. 이것은 플랫폼이 단순히 단기적 성과에 그치는 것이 아니라, 장기적으로도 시장 지배력과 생태계 내 지위를 안정적으로 유지하고 확장할 수 있게 만드는 핵심 동력이다. 따라서 이러한 요소들을 체계적으로 관리하고 강화하는 것은 플랫폼의 전략 수립과 운영에서 필수적인 과제라고 할 수 있다.

플랫폼이 경쟁에서 살아남고 선도하기 위해 채택해야 할 다섯 가지 전략은 다음과 같다.

• 네트워크 효과 극대화

사용자가 많아질수록 같은 그룹 내 다른 사용자에게 가치를 높이는 직접 네트워크 효과와 한 그룹의 성장으로 다른 그룹의 가치를 증대시키는 간접 네트워크 효과를 체계적으로 강화하여, 플랫폼의 가치와 이용자 경험을 비약적으로 상승시키고, 이를 통해 빠른 시장 지배력과 네트워크 확장을 실현한다. 웹툰 플랫폼의 경우, 독자수 증가가 작가 유입을 촉진하고, 다양한 콘텐츠 확보가 다시 독자 확대를 이끄는 선순환 구조를 구축함으로써 양면시장의 상승 효과를 전략적으로 극대화해야 하는 것과 같다.

• **응집력** Coherence **강화**

클러스터 간 밀접하고 체계적인 연결성을 구축함으로써 외부 충격이나 예기치 않은 시장 변동에도 견딜 수 있는 탄탄한 네트워크 구조를 형성한다. 이는 단순히 물리적 확장에 그치지 않고, 클러스터 간 상호 의존성과 정보 흐름을 촉진하여, 네트워크 전반의 복원력 resilience 과 유연성 flexibility 을 동시에 확보하는 전략적 설계가 필요하다는 의미를 가진다. 웹툰 플랫폼의 경우에도 독자 클러스터팬덤, 작가 커뮤니티, 파생 IP 사업자애니메이션, 게임 등 간의 긴밀한 연계를 강화함으로써, 외부 시장의 변화나 경쟁 심화의 상황에서도 빠르게 대응하고 생태계 전체가 안정적으로 성장할 수 있도록 하는 것이 핵심이다.

• **탈중개화** Disintermediation **방지**

플랫폼 외부로 사용자가 이탈하거나 직접 거래가 발생하는 것을 방지하기 위해, 플랫폼은 지속적이고 차별화된 부가가치를 제공해야 한다. 이는 사용자에게 단순한 중개 기능 이상의 경험과 편익을 제공함으로써, 플랫폼 내부에서의 거래를 자연스럽게 유도하고, 생태계 내부에 참여자들을 안정적으로 고착화시키는 전략적 역할을 한다. 웹툰 플랫폼의 경우, 탈중개화 현상이 불법 복제 유통으로 이어질 수 있어 심각하다. 따라서 웹툰 플랫폼은 단순히 작품을 제공하는 데 그치지 않고, 독점 콘텐츠, 커뮤니티 기능, 팬덤 강화, 작가-독자 간 소통 활성화, 추천 알고리즘 기반 개인 맞춤 서비스 등 차별화된 경험을 통해 이용자가 플랫폼 내에 머무를 이유를 지속적으로 만들어야 한다. 이를 통해 웹툰 플랫폼은 독자와 작가 모두에게 더 높은 효용을 제공하고, 외부 채널로의 이탈 위험을 최소화하면서, 플랫폼 내부에서의 네트워크 효과를 극대화할 수 있다.

• 멀티호밍Multi-Homing 최소화

사용자와 생산자가 복수 플랫폼을 동시에 이용하려는 유인을 최소화하거나, 이를 선택할 때 발생하는 전환 비용Switching Cost을 전략적으로 높여, 플랫폼에 대한 충성도와 지속적 이용을 강화한다. 웹툰 플랫폼의 경우, 독점 콘텐츠 제공, 작가 전용 혜택, 팬덤 커뮤니티 지원 등 차별화된 가치를 제공함으로써 복수 플랫폼 이용의 필요성을 감소시키고, 플랫폼 내부에 이용자와 창작자를 장기적으로 고착화시키는 전략이 중요하게 활용될 수 있다.

• 복수 네트워크 연결성 강화

플랫폼은 다양한 네트워크를 유기적으로 통합하여, 각각의 네트워크가 지닌 자산과 참여자 기반을 상호 연결하고, 이를 통해

확장성과 시너지 효과를 극대화한다. 특히 이러한 네트워크 통합은 참여자 간 상호작용을 촉진하고, 다양한 시장과 산업군을 유기적으로 연계하여 플랫폼 생태계의 범위와 영향력을 비약적으로 확장하는 데 기여한다. 웹툰 플랫폼의 경우에도, 웹툰-웹소설-애니메이션-게임-굿즈-팬덤 커뮤니티 등 다양한 콘텐츠 및 서비스 네트워크를 통합하고 연결함으로써, 단순한 웹툰 감상 이상으로 단일 독자의 경험을 넘어선 다층적 경험을 제공하고, 전체 생태계의 부가가치를 극대화하는 전략이 필수적이다.

이러한 전략은 단순히 시장 점유율 확보에 그치는 것이 아니라, 플랫폼의 장기적인 생존력과 안정적인 수익구조를 구축하는 데 결정적인 역할을 한다. 플랫폼은 단기적인 성장 성과뿐만 아니라, 지속 가능한 가치창출과 참여자 간 강력한 네트워크 효과를 기반으로 생태계 전체의 견고한 발전을 도모해야 하며, 이러한 점이 플랫폼 경쟁에서 장기적 우위를 결정짓는 핵심 요인으로 작용한다는 점을 잊어서는 안 된다.

플랫폼 실패의 경제학적 요인

 **진입부터 실패까지 플랫폼의 여정**

플랫폼 실패는 주로 경제학적 구조와 운영 전략 간의 불일치에서 비롯된다. 다시 말해 이론적으로는 네트워크 외부성, 양면시장 구조, 규모의 경제 등 플랫폼이 성장하고 유지되기 위해 필요한 핵심 경제 메커니즘이 제대로 작동해야 한다. 하지만 실제 운영 과정에서는 이러한 메커니즘이 효과적으로 반영되지 않거나, 플랫폼 참여자 간의 상호작용 설계와 수익 모델 구축이 미흡할 때 문제가 발생한다. 무엇보다 초기 네트워크 효과 확보 실패, 가격 전략의 오류, 생태계 내 신뢰 구축 부족, 차별화된 핵심 가치 창출 실패 등은 플랫폼 성장을 저해하고 장기적인 지속 가

능성을 위협하는 주요 요인이 된다.

이 과정을 구체적으로 분석하는 이유는, 플랫폼 경제는 '승자 독식' 구조를 가지기 때문에 초기 전략 실패가 시간이 지날수록 점점 누적되어 복구가 어려운 시장 지배력의 격차로 이어질 수 있기 때문이다. 플랫폼 설계와 운영 초기 단계에서 경제학적 구조를 정교하게 이해하고 실제 전략과 일치시키는 것은 필수적인 성공 조건임을 기억하자.

• 시장 진입 타이밍 실패

경쟁이 치열해진 이후에 시장에 늦게 진입할 경우, 이미 구축된 네트워크 효과와 초기 시장 점유율을 확보한 선도 플랫폼에 비해 후발 주자는 이용자 확보, 브랜드 인지도 형성, 생태계 참여자 유치 등 모든 면에서 불리한 위치에 놓이게 된다. 이는 초기 진입자가 네트워크 외부성을 통해 지속적으로 가치를 증대시키는 동안, 후발 주자는 임계 질량 도달조차 어려워지는 결과를 초래하여, 시장 내 유의미한 포지셔닝을 확립하는 데 심각한 한계를 초래할 수 있는 것이다.

웹툰 플랫폼의 경우에도, 이미 대규모 독자층과 인기 작가 풀을 확보한 선도 플랫폼이 존재하는 상황에서 늦게 시장에 진입하면, 차별화된 가치 제안이나 혁신적 서비스 모델 없이는 경쟁력을 확보하기 매우 어려운 이유다.

• 가격 결정 실패

수익 모델과 보조금 전략이 효과적으로 설계되지 않으면, 플랫폼은 초기 네트워크 효과를 유발하고 확산시키는 데 실패할 수 있다. 플랫폼은 이용자 유입을 촉진하고 생태계를 활성화하기 위해 수익 창출과 사용자 혜택 제공 간의 균형을 정교하게 맞춰야 한다. 하지만 만약 보조금 전략이 과도하거나 수익 모델이 부적절할 경우, 참여자 유입은 일시적일 수밖에 없으며, 장기적 네트워크 효과를 통한 자생적 성장으로 이어지지 못할 위험이 크다.

이는 웹툰 플랫폼에서도 동일하게 적용된다. 웹툰 플랫폼이 초기에 독자와 작가를 빠르게 확보하려면 무료 이용, 프로모션, 지원 프로그램 등의 전략을 적절히 설계해야 한다. 하지만 이후 안정적인 수익구조로 자연스럽게 전환하지 못할 경우, 플랫폼 자체의 지속 가능성과 생태계의 건강성이 위협받게 된다. 따라서 웹툰 플랫폼 역시 수익 모델과 보조금 정책을 단기적 유입 목표에만 초점을 맞출 것이 아니라, 초기 이용자 확보 이후에도 충성도 높은 생태계를 구축할 수 있도록 장기적 관점에서 신중하게 설계하고 운영할 필요가 있다.

• 신뢰 구축 실패

사용자 및 협력자와의 신뢰 부족은 플랫폼의 장기적 확장성과 생태계 안정성에 중대한 제약 요인이 된다. 플랫폼 비즈니스에서는 이용자와 공급자 간의 신뢰가 네트워크 효과를 지속시키는 핵심 기반이 되며, 신뢰가 구축되지 않을 경우 참여자의 이탈이 가속화되고, 신규 참여자 유입 또한 저해된다. 결국 플랫폼 내 거래 활성화를 감소시키고, 생태계의 자발적 성장 메커니즘을 약화시켜 결국 장기적 시장 지배력 구축을 어렵게 만든다.

웹툰 플랫폼의 경우, 작가와 독자 모두가 플랫폼의 안정성과 공정성을 신뢰할 수 있어야 지속적 창작 활동과 콘텐츠 소비가 이어진다. 만약 작가들이 수익 분배 구조에 대한 불신을 갖거나, 독자들이 플랫폼의 품질 관리나 저작권 보호에 대해 의구심을 갖는다면, 이는 곧 플랫폼 이탈로 이어질 위험이 크다. 이를 위해 웹툰 플랫폼은 수익 분배의 투명성, 창작 지원 정책의 공정성, 사용자 피드백 시스템의 신뢰성 등을 지속적으로 강화하여 신뢰 기반 생태계를 구축해야 한다. 이는 플랫폼의 지속 성장과 글로벌 확장을 위한 필수적 전제 조건이다.

• 혁신 둔화 및 차별성 상실

제품과 서비스의 차별화에 실패할 경우, 플랫폼의 고유한 경쟁력이 약화되어 시장 내 매력도가 급격히 하락하게 된다. 플랫폼은 본질적으로 참여자들이 얻는 경험과 효용을 기반으로 성장하는 구조이기 때문에, 차별화된 핵심 가치와 독자적 경험을 제공하지 못하면 사용자들은 대체 가능한 다른 플랫폼으로 쉽게 이동하게 된다. 이 상태가 지속되면, 플랫폼 내 사용자 유지

서범강의 웹툰 경제학

율retention rate 을 저하시킬 뿐만 아니라, 네트워크 효과를 약화시켜 생태계 전체의 성장 모멘텀을 둔화시키는 심각한 결과를 초래할 수 있다.

웹툰 플랫폼의 경우, 차별화된 콘텐츠, 독점 IP, 커뮤니티 경험, 작가와 독자 간의 특별한 상호작용 기능 등을 지속적으로 개발하고 제공하지 않으면, 경쟁 플랫폼으로의 이탈이 가속화될 위험이 높다. 이에 따라 웹툰 플랫폼은 단순히 콘텐츠 양을 늘리는 데 그치지 않고, 작품의 품질, 추천 알고리즘의 정교화, 맞춤형 서비스, 팬덤 강화 전략 등을 통해 플랫폼만의 고유한 경험을 창출하고 차별화된 가치를 지속적으로 강화하는 것이 필수적이다.

• 참여자 이탈 증가

플랫폼 생태계는 지속적으로 성장하기 위해 기존 사용자 이탈을 상쇄할 수 있을 만큼 신규 이용자를 안정적으로 유치해야 한다. 만약 이 과정이 실패하면, 플랫폼은 사용자 기반의 순감소로 인해 네트워크 효과가 약화되고, 생태계의 활력이 급속히 떨어지면서 장기적으로 붕괴 위험에 직면하게 된다. 이것은 웹툰 플랫폼에서도 동일하게 나타날 수 있는데, 독자 이탈이 신규 독자 유입을 초과하는 상황이 지속되면 인기 IP와 작가 유출, 팬덤 약화, 플랫폼 수익성 저하 등 연쇄적 악순환이 발생할 수 있다. 이런 이유 때문에 플랫폼 운영자는 이탈 방지와 신규 유입을 동

시에 전략적으로 관리하고, 이용자 경험 개선, 콘텐츠 경쟁력 강
화, 커뮤니티 활성화 등의 다각적 노력을 통해 생태계의 건강성
과 지속성을 확보해야 한다.

실패를 부르는 플랫폼의 다섯 가지 결핍

또한 플랫폼 생태계 차원에서는 다음과 같은 실패 요인이 존
재한다.

• 참여자의 지대 추구

지대 추구Rent Seeking 란 기득권의 울타리 안에서 경제 주체들
이 자신의 이익을 위해 비생산적인 활동에 경쟁적으로 자원을
낭비하는 현상을 말한다. 플랫폼 생태계 내에서 참여자들이 공
동 가치 창출보다는 개인적 이익 극대화에만 집중하게 되면, 협
력적 네트워크 효과가 약화되고, 생태계 전체의 성장성과 지속
가능성에 부정적인 영향을 미치게 된다.

웹툰 플랫폼의 경우, 작가, 독자, 플랫폼 운영자 간의 신뢰와
상호 이익 균형이 깨지게 되면 콘텐츠 품질 저하, 사용자 이탈,
신규 창작자의 유입 둔화 등 연쇄적 악영향이 발생할 수 있다.
이를 방지하기 위해 플랫폼은 각 참여자가 공동 생태계의 가치
증진에 기여하도록 유도하고, 이를 통해 전체 네트워크의 활성
화와 장기적 성장 기반을 강화하는 전략적 설계를 갖춰야 한다.

• 기술 및 개발 역량 부족

디지털 플랫폼 시장에서는 기술 혁신 속도가 빠르고 사용자 기대치가 지속적으로 높아지기 때문에, 제품 개발과 서비스 개선이 신속하게 이루어지지 않으면 경쟁 플랫폼에 뒤처질 위험이 크다. 특히 웹툰 플랫폼은 새로운 기능 도입 예: 개인화 추천, 인터랙티브 기능 , 사용자 경험 개선 예: 뷰어 최적화, 결제 편의성 강화 등이 지연될 경우, 독자들의 이탈과 작가들의 불만을 초래할 수 있다.

결과적으로 플랫폼 생태계의 활력을 잃게 되고, 경쟁 플랫폼에 시장 주도권을 빼앗길 가능성이 높아지는 것이다. 이에 대해 플랫폼은 기술 트렌드와 사용자의 수요 변화를 민감하게 포착하고, 빠른 주기로 제품과 서비스를 지속적으로 혁신해야 장기적인 경쟁력을 유지할 수 있다.

• 공유와 협력 철학 부재

생태계 내부의 공유 구조가 충분히 활성화되지 않으면, 플랫폼 전체의 협력 기반이 약화되고, 필연적으로 네트워크 효과의 저하, 참여자 간 상호작용 감소, 혁신 동력 약화로 이어진다. 플랫폼 생태계는 참여자 간 정보, 자원, 기회의 원활한 순환을 통해 가치를 증대시키는 구조이기 때문에, 공유와 협력이 원활하지 않으면 플랫폼 경쟁력이 심각하게 저하되기 때문이다. 웹툰 플랫폼의 경우에도 독자, 작가, 파생 콘텐츠 제작자 간의 데이터 공유, 공동 프로모션, 팬덤 활동 등 다양한 협력 메커니즘이 구축되지 않으면 생태계 전체의 활성화가 둔화되고, 결과적으로 독자 이탈, 창작자 유입 감소, 시장 경쟁력 약화 등 부정적인 연쇄 효과가 발생할 수 있다.

• 비전과 리더십 부족

경영진이 명확하고 일관된 비전 없이 플랫폼을 운영할 경우, 기업은 외부 투자자들의 신뢰를 얻지 못하거나, 생태계의 장기적 방향성을 설정하는 데 실패할 수 있다. 이는 플랫폼의 지속적인 자금 조달 능력을 저하시킬 뿐만 아니라, 전략적 성장 경로를 모호하게 만들어, 시장 내 경쟁력 확보와 미래 확장성 확보에도 심각한 장애 요인이 된다.

웹툰 플랫폼과 같이 빠르게 변화하는 디지털 콘텐츠 시장에서는 경영진의 비전 부재가 초기 확장 기회의 상실, 글로벌 시장에서의 대응력 저하, 창작자와 독자 간 신뢰 약화로 이어질 수 있어 더욱 치명적이다. 플랫폼 리더십은 명확한 목표 설정과 일관된 전략 실행을 통해 지속가능한 생태계 구축을 이끌어야 하며, 나아가 시장경쟁 속에서 생존과 성공을 결정짓는 핵심 요인이 된다.

• 콘텐츠 및 신사업 투자 미흡

플랫폼이 지속적으로 신규 기회를 탐색하고 혁신적인 콘텐츠를 발굴하는 데 실패할 경우, 생태계의 역동성과 차별화된 경쟁력을 상실하게 되어 장기적 생존 가능성이 현저히 낮아진다. 디지털 콘텐츠 산업과 같이 변화가 빠른 영역일수록 플랫폼의 시장 지위를 약화시키고, 사용자 및 생산자 양측의 이탈을 가속화하는 주요 요인으로 작용할 수 있다.

웹툰 플랫폼의 경우에도 독창적이고 매력적인 IP 확보 및 다양한 신진 작가 발굴에 소홀할 경우, 소비자의 관심이 빠르게 식거나 경쟁 플랫폼으로 수요가 전이될 위험이 크다. 웹툰 플랫폼은 지속적인 콘텐츠 혁신과 신규 시장에 대한 기회 탐색을 통해 생태계의 확장성과 미래 성장 동력을 확보하는 전략적 노력이 필수적이다.

웹툰산업과 플랫폼 경제학의 적용

 ## 웹툰 플랫폼의 단계별 진화 방정식

웹툰 플랫폼 산업에 경제학적 플랫폼 이론을 적용하면, 플랫폼이 어떻게 초기 확장, 시장 지배력 확보, 장기적 생태계 구축이라는 과정을 거쳐 성장할 수 있는지에 대한 보다 깊이 있는 통찰을 얻을 수 있다. 다시 말해 웹툰산업이 단순한 콘텐츠 유통을 넘어, 복합적 경제 구조 속에서 지속 가능한 생태계를 구축하고 경쟁력을 강화하기 위해 반드시 살펴야 하는 지점이다.

이미 확인한 바와 같이, 웹툰 플랫폼 역시 양면시장의 특성을 지니고 있다. 그러므로 작가와 독자라는 서로 다른 집단 간의 네트워크 외부성을 효과적으로 활성화하지 못하면 플랫폼 전체의

서범강의 웹툰 경제학

가치 창출과 성장 가능성이 제한될 수 있기 때문에, 이를 전략적으로 이해하고 설계하는 것이 매우 중요하다.

• 이륙 단계

플랫폼 초기 단계에서는 인기 작가 유치, 무료 콘텐츠 제공, 그리고 경쟁력 있는 오리지널 IP지식재산권 확보를 통해 작가공급자와 독자수요자 양측의 유입을 동시에 촉진해야 한다. 이는 양면 시장의 구조에서 네트워크 외부성을 조기에 활성화하고, 플랫폼 가치의 임계 질량을 빠르게 형성하기 위한 핵심 전략이다. 웹툰 플랫폼의 경우, 단순히 유명 작가만 유치하는 것을 넘어서, 신인 작가를 발굴하여 독창적 IP를 육성하고, 무료 공개 작품이나 이벤트를 통해 초기 독자의 경험 장벽을 낮추는 것도 병행되어야 한다. 이러한 다층적 접근은 플랫폼의 조기 확장성과 향후 지속 가능한 생태계 조성의 초석이 된다.

• 티핑 단계

플랫폼은 추천 알고리즘을 고도화하여 사용자 개개인의 취향과 행동 패턴을 정밀하게 분석하고, 이를 기반으로 개인 맞춤형 콘텐츠를 제공함으로써 이용자의 만족도와 체류 시간을 극대화한다. 동시에 큐레이션 시스템을 강화하여 정보 과잉 상황에서도 사용자가 손쉽게 양질의 콘텐츠를 발견할 수 있도록 지원하고, 플랫폼 내 콘텐츠 소비를 자연스럽게 유도한다.

이러한 개인화 경험과 정교한 큐레이션 전략은 플랫폼 내 네트워크 효과를 강화하고, 신규 사용자 유입과 기존 사용자 유지율을 비약적으로 끌어올리는 폭발적 성장을 촉진하는 핵심 동력으로 작용한다. 웹툰 플랫폼의 경우, 추천 알고리즘을 통해 독자의 취향에 맞는 신작이나 숨겨진 명작을 노출하고, 큐레이션 기능을 통해 장르별, 테마별, 트렌드별로 맞춤형 콘텐츠를 제공함으로써 독자의 만족도를 높이고, 작가에게는 신규 독자 확보와 작품 노출 기회를 극대화하는 선순환 구조를 구축할 수 있다.

• 성숙 단계

글로벌 확장과 OSMU 전략을 적극적으로 추진하여, 웹툰 IP를 애니메이션, 게임, 드라마, 영화, 굿즈 등 다양한 분야로 확장시켜야 한다. 이를 통해 단순한 콘텐츠 소비를 넘어 다층적 소비 경험을 창출하고, 각 분야 간 시너지를 극대화함으로써 생태계의 범위를 폭넓게 확장하고 새로운 성장 사이클을 구축해야 한다.

앞으로 웹툰 플랫폼은 글로벌 시장 진출을 통해 다양한 문화권의 수요를 반영하고, 현지화 전략과 맞춤형 콘텐츠를 통해 해외 시장에서도 지속 가능한 생태계를 형성할 필요가 있다. 웹툰 플랫폼이 단일 시장에 의존하는 리스크를 줄이고, 다변화된 수익원을 확보하며, 글로벌 디지털 문화산업의 중심축으로 성장하는 데 필수적인 전략적 방향이라고 할 수 있다.

 웹툰 플랫폼의 경제학적 설계 원칙

또한 웹툰 플랫폼은 다음과 같은 전략을 수립해야 한다.

• 탈중개화 방지

작가가 직접 독자에게 작품을 판매하는 방식을 넘어, 플랫폼이라는 구조 안에서 더 높은 가치를 창출하고 안정적인 수익과 다양한 부가기회를 제공받을 수 있도록 유도해야 한다. 이를 위해 웹툰 플랫폼은 단순한 유통 채널을 넘어, 작품 노출 확대, 팬덤 구축 지원, 글로벌 진출 기회 제공, 부가 사업화IP 확장 등을 통합적으로 지원함으로써 작가에게 플랫폼 참여의 실질적 이점을 확실히 체감시키는 전략을 구사해야 한다.

• 멀티호밍 최소화

독자들이 여러 플랫폼을 병행 이용하는 현상을 최소화하기 위해서는, 독점적이면서 차별화된 콘텐츠를 지속적으로 확보하고, 독자의 참여와 소속감을 강화할 수 있는 충성도 높은 커뮤니티를 전략적으로 구축해야 한다. 이를 위해 인기 IP의 독점 연재, 팬덤 기반 커뮤니티 활성화, 작가와 독자 간 직접 소통 채널 강화, 독점 이벤트 및 혜택 제공 등의 다층적 방안을 병행함으로써, 플랫폼 내 이용자 경험의 질을 높이고 장기적 고착화를 유도할 필요가 있다. 특히 웹툰 플랫폼의 경우, 단순한 콘텐츠 제공을 넘어 독자 간 상호작용과 작가-독자 교류를 심화시켜 플랫폼 생태계 내 정체성과 충성도를 공고히 하는 것이 핵심이다.

• 복수 네트워크 연결

웹툰, 웹소설, 애니메이션, 드라마, 게임, 굿즈 등 다양한 콘텐츠와 서비스를 유기적으로 연계하여 사용자의 경험을 다층적이고 몰입감 있게 설계해야 한다. 이를 통해 각 콘텐츠 간의 시너지를 극대화하고, 소비자가 하나의 플랫폼 안에서 다양한 형태의 즐거움을 경험할 수 있도록 해야 한다. 웹툰 플랫폼은 단일 소비 경험을 넘어, 복합적 콘텐츠 생태계를 조성함으로써 플랫폼 내 체류 시간을 증가시키고, 독자와 팬덤의 충성도를 강화하는 전략을 구사해야 한다.

웹툰 플랫폼은 단순한 콘텐츠 유통 채널을 넘어, 경제학적 플랫폼 생태계의 대표 사례로 성장할 수 있다. 웹툰산업의 미래 경쟁력이 단순히 작품 품질이 아니라, 정교하게 설계된 경제적 구조와 지속 가능한 네트워크 구축 역량에 달려 있음을 보여준다.

"웹툰 플랫폼, 경제 구조적 설계가 미래를 결정한다"

웹툰 플랫폼은 이제 단순히 콘텐츠 산업의 일부로 기능하는 것을 넘어, 플랫폼 경제학의 본질을 깊이 이해하고 이를 전략적으로 실천해야 할 중요한 전환점에 서 있다. 이제는 플랫폼이 단

   서범강의 웹툰 경제학

순한 콘텐츠 유통 경로가 아니라, 양면시장의 구조를 기반으로 한 복합 경제 생태계의 핵심 주체로 기능해야 함을 의미한다. 특히 창작자와 독자 간의 교차 네트워크 외부성을 극대화하고, 플랫폼 내부의 자생적 성장 메커니즘을 강화하는 것이 필수적이다.

웹툰 플랫폼이 성공적으로 글로벌 시장을 확장하고 지속 가능한 생태계를 구축하기 위해서는, 초기 네트워크 효과를 넘어 장기적 가치 창출 구조를 정교하게 설계하고, 창작자 지원, 독자 충성도 강화, IP 다각화 전략 등을 체계적으로 병행해야 한다. 그렇기 때문에 웹툰 플랫폼은 콘텐츠의 품질관리에 그치지 않고, 경제학적 플랫폼 모델의 원리와 시장 진화의 메커니즘을 통

합적으로 체득하고 실행하는 새로운 경영 패러다임을 수립해야한다. 다시 말해, 성공적인 웹툰 플랫폼은

▶ 플랫폼 성장 사이클**이륙-티핑-성숙** 을 전략적으로 관리하며,
▶ 양면시장의 경제학적 구조를 극대화하고,
▶ 네트워크 외부성과 참여자 간 상호작용을 정교하게 설계하며,
▶ 탈중개화와 멀티호밍 리스크를 최소화하고,
▶ 다양한 네트워크 연결을 통해 범위를 확장하는

미래형 플랫폼 전략을 수립해야 한다.

단순히 변화하는 트렌드를 따라가는 것이 아니라, 플랫폼 경제학의 핵심 원리를 깊이 이해하고 이를 체계적으로 실천하는 전략적 사고가 요구된다. 그에 따라 플랫폼의 본질적 성장 메커니즘인 네트워크 외부성, 양면시장 구조, 생태계 관리 등을 구체적으로 설계하고 적용할 수 있어야 하는 것이다. 웹툰산업은 이러한 경제학적 사고와 구조적 이해를 바탕으로 창작자-독자-플랫폼 간의 상호작용을 질적으로 고도화해낼 수 있어야, 비로소 글로벌 디지털 문화 생태계에서 지속 가능한 성장과 확장을 이뤄내는 핵심축으로 자리매김할 수 있게 된다.

4장

'마감' 앞에선 왜 갑자기 힘이 빠질까?

웹툰산업의 관점에서 보는
자아 고갈 이론의 경제학적 해석

자아 고갈 이론의 경제학적 의미

로이 바우마이스터 Roy Baumeister 교수는 플로리다 주립대학교 심리학과에서 자아, 자유 의지, 의지력, 정체성, 자기조절, 사회적 배제 등 광범위한 주제를 연구하며 사회심리학 분야에서 다양한 공헌을 하였다. 또한 '유혹을 이겨 내기 위한 자기 통제 self-control 와 어떤 행동을 유지하려는 의지력 willpower 이 제한된 자원'이라는 개념을 중심으로 하는 자아 고갈 이론을 개발한 주요 학자이다. 다시 말해 자아 고갈 이론 Ego Depletim Theory 은 사람들이 반복적으로 자기 통제를 할 때, 이 능력이 점차 고갈되어 다음 번에 자기 통제를 하기 어려워진다는 심리학 이론이다.

바우마이스터 교수는 자기 통제를 하나의 근육처럼 설명하였다. 이 근육은 사용할수록 피로해지고 재충전이 필요하다. 자

Ego Depletion

기 통제를 위한 의지력은 제한된 자원이며, 특정 시간 동안 사용할 수 있는 능력에는 한계가 있다. 예를 들어, 다이어트를 하는 사람이 하루 동안 여러 번 유혹을 견뎌내야 한다면, 저녁에는 그 유혹을 이겨낼 힘이 부족해져서 다이어트를 실패할 가능성이 높아진다.

한 마디로 자아 고갈 상태란 '반복적인 자기 통제 활동으로 인해 의지력이 소모된 상태'를 의미하며, 이 상태에서는 사람들의 자기 통제 능력이 현저히 떨어진다는 것이다. 실제 연구에 따르면, 자기 통제를 많이 요구하는 활동을 수행한 이후에는 다른 형태의 자기 통제 예: 인내, 결단, 저항력 등 를 유지하기 어려워진다는 결과가 반복적으로 확인되었다.

초기 실험에서는 참가자들을 두 그룹으로 나눠 한 그룹에는 유혹적인 과자나 초콜릿을 먹지 않도록 지시하고, 다른 그룹에는 제한을 두지 않았다. 이후 두 그룹 모두에게 난해한 퍼즐을 풀게 했을 때, 유혹을 억제한 그룹이 훨씬 빨리 퍼즐을 포기하였다. 이는 한 번의 자기 통제 경험이 이후 행동에도 영향을 줄 수 있음을 보여주는 셈이다.

자아 고갈 상태에서 회복하기 위해서는 의지력 자원의 재충전이 필수적이다. 이는 충분한 휴식, 수면, 적절한 영양 섭취 등을 통해 가능하며, 긍정적인 감정 경험이나 자기 효능감self-efficacy을 높이는 활동 역시 의지력 회복에 기여할 수 있다.

자아 고갈 이론은 널리 지지를 받았지만, 최근에는 재현성 문제와 이론적 메커니즘에 대한 논란도 제기되고 있다. 일부 실험에서는 자아 고갈 현상이 일관되게 재현되지 않았다는 비판이 제기되었으며, 이에 따라 자기 통제의 작동 원리를 보다 정교하게 밝히기 위한 후속 연구가 진행되고 있다. 그럼에도 불구하고 자아 고갈 이론은 인간의 심리적 행동 양식을 설명하는 중요한 기반으로 자리 잡고 있다.

또한 자아 고갈 이론은 단순히 심리학 이론에 그치지 않고, 개인 생활, 직장 환경, 건강 관리 등 일상 속 여러 맥락에서 자기 통제의 구조와 제한을 이해하고 활용하는 데 중요한 통찰을 제공한다. 개인 생활에서는 중요한 결정을 내릴 때 충분한 휴식을 취하거나, 자기 통제를 필요로 하는 과제를 분배함으로써 자기 통제의 효율성을 높일 수 있다. 직장 및 학업에서는 지속적인 회의나 집중 작업 후에는 회복 시간을 부여함으로써 조직 내 생산성과 집중도를 높일 수 있다. 건강 관리에서는 자아 고갈 개념을 이해하면, 건강한 식단이나 운동습관을 유지하는 데 필요한 의지력 소모를 조절하고, 유혹에 대처할 수 있는 자기 관리 전략을 개발할 수 있다.

몇 가지 사례와 같이 로이 바우마이스터 교수의 자아 고갈 이론은 자기 통제와 의지력의 중요성을 강조하며, 사람들이 자신의 행동을 더 잘 이해하고 관리할 수 있도록 돕는다. 이 이론은 심리학 및 행동 과학의 다양한 분야뿐 아니라, 최근에는 조직 관리, 콘텐츠 산업, 디지털 플랫폼 운영 등 다양한 사회적 · 경제적 환경에서도 중요한 역할을 하고 있다.

이처럼 자아 고갈 이론은 원래 심리학의 영역에서 출발한 이론으로, 인간의 자기 통제력 self-control 과 의지력 willpower 이 제한된 자원이라는 가정을 중심으로 한다. 이 개념은 행동 경제학에서도 강력한 설명력을 발휘하며, 개인의 선택, 효용, 자원 배분 등 핵심 경제적 행동에 영향을 미치는 중요한 변수로 작용한다.

전통적인 경제학은 인간을 '합리적 선택자 Rational Agent '로 전제하며, 언제나 일관된 의사 결정을 할 수 있는 존재로 가정하지만, 자아 고갈 이론은 반복적인 통제 상황에서 인간의 선택이 점점 비효율적이고 비합리적으로 변할 수 있다는 점을 강조한다. 다시 말해 인간의 의사 결정 능력은 일정 시간과 에너지 안에서만 효율적으로 작동하며, 지나친 반복과 피로 누적은 그 기능을 급격히 약화시킨다.

자아 고갈은 경제 주체가 반복적 결정을 내리며 의지력 자원을 소모하는 상황을 설명하는 데 유용하다. 예를 들어, 소비자가 하루에 수십 번의 구매 결정이나 가격 비교, 정보 탐색을 수행하게 되면, 후반부로 갈수록 의사 결정의 질이 떨어지고 감정에 좌우되거나 충동적인 소비로 전환될 가능성이 높다. 이는 효용 극대화를 저해하는 요인이며, 결과적으로 소비자의 만족도 감소, 자산 낭비, 나아가 시장의 효율성 저하로 연결될 수 있다.

노동시장과 생산성 측면에서도 자아 고갈은 중요한 이슈다. 반복되는 업무나 고강도 감정노동을 수행하는 근로자는 시간이 지남에 따라 의사 결정의 민첩성과 정확도가 저하되고, 이는 기업의 생산성과 직결된다. 특히 창작산업이나 플랫폼 노동자처럼 자율성과 통제력이 동시에 요구되는 환경에서는 이러한 자아 고갈이 더욱 가시화된다.

경제학적으로 볼 때 자아 고갈 이론은 인간의 행동을 예측할 수 있는 새로운 함수 혹은 제약 조건으로 작동하며, 심리적 자원의 소비 패턴을 고려한 정책 설계, 시장 조정, 노동 관리 전략 수립에 적용될 수 있다. 그로 인해 전통적인 수요-공급 곡선이나 가격 메커니즘만으로는 설명하기 어려운 인간 행동의 비합리성과 변동성을 보완하는 데 유용한 이론적 틀을 제공한다.

웹툰산업과
자아 고갈 이론의 상관관계

웹툰산업은 디지털 기반 콘텐츠 산업 중에서도 가장 빠른 속도로 성장하고 있으며, 창작자, 소비자, 플랫폼 운영자라는 세 가지 핵심 주체가 고도로 연결된 생태계를 형성하고 있다. 각 주체는 매일 수많은 의사 결정과 자기 통제를 반복하게 되며, 이는 자아 고갈의 이상적인 실험장이자 실제 산업환경으로 간주될 수 있다.

작가는 마감 기한을 맞추기 위해 반복적이고 강도 높은 창작 노동을 수행하며, 독자는 알고리즘에 따라 추천되는 다양한 콘텐츠를 필터링하면서 소비 선택을 하고, 플랫폼 운영자는 큐레이션, 작가 계약, 유료화 전략, 고객 대응 등 복합적인 의사 결정을 내려야 한다. 이 모든 행위는 의지력이라는 인지적 자원을 필요로 하며, 해당 자원의 소진은 곧 자아 고갈로 이어질 수 있다.

웹툰산업은 특히 감정노동의 비중이 높고, 고정 팬덤 기반의 콘텐츠 소비 구조, 평가 공개 시스템 댓글, 별점, 조회수 등 등으로 인해 창작자와 소비자 모두 심리적 압박에 지속적으로 노출되어 있다. 또한 수익 모델의 불안정성과 창작자 간 경쟁 심화는 이들의 피로도를 가중시킨다. 이러한 구조에서 자아 고갈 이론을 적용하면, 창작자와 소비자의 행동 변화, 플랫폼의 효율성 저하 등을 예측하고 구조적으로 개선할 수 있는 실마리를 발견할 수 있다.

자아 고갈 이론의 적용은 웹툰산업의 조직 운영과 정책 설계에 있어 심리-경제학적 접근이라는 새로운 프레임을 제공한다. 그리고 플랫폼 설계, 노동 조건 조정, 사용자 경험 개선 등의 과정에서 기존의 기술 중심 혹은 수익 중심 분석을 넘어 인간 중심의 설계 철학을 반영할 수 있는 기반이 된다. 나아가 자아 고갈 현상을 인식하고 이를 관리하는 시스템을 도입하면, 웹툰산업의 창의성과 생산성을 동시에 유지할 수 있는 지속 가능한 성장 모델로의 전환이 가능해질 수 있다.

자아 고갈 이론을 통한 웹툰산업의 핵심 쟁점

 **작가적 측면 : 창작력 유지와 반복적 자기 통제**

웹툰 작가는 주간 혹은 격주 단위의 정기 연재 시스템에 참여하면서, 강도 높은 창작활동을 반복 수행한다. 이 과정은 창작 아이디어 발굴, 콘티 구성, 그림 작업, 독자 피드백 반영 등의 복합적 작업으로 구성되며, 매 연재마다 높은 집중력과 의지력이 필요하다. 반복적인 자기 통제는 장기적으로 창의성의 저하, 정신적 탈진, 번아웃 증상 등 자아 고갈 현상으로 이어질 수 있으며, 작품 품질 저하와 팬덤 이탈로 직결된다.

플랫폼은 작가에게 일정 주기마다 의무적 휴식 주간을 제공하거나, 시즌제 연재 시스템을 도입하여 자발적인 재충전을 유도할 수 있어야 한다. 헬스케어, 심리 상담, 창작자 멘토링 등 복합적 복지제도 도입도 중요하다.

 **독자적 측면 : 콘텐츠 과소비와 만족도 저하**

알고리즘 기반의 추천 시스템과 결합된 연속 콘텐츠 소비환경은 독자에게 즉각적인 만족감을 제공하는 동시에, 지속적인 피로를 유발할 수 있다. 독자는 선택의 자유가 있는 것처럼 보이지만, 실제로는 반복적 선택과 감상으로 인해 인지적 부담이 커지고 자율성이 감소하게 된다.이러한 상황은 독자의 콘텐츠 만족도 저하, 소비 중단, 혹은 특정 플랫폼 이탈로 이어질 수 있다.

플랫폼은 소비 데이터를 바탕으로 개별 독자의 콘텐츠 감상 패턴을 분석하고, 소비량 조절 알림, 감상 속도 조절 기능, 휴식 추천 기능 등을 도입함으로써 독자의 자아 고갈을 예방할 수 있다. 이러한 방향은 독자의 장기적인 플랫폼 충성도 확보에 유리하다.

 **플랫폼 측면 : 운영자의 결정 피로와 시스템 안정성**

플랫폼 운영자 또한 창작자와 독자라는 두 주체 사이를 조율하고, 서비스 품질, 트렌드 대응, 수익 모델 설계 등 수많은 의사 결정을 반복해야 한다. 그로 인해 조직 내 구성원 간 의사소통의

피로와 함께 높은 수준의 심리적 스트레스를 유발할 수 있다. 결정 피로decision fatigue 가 누적되면 플랫폼 운영자의 판단력이 흐려지고, 전략적 오류, 작가 이탈 방치, 사용자 불만 대응 실패 등의 문제가 발생할 수 있다.

이러한 상황을 방지하기 위해서는 운영진의 의사 결정 분산 구조, 회의 효율화, 자동화 도구 도입, 리더십 순환 제도 등의 시스템적 보완이 필요하며, 정기적인 내부 역량 재충전 프로그램도 함께 운영되어야 한다.

자아 고갈 이론은 단순한 심리학적 개념을 넘어, 디지털 창작 산업에서의 인간 행동을 설명하고 예측하는 유효한 경제학적 분석 틀로 자리매김할 수 있다. 웹툰산업은 반복성과 정서노동, 피드백 기반 소비 구조 등으로 인해 자아 고갈의 영향을 가장 직접적으로 경험하는 산업 중 하나이다. 따라서 자아 고갈 이론의 적용은 창작자 복지 개선, 사용자 피로 방지, 플랫폼 운영 효율성 향상 등 다방면에서 전략적 설계의 기초가 된다.

향후 웹툰산업은 콘텐츠의 양적 확대만이 아니라, 창작과 소비의 질적 지속 가능성을 핵심 지표로 삼아야 한다. 자아 고갈 이론을 기반으로 한 생태계의 설계는 각 주체가 자기 통제를 무리 없이 수행할 수 있도록 하고, 회복 가능한 시스템을 구축함으로써 창작의 지속성과 산업의 건강성을 보장하는 데 크게 기여할 것이다. 궁극적으로 자아 고갈 이론은 웹툰산업 전반에 '심리적 회복성'이라는 새로운 경쟁력을 부여할 수 있으며, 인간 중심

　　　　　　　　　　　　　　　서범강의 웹툰 경제학

의 플랫폼 전략과 감정 친화적 콘텐츠 생태계를 실현하는 데 중요한 사상적 · 실천적 기초로 작용할 것이다.

5장

사슴을 잡기로 했는데, 왜 토끼만 남았을까?

사슴 사냥 게임 이론을 통한 웹툰산업의 경제학적 통찰

사슴 사냥 게임 이론의 개요

사슴 사냥 게임 Stag Hunt Game 은 협력의 중요성과 신뢰의 필요성을 강조하는 대표적인 게임 이론 모형으로, 전략적 상호작용 속에서의 '협력'이라는 행위가 어떻게 선택되고 유지될 수 있는지를 경제학적으로 설명한다. 이 이론은 프랑스 계몽사상가 장 자크 루소 Jean-Jacques Rousseau 가 제시한 사슴 사냥 비유에서 유래되었으며, 두 명의 사냥꾼이 협력하여 사슴을 사냥할 것인지, 아니면 각자 혼자서 토끼를 사냥할지를 결정해야 하는 상황을 통해, 개별 경제 주체의 선택이 타인의 선택에 얼마나 의존하는지를 설명하는 비유적 모델이다.

경제학적 관점에서 볼 때, 사슴 사냥 게임은 상호 의존적 효용 구조 interdependent utility structure 를 가진 협력 게임으로, 전략의 수익성과 리스크 간 균형뿐 아니라, 상대방의 전략적 선택을 예측하고 이에 맞춰 행동하는 '상호 기대expectation'의 형성이 핵심이 된다. 현실 경제에서도 거래 상대방에 대한 신뢰 수준, 시장 참여자 간 정보의 비대칭성, 장기적 관계 유지를 위한 반복 게임 등의 조건에 따라 선택의 결과가 달라지는 현상과 직접적으로 연결된다.

특히 이 게임은 산업 구조나 정책 결정, 조직 행동 등에서 집단 전체의 최적 상태를 달성하기 위해 개인의 선택이 어떻게 조정되어야 하는지를 시사하며, '집단 최적화Pareto 효율'와 '개인 안정성Nash 균형' 간의 간극을 줄이기 위한 설계 개입의 필요성을 강조한다. 다시 말해 협력이 장기적으로 더 나은 성과를 보장함을 말한다. 단기적 불확실성과 신뢰 결핍으로 인해 안정적이지만 비효율적인 선택이 반복되는 현상비협력 균형이 나타날 수 있는데, 이것은 제도적 장치, 신호 전달 메커니즘, 반복적 상호작용 등을 통해 보완할 수 있다.

 ## 게임 구조 및 보수 체계

- 참여 대상 : 사냥꾼 A와 사냥꾼 B.
- 사슴 사냥 : 양쪽이 협력하면 높은 보상3,3을 획득함. 이는 협력이 필요하므로 약속의 이행이 필요하며, 이에 대한 리스크가 존재함.

- 토끼 사냥 : 혼자서도 달성 가능한 전략으로, 낮은 보상1,1 을 안정적으로 확보 가능함.
- 비협력적 선택 리스크 : 한 사냥꾼만 사슴 사냥을 시도하고, 다른 사냥꾼이 토끼를 사냥하면, 사슴을 시도한 사냥꾼은 아무런 보상도 받지 못하고0 , 토끼를 사냥한 사냥꾼은 작은 보수1 를 받음.

이 게임 구조는 두 개의 내쉬 균형 Nash Equilibrium 을 가진다. 하나는 양쪽이 사슴을 선택하는 협력적 균형3,3 , 다른 하나는 모두가 토끼를 선택하는 비협력적 균형1,1 이다. 내쉬 균형이란, 각 참여자가 자신의 전략을 바꿀 유인이 없는 상태를 의미하며, 상대방이 현재의 전략을 유지한다고 가정했을 때 각자의 선택이 최적이 되는 상황을 지칭한다. 이 중 협력적 균형3,3 은 파레토 최적Pareto Optimal 상태가 되는데, 이는 유한한 자원이 최적으로 배분되고 사회적 효용이 가장 만족되도록 합리적인 배분이 달성되어 더 이상 개선할 수 없는 최적의 상태를 말한다.

말하자면, 손해를 보는 사람이 하나도 없고 이익을 보는 사람만 있는데 그것을 더 이상 개선시키기 불가능할 정도로 최적의 개선된 상태인 것이다. 반면 비협력적 균형1,1 은 내쉬 균형의 조건은 만족하지만, 사회 전체의 효용 관점에서는 비효율적인 결과로 간주된다. 통상적으로 현실 세계에서는 신뢰 부족, 정보 비대칭, 리스크 회피 성향 등으로 인해 협력 균형보다는 이 비효율

적인 균형이 더 빈번하게 발생할 수 있으며, 이는 제도 설계나
정책 개입이 요구되는 핵심적인 이유 중 하나다.

이론적 함의

사슴 사냥 게임은 리스크를 감수한 협력이 얼마나 높은 보상을
가져올 수 있는지를 보여주는 동시에, 서로를 신뢰하지 못하거
나 협력의 기반이 부실할 경우, 비효율적 선택이 반복될 수 있음
을 경고한다. 이러한 현상은 시장에서의 비대칭 정보, 협상의 불
균형, 계약적 불완전성 등 다양한 상황에서도 그대로 관찰된다.
　특히 디지털 산업, 플랫폼 경제, 창작자 생태계 등 다양한 이해
관계자가 유기적으로 연결된 웹툰산업의 구조에서는 이 이론의
시사점이 크다. 결과적으로, 협력의 성립은 단지 보상의 계산 문
제가 아닌, 구조적 설계와 심리적 안정성에 크게 의존한다는 것
을 보여준다.

웹툰산업으로 보는 사슴 사냥 게임

사슴 사냥 게임 **Stag Hunt Game** 이론은 웹툰산업의 이해관계자 간 전략적 선택, 상호 신뢰 구조, 인센티브 설계 등의 복잡한 문제를 이해하는 데 효과적인 분석 도구가 된다. 작가와 플랫폼, 독자 간의 상호작용은 전형적인 협력–불협력 상황에 해당하며, 이들의 전략 선택은 산업 전체 효율성과 수익성에 중대한 영향을 미친다.

 ## 작가와 플랫폼 간의 협력

(1) 상황 정의

- 적극적 협력 : 작가는 작품의 수준을 높이고 퀄리티를 유지

하면서도 정기적인 연재를 통해 독자의 기대에 부응하기 위해 최선을 다한다. 플랫폼은 작가의 콘텐츠가 시장에 도달할 수 있도록 알고리즘, 광고, 피드백 시스템 등 다양한 지원을 수행해야 한다.

- 소극적 협력 : 작가가 최소한의 노력만 하고, 플랫폼이 이를 홍보하지 않으면, 작품은 적은 인기를 끌며, 성공 가능성도 낮아진다. 플랫폼 역시 독자 유입 및 조회수 증가를 기대하기 어렵게 된다.

(2) 전략 매트릭스

플랫폼, 작가	적극적 협력(사슴)	소극적 협력(토끼)
적극적 지원(사슴)	3, 3(높은 성공)	0, 1(실패)
소극적 지원(토끼)	1, 0(실패)	1, 1(낮은 성공)

(3) 경제적 해석

이 매트릭스는 상호 협력의 경우 플랫폼은 트래픽과 수익 증가, 작가는 독자 확보와 IP 확장이라는 3, 3의 보상을 얻는 반면, 한 쪽이 비협력적일 경우 협력한 쪽만 피해를 보는 비대칭적 리스크 구조를 보여준다. 풀어서 설명하면, 플랫폼이 다양한 지원에 최선을 다하고, 작가가 최적의 퀄리티로 정기적 연재를 협력하게 될 경우 모두 3, 3의 고기를 보상받는다. 하지만 플랫폼은

사슴을 사냥하고 작가가 토끼를 잡는다면 플랫폼은 사냥에 실패하여 고기의 보상이 0이 된다. 반대로 작가는 사슴을 사냥하는데 플랫폼은 토끼를 사냥하면 작가에 대한 고기의 보상이 0이 된다. 결국 양쪽 모두 사슴을 포기하고 적당히 안정적인 토끼를 선택하면 1, 1 수준의 고기가 보상이 되는 것이다. 이는 상호 신뢰가 결여된 상황에서 양측이 보수적 전략을 선택하게 되는 이유를 설명한다.

독자와 플랫폼 간의 신뢰관계

플랫폼은 독자에게 콘텐츠를 추천하고, 독자는 플랫폼의 큐레이션 기능을 신뢰해 이를 바탕으로 콘텐츠를 소비한다. 이 신뢰관계는 단순한 사용자의 경험만족을 넘어서 플랫폼 이용의 지속성과 구독 전환율 등 경제적 성과와 직접적으로 연결된다. 그러나 이러한 신뢰는 쉽게 손상될 수 있으며, 플랫폼이 상업적 이익을 우선시하여 추천 알고리즘의 투명성을 잃거나 과도한 광고 삽입과 사용자 데이터를 활용한 상업적 전략이 독자의 기대를 벗어날 경우, 신뢰는 급속히 약화된다. 결국 독자의 이탈, 재방문율 하락, 부정적 브랜드 인식으로 이어져 플랫폼의 장기 수익성과 지속 가능성에 치명적인 영향을 미치게 된다. 따라서 플랫폼의 추천 시스템과 데이터 활용 정책은 단기 수익보다 장기적 신뢰 구축을 우선하는 방향으로 설계되어야 한다. 이는 사슴 사냥 게임 이론에서 제시하는 '협력의 안정적 균형'을 실현하기 위한 핵심 설계 원리로 이해될 수 있다.

(1) 상황 정의

• 적극적 협력

플랫폼은 독자가 신뢰할 수 있는 정확한 작품 정보를 제공하고, 다양한 데이터의 통계 및 분석에 따른 효용적인 추천 알고리

서범강의 웹툰 경제학

즘을 제공한다. 독자는 플랫폼이 제공하는 작품과 추천 알고리즘을 신뢰하여 정기적인 방문을 통해 해당 작품들에 대한 꾸준한 감상과 소비를 유지한다.

• 소극적 협력

플랫폼은 광고와 내부 전략에 따른 임의로 수정되거나 조작된 정보를 제공하고, 독자는 플랫폼이 제공하는 정보나 추천 알고리즘을 무시하고 무료로 제공되는 작품들에 대해서만 소극적으로 감상하고 방문 주기도 불분명하다.

(2) 전략 매트릭스

플랫폼, 작가	신뢰 유지(사슴)	이용 중단(토끼)
정직 추천(사슴)	3, 3(높은 성공)	0, 1(실패)
무작위 추천(토끼)	1, 0(실패)	1, 1(낮은 성공)

(3) 경제적 해석

이 전략 매트릭스는 플랫폼과 독자 간의 신뢰관계가 어떻게 형성되고 유지되며, 때로는 붕괴되는지를 경제학적으로 구조화하여 설명해주는 유용한 도구다. 이 매트릭스는 사슴 사냥 게임의 핵심 논리를 따르며, 양쪽이 모두 협력 정직 추천과 신뢰 유지 전략 을 선택할 때 가장 높은 집합 효용3, 3에 도달함을 보여준다.

이 상황에서는 플랫폼은 사용자의 데이터와 피드백을 기반으로 한 정확하고 정직한 추천 시스템을 운영하며, 독자들은 이에 대한 신뢰를 바탕으로 정기적인 감상 및 소비 활동을 유지한다. 결과적으로 플랫폼 수익, 브랜드 신뢰도, 콘텐츠 소비의 활성화 등 다양한 긍정적 경제효과로 이어진다.

반면 한 쪽만 협력을 선택하는 경우0,1 혹은 1,0는 신뢰의 비대칭성에서 발생하는 손실을 보여준다. 예를 들어, 플랫폼이 정직하게 추천하더라도 독자가 이용을 중단하면 플랫폼의 노력이 수익으로 환산되지 못하고 낭비된다. 반대로 독자가 신뢰를 갖고 플랫폼을 이용하려 해도 플랫폼이 무작위로 편향된 추천을 하면 독자는 실망하고 결국 이탈하게 된다. 이는 사슴 사냥 게임 이론에서 말하는 협력 실패의 전형적인 사례이며, 장기적으로 양측의 효용을 모두 감소시키는 결과를 초래한다.

가장 바람직하지 않은 경우는 1,1으로, 플랫폼은 무작위로 추천하고 독자는 플랫폼을 신뢰하지 않아 사용을 중단하거나 감상빈도가 낮아지는 상태다. 이때에는 콘텐츠 소비의 불확실성 증가, 추천 시스템의 무의미화, 독자의 재방문율 감소, 광고 및 구독 수익 하락 등 일련의 부정적 결과로 이어진다.

이러한 구조는 넷플릭스, 유튜브, 스포티파이 등 다양한 콘텐츠 플랫폼에서도 동일하게 관찰되며, 결국 신뢰를 기반으로 한 양면시장 설계와 알고리즘의 투명성, 피드백 루프의 강화, 공정한 데이터 기반 추천 시스템이 핵심 전략으로 작동함을 시사한다. 따라서 플랫폼은 독자의 신뢰를 전략 자산으로 간주하고, 이를 구축하고 유지하기 위한 설계 개입 **예: AI 편향 방지, 사용자 만족도 반영 지표 도입, 설명 가능한 알고리즘 운영 등** 이 필요하다.

플랫폼의 장기적 지속 가능성은 단기 수익 극대화가 아닌 신뢰 기반 협력 구조의 정착 여부에 달려 있으며, 이 매트릭스는 그 설계와 의사 결정의 이론적 출발점이 될 수 있다.

 작가와 독자 간의 신뢰관계

작가는 독자와 플랫폼을 매개로 콘텐츠를 제공하고 소비하는 관계에 있으며, 이 관계는 사슴 사냥 게임 이론의 구조를 통해 보다 명확하게 설명될 수 있다. 작가는 일정한 퀄리티와 정기적인 연재 주기를 유지해야 하며, 이것은 단순한 콘텐츠 생산이 아닌 신뢰 형성을 위한 전략적 행동으로 해석된다. 독자는 작가의 진정성과 창작에 대한 성실성을 바탕으로 작품에 몰입하며, 댓글, 좋아요, 유료 결제 등을 통해 작가에게 정서적 · 경제적 보상을 제공한다.

이 상호작용은 단순히 일방향의 소비가 아니라, 창작자와 소비자 간 신뢰 기반의 협력관계로 볼 수 있으며, 그 협력이 지속될수록 장기적 팬덤 형성, IP 가치 상승, 콘텐츠 수명 연장 등의 긍정적 파급 효과가 발생하게 된다. 이때 작가의 일관성과 책임감 있는 연재가 반복될수록 독자의 충성도는 강화되며, 이는 다시 작가의 창작동기를 높이는 선순환 구조를 만든다. 이러한 점에서 독자와 작가의 관계는 전략적 상호작용과 신뢰에 기초한 반복 게임의 특성을 가지며, 경제학적으로도 중요한 협력 사례로 평가될 수 있다.

(1) 상황 정의

• 적극적 협력

작가는 창작자로서의 일관성과 성실성을 바탕으로 높은 품질의 콘텐츠를 지속적으로 제작하고 정기적으로 연재함으로써 독자의 기대와 신뢰를 충족시킨다. 독자 역시 댓글, 별점, 유료 결제, SNS 공유 등 다양한 방식으로 작가를 지지하고 피드백을 제공함으로써 창작 동기를 강화하는 실질적 협력자로 기능한다.

• 소극적 협력

작가는 불규칙한 연재나 퀄리티 저하, 무성의한 스토리 전개, 반복되는 휴재 등을 통해 독자의 기대를 저버리고, 독자의 신뢰 하락과 함께 감정적 이탈로 이어진다. 독자는 점차 해당 작품에 대한 애정을 잃고, 정기 구독이나 유료 결제는 물론 댓글, 공유와 같은 비경제적 지지 또한 줄어들게 된다.

(2) 전략 매트릭스

작가, 독자	지속 소비(사슴)	이탈/무반응(토끼)
성실 창작(사슴)	3, 3(높은 성공)	0, 1(실패)
소극 창작(토끼)	1, 0(실패)	1, 1(낮은 성공)

(3) 경제적 해석

이 전략 매트릭스는 웹툰산업에서 독자와 작가 간 협력구조를 경제학적 시선으로 이해하는 데 유용한 도구다. 양측이 모두 '사슴 전략'을 선택하는 경우 3, 3, 이는 고품질 콘텐츠 생산과 충성도 높은 독자 소비로 이어지며, 플랫폼의 트래픽 증가, 작가의 브랜드 강화, 독자의 만족도 증대 등 선순환 효과를 유도한다.

하지만 일방이 성실한 태도를 보이더라도 상대가 소극적일 경우 0, 1 또는 1, 0, 협력관계는 깨지고, 결과적으로 모두에게 손해가 된다. 그로 인해 사슴 사냥 게임의 핵심 원리 중 하나인 '협력 균형의 불안정성'을 반영하며, 반복되는 게임 구조 속에서 신뢰 구축이 얼마나 중요한지를 시사한다.

특히 1, 1의 상태는 독자는 관심을 잃고 작가는 성의를 다하지 않으며, 콘텐츠 품질과 몰입도는 낮아지고 유료 전환율, SNS 확산 효과, 후속 작품 구매 의향 등 모든 지표가 하락하는 결과를 낳는다. 이처럼 신뢰 기반의 상호작용이 약화될 경우, 독자 이탈과 작가 동기 저하가 맞물리면서 산업 전체의 생산성과 수익성이 떨어지는 악순환이 반복될 수 있다.

따라서 플랫폼은 작가에게 일정 수준의 품질 기준과 연재 관리 시스템을 제공함과 동시에, 독자에게는 정기적 피드백 반영과 보상형 커뮤니티 설계를 통해 양측의 사슴 전략 선택을 유도해야 한다. 이를 통해 반복 게임 구조 속에서 협력 균형의 지속 가능성을 높이고, 파레토 최적에 가까운 산업 생태계 구조를 실현할 수 있다.

게임 이론 기반 전략적 전환의 필요성

사슴 사냥 게임 이론은 단순한 이론적 도식이 아니라, 웹툰산업에서 실재하는 전략적 선택과 신뢰 구조를 경제적으로 분석하고 실질적 대안을 설계할 수 있는 유용한 프레임워크다. 창작자, 플랫폼, 소비자가 긴밀하게 얽힌 구조에서, 단기 이익 추구형 전략은 전체 생태계를 위험에 빠뜨릴 수 있다.

그렇기 때문에 고보상 협력 전략이 실현되기 위해서는 신뢰를 바탕으로 한 플랫폼 설계와 제도적 인센티브 제공, 심리적 안정성과 실질적 수익성, 고품질 작품의 안정적인 연재, 독자의 선택 권리 보장 및 신뢰할 수 있는 정보와 서비스 제공의 동시 확보가 필요하다. 이 구조는 단지 웹툰산업에 그치지 않고, 음악, 영상, 출판 등 디지털 창작 산업 전반에 확장 가능한 모델이다. 협력과

신뢰는 선택이 아니라 생존 전략이며, 사슴 사냥 게임은 그 설계
지침서가 될 수 있다.

6장

'남들처럼'과 '남들과 다르게'의 선택은 누가 하는가?

웹툰으로 보는 밴드웨건 효과와
스놉 효과의 이해와 적용

경제적 선택의 이론적 개요 및 개념

 밴드웨건 효과

밴드웨건 효과Bandwagon Effect 는 사람들이 특정 행동이나 선택을 할 때, 타인의 선택이나 다수의 흐름에 편승하여 자신의 판단을 유보하거나 변경하는 심리적 현상이다. 이 용어는 원래 서부 개척시대의 행렬 선도 악대 차량인 '밴드웨건Bandwagon '에서 유래했으며, 미국의 경제학자 하비 라이벤스타인Harvey Leibenstein 이 1950년에 처음으로 경제학적 개념으로 정립하였다.

밴드웨건 효과는 본질적으로 "다수가 선택하면 옳다"는 인식 또는 "나만 뒤처질 수 없다"는 불안감에서 비롯되며, 인간의 사회적 본성과 무리 행동에 기반한 심리학적 경향성에서 기

인한다. 경제학적으로는 소비자의 의사 결정이 타인의 소비 행동에 의해 영향을 받는 대표적인 네트워크의 한 유형으로 분류된다.

이 개념은 개인의 효용이 타인의 선택에 의해 영향을 받는 상황을 설명하며, 수요의 상호 의존성이 강한 시장 구조를 특징으로 한다. 무엇보다 정보가 빠르게 공유되고 확산되는 디지털 시대에는 이 효과가 비선형적으로 증폭되는 양상을 보이며, SNS, 온라인 커뮤니티, 콘텐츠 플랫폼에서의 '좋아요' 수, 실시간 검색어, 인기 순위 등은 모두 밴드웨건 효과를 가시화하고 강화하는 도구로 작용한다.

한 예로, 유튜브의 알고리즘은 다수가 본 영상일수록 추천 노출 빈도를 증가시켜 인기도와 조회수의 자기 강화 메커니즘을 생성하는데, 이는 다시 소비자의 선택을 왜곡할 수 있다. 나아가 이 효과는 시장에서의 선택 집중, 콘텐츠 소비의 양극화, 창작자 및 브랜드 간 불균형적 성장의 구조적 원인이 되기도 하므로, 플랫폼 설계자와 콘텐츠 생산자는 이를 전략적으로 관리할 필요가 있다.

심리학자인 솔로몬 애쉬 Solomon Asch 의 1951년 동조 실험은 밴드웨건 효과의 사회심리학적 기반을 실증적으로 뒷받침하는 고전적 연구로 평가받는다. 해당 실험에서는 피실험자에게 길이가 다른 선을 보여주고, 명백히 오답인 답을 다수의 협력자들이 먼저 정답으로 말하게 한 후, 피실험자의 반응을 관찰하였다. 그 결과, 피실험자는 자신의 판단이 정답임을 알고 있음에도 불구하고 집단의 오답에 동조하는 경향을 보였다.

이러한 현상은 개인의 합리적 판단이 다수의 의견 앞에서 쉽게 위축될 수 있으며, 사회적 동조 압력이 인지적 판단과 행동에 실질적인 영향을 미친다는 사실을 보여준다. 경제학적으로는 이는 '정보의 비대칭성과 사회적 신호에 기반한 행동 경제학적 의사 결정'에 해당하며, 군중심리와 심리적 피드백 루프가 소비자의 선택을 어떻게 왜곡할 수 있는지를 설명하는 핵심 사례로 활용된다.

■ 주요 특징
- 유행을 따라가려는 심리

- 사회적 소속감과 인정 욕구 반영
- 제품이나 콘텐츠의 소비가 폭발적으로 증가하는 '임계점'을 형성

스놉 효과

반대로, 스놉 효과Snob Effect 는 타인이 소비하거나 대중화된 상품에 대한 거부감에서 비롯되며, 이는 소비자의 선택이 사회적 차별화를 추구하는 방향으로 작동하는 대표적인 비대칭 네트워크 외부성의 일환으로 해석된다. 미국 경제학자 하비 라이벤스타인Harvey Leibenstein 은 1950년 논문에서 "다른 사람들이 소비하기 때문에 나는 소비하지 않는다"는 역동적 소비자 심리를 스놉 효과로 명명했다.

이 심리는 단순한 반대 심리가 아니라, 소비자가 자신의 사회적 지위를 유지하거나 향상시키기 위해 소수만 접근 가능한 고급 또는 희소 상품을 선호한다는 행태로 발현된다. 스놉 소비자는 대중적으로 유행하는 제품을 피함으로써 '자기 정체성', '취향의 독립성', '심미적 우월성'을 과시하려는 경향이 강하다.

이러한 선택은 사회적 신호social signaling 의 일환이며, 소비가 단순한 효용 극대화가 아니라 사회적 의미 부여와 차별화된 정체성 구축을 목적으로 할 수 있음을 보여준다. 이처럼 스놉 효과는 현대 소비사회에서 프리미엄 상품, 한정판 제품, 니치 콘텐츠

시장이 형성되고 유지되는 구조적 기제로 작용한다.

스놉 효과는 표면적으로는 과시적 소비 Veblen Effect 와 유사해 보일 수 있으나, 핵심적인 차이점은 '타인의 시선에 의한 과시'보다는 '내면적 정체성의 구분과 사회적 차별화'에 있다. 스놉 소비는 흔히 희소성 있는 콘텐츠나 브랜드를 통해 자신만의 독립적인 취향과 안목을 드러내고자 하는 성향에서 비롯된다. 최근 이 효과는 한정판 굿즈, 희귀본 콘텐츠, 컬트 장르 및 실험적인 형식의 콘텐츠 소비로 확장되고 있으며, 시장 내 특정 집단의 고유 취향과 결합된 '정체성 기반 소비 행태'로 해석된다.

나아가 스놉 효과는 디지털 큐레이션 서비스의 개인화 전략, 작가의 철학적 세계관을 중심으로 형성되는 팬덤 문화, 크라우드 펀딩 기반의 유료 작품 후원 모델 등과도 연결되며, 독립적인 콘텐츠 생태계와 소수 정예 시장의 기반을 형성하는 데 기여하고 있다. 이러한 소비성향은 단순한 물질적 소비를 넘어, 문화적 자본과 인식적 위계질서 내에서 개인의 위치를 정립하고자 하는 욕구와도 밀접하게 맞닿아 있다.

■ **주요 특징**

- 희소성 및 차별성에 대한 강한 선호

- 대중과의 차별화 욕구

- 고가의 프리미엄 상품, 컬트 콘텐츠, 한정판에 집중

- 정체성 강화와 개인 취향의 적극적 표출

웹툰산업에서의 밴드웨건 효과와 스놉 효과

웹툰산업은 디지털 콘텐츠 기반의 플랫폼 시장으로, '대중성'과 '개인성', '트렌드 추종'과 '차별화 전략', '확산성'과 '선택성'이라는 상반된 소비 메커니즘이 동시다발적으로 작동하는 복합 구조를 지닌다. 무엇보다 웹툰시장에서 밴드웨건 효과와 스놉 효과는 소비자의 콘텐츠 선택 경향, 작가의 창작 동기 및 방향성, 그리고 플랫폼의 알고리즘 설계 및 콘텐츠 운영 전략 등 산업 전반에 걸쳐 복합적이고 다층적인 영향을 미친다.

이러한 효과는 단순히 개별 소비자의 취향이나 선택을 넘어서, 플랫폼 경제의 네트워크 외부성과 정보 확산 구조, 사회적 신호 이론 등과도 깊이 연관되며, 웹툰 생태계의 콘텐츠 편향성, 소비 집중화, 그리고 시장 내 차별화 전략 구도 형성에 실질적인

변화를 유도한다. 따라서 밴드웨건과 스놉 효과는 각각 대중성과 희소성이라는 소비자 심리의 양극단을 대표하며, 웹툰산업이 콘텐츠의 대중적 확산과 예술적 다양성을 어떻게 조화롭게 이끌어갈 것인지를 가늠하는 주요 지표로 기능한다.

이 두 가지 효과는 소비자 심리의 집단 편승과 희소성 기반의 차별화 욕구를 중심으로, 콘텐츠 소비 패턴의 동기 구조와 선택 경로에 직·간접적인 영향을 미치며, 웹툰산업 내 경쟁 구도와 콘텐츠 생태계의 구성 방향성에 전략적 함의를 제공한다. 그 과정에서 밴드웨건 효과는 대중성과 확산 가능성, 사회적 신호 효과를 중심으로 콘텐츠의 시장 침투율과 알고리즘 기반 노출 빈도를 결정짓는 요인으로 작용한다. 한편 스놉 효과는 프리미엄 큐레이션, 취향 기반 니치 마케팅, 장기적 팬덤 유지를 위한 콘텐츠 정체성 확보 등에서 경쟁적 차별화의 전략 자산으로 기능한다. 결과적으로 이 두 심리현상은 웹툰산업의 플랫폼 구조, IP

수익화 전략, 소비자 세분화 마케팅 등에서 의사 결정 프레임을 형성하는 핵심 요인으로 분석될 수 있다.

 ## 밴드웨건 효과의 적용

• 인기작 연쇄 소비

인기 웹툰이 특정 플랫폼 내에서 상위 랭킹에 오르게 되면, 해당 작품은 플랫폼 내 추천 알고리즘의 핵심 콘텐츠로 분류되어 지속적인 노출을 얻게 된다. 이로 인해 해당 플랫폼을 방문하는 대다수의 신규 독자와 유입 사용자는 해당 웹툰을 먼저 접하게 되고, 자연스럽게 소비 선택으로 이어진다. 이 같은 반복 노출 구조는 알고리즘의 자기 강화self-reinforcement 메커니즘과 결합되어 해당 웹툰의 인기 순위를 더욱 공고히 한다.

더불어, 이러한 소비 패턴은 독자 간 온라인 커뮤니티, SNS를 통한 자발적 입소문, 밈 생성 및 확산 등의 사회적 신호 효과를 매개로 하여 외부 채널로 확장된다. 결과적으로 밴드웨건 효과는 플랫폼 내부 순위 알고리즘과 외부 커뮤니케이션 채널을 연결하는 소비 촉진 구조로 작용하며, 콘텐츠의 선택 편향과 시장 집중화를 가속화하는 핵심 요인으로 작동한다.

• 플랫폼의 'Top10' 배너와 노출 전략

플랫폼은 초기의 소비량, 조회수, 댓글 반응, 별점 등 다양한 정량적 · 정성적 지표를 종합적으로 분석하여 노출 빈도를 점진적으로 증가시킨다. 이는 추천 알고리즘의 작동 원리와 맞물려, 사용자에게 반복적으로 특정 콘텐츠를 제시함으로써 더욱 많은 트래픽을 유도하는 방식으로 작동한다. 이러한 반복 노출 구조는 플랫폼 내부의 순위 시스템과 결합되어 '인기'라는 사회적 신호를 형성하게 되며, 많은 독자들은 작품의 실제 내러티브나 퀄리티보다는 이 같은 '인기 지표'를 기준 삼아 콘텐츠를 선택하는 경향을 보인다.

이로 인해 플랫폼은 상대적으로 더 많은 트래픽을 유도할 수 있는 작품에 자원을 집중 투자하거나, 제작 파트너십 및 광고 연계 우선권을 제공하는 전략을 취하게 된다. 궁극적으로 플랫폼 운영의 수익성 강화와 연결되지만, 동시에 콘텐츠 편중과 다양성 저하라는 부작용을 유발할 수 있으므로 전략적 균형이 요구된다.

• 밈과 화제성 확산

대중문화 요소로 확산된 웹툰 밈 Meme은 기존 독자의 콘텐츠 재소비를 유도함과 동시에, 신규 독자의 편승심리를 자극하여 접근 장벽을 낮추는 효과를 낳는다. 이는 콘텐츠에 대한 사회적 증거 social proof를 강화해 대중적 신뢰를 구축하는 동시에, '모두가 본다'는 상징적 메시지를 통해 사회적 소속감을 자극한다.

이때 밴드웨건 효과는 소비자의 정보 탐색 비용을 줄이고 의사 결정 시간을 단축시키는 경제학적 효용을 지니며, 플랫폼의 콘텐츠 노출 전략과 알고리즘 기반 추천 시스템에서 중심축으로 작동한다. 결과적으로 브랜드 자산화 및 IP의 2차 확장 드라마, 애니메이션, 게임 등 으로의 전환 가능성을 높이는 데 중요한 전초적 역할을 하며, 콘텐츠 소비의 폭과 지속성 확보라는 전략적 목표에도 긍정적으로 기여한다.

 ## 스놉 효과의 적용

• 소수 정예 독자 중심 작품

인디 작가나 비주류 장르 예: 실험적 스토리텔링, 철학 기반 SF 등 는 주류 문화에 편승하지 않으려는 독자층에게 뚜렷한 호응을 얻는다. 이들은 콘텐츠의 희소성과 창작자의 독립성을 높이 평가하며, 대중적 인기작과 선을 긋는 방식으로 자신의 '선구적 감식력'과 '고유한 취향'을 사회적 신호로 표현하고자 한다. 이러한 독자는 스놉 효과의 핵심 주체로서, 희귀한 콘텐츠를 선호함으로써 문화적 위계 안에서 차별화된 정체성을 구축하려는 성향을 보인다.

• 한정판 굿즈 및 한정 공개 웹툰

일정 기간 동안만 공개되거나 유료 구매자에게만 제공되는 프리미엄 웹툰은 스놉 효과의 전형적인 사례로 볼 수 있다. 이러한 콘텐츠는 고의적인 접근 제한과 희소성을 부여함으로써 소비자의 차별화 욕구를 자극하며, 구매 행위 자체를 정체성 표현과 사회적 구분의 수단으로 전환시킨다.

이런 경우, '소수만 아는 작품'이라는 심리는 소비자에게 일종의 선도자적 감식력과 문화적 우월성을 부여하고자 하는 동기를 강화한다. 해당 콘텐츠에 대한 충성도와 프리미엄 지불 의사를 높이는 동시에, 작가와 플랫폼이 장기적 팬덤 형성과 수익 기반을 확장하는 전략적 자산으로 활용할 수 있다.

• 작가 중심 커뮤니티

일부 고정 팬층은 단순한 작품 소비를 넘어, 작가의 브랜드 정체성, 철학, 창작 이념과 깊은 정서적 유대를 맺으며 콘텐츠를 소비한다. 이는 단기적인 트렌드나 대중적인 히트 여부에 크게 휘둘리지 않고, 작가에게 안정적인 수익 기반과 예측 가능한 독자층을 제공하는 중요한 자산이 된다.

이러한 팬덤은 독립 창작 생태계의 토대를 구축하며, 대형 플랫폼이 주도하는 인기 중심 생태계에 맞서는 대안적 문화 생산력을 발휘하기도 한다. 더불어, 팬덤은 단순한 소비자 집단을 넘어 자발적 홍보자이자 창작 지지자로 기능하며, 작가와의 상호작용 속에서 콘텐츠의 확장성과 생태계의 다양성을 유도하는 핵심축으로 작용한다.

플랫폼, 작가, 독자의 관점에서 본 전략적 분석

 **플랫폼의 활용 전략**

(1) 장점

- 플랫폼은 밴드웨건 효과의 심리적 원리를 활용하여 메인 배너나 인기 순위 등 주요 노출 영역에 인기 콘텐츠를 집중 배치함으로써 초기 사용자 유입과 주목도를 높이는 전략을 구사한다. 이러한 방식은 다수의 선택이 개인의 선택을 유도하는 경향을 반영한 것이며, 트렌드에 민감한 소비자의 선택 가능성을 높이고, 콘텐츠의 반복 노출을 통한 네트워크 외부성을 촉진하여 빠른 사용자 확산과 플랫폼 내 체류

서범강의 웹툰 경제학

시간을 증가시키는 효과를 유도할 수 있다.

- 스놉 소비자 타깃으로는, 한정판 웹툰 굿즈나 한정 기간 공개되는 유료 에피소드와 같은 프리미엄 콘텐츠를 기획하고, 희소성 높은 창작자 중심의 IP를 고급화 전략에 따라 큐레이션하는 방식으로 유통할 수 있다. 독립적인 취향을 중시하는 독자층의 심리와 맞물려, 높은 충성도와 프리미엄 지불 의사를 이끌어낼 수 있으며, 작가 브랜드와 플랫폼의 고급 콘텐츠 포트폴리오를 동시에 강화하는 전략으로 작동한다.

- 플랫폼은 밴드웨건 소비자와 스놉 소비자를 모두 포괄하는 이중 전략을 운영할 수 있는 유연성을 갖춘다. 밴드웨건 소비자에게는 인기 작품 중심의 추천 알고리즘과 순위 노출 전략을 활용해 집단적 관심을 유도하고, 스놉 소비자에게는 한정판 콘텐츠, 작가 중심 큐레이션, 독립 창작물 지원 등을 통해 희소성과 차별화를 제공한다. 이 같은 전략은 서로 다른 소비자 집단의 심리와 소비 패턴을 정교하게 반영하여, 플랫폼의 전체 이용자 기반을 확대하면서도 각 집단의 충성도를 동시에 확보할 수 있는 구조를 만든다.

(2) 단점

- 밴드웨건 효과에 지나치게 의존하게 되면 콘텐츠 소비가 일부 인기작에 집중되어 플랫폼 전반의 다양성이 저해되고, 새로운 형식이나 실험적 작품에 대한 진입 장벽이 높아지는 구조적 문제가 발생한다. 이러한 트렌드 편중은 창작자에게 창의성보다 모방을 유도하고, 독자에게는 선택의 폭을 제한하여 전체 생태계의 혁신성을 저하시키는 부작용으로 이어질 수 있다.

- 스놉 효과를 과도하게 활용할 경우, 콘텐츠 소비가 특정 계층에 의해 주도되면서 플랫폼 내 계층 간 분절 현상이 발생할 수 있다. 이는 희소성과 프리미엄 가치를 중시하는 콘텐츠가 고소득자나 특정 취향 집단 중심으로 소비되며, 일반 독자와의 접점을 축소시키는 결과를 낳는다. 이로 인해 대중적 접근성을 지닌 콘텐츠는 상대적으로 소외되거나 노출 기회가 줄어들 수 있으며, 실험적이고 창의적인 콘텐츠가 시장 내에서 충분한 확산 기회를 갖기 어려워진다.
스놉 효과 중심의 콘텐츠 전략이 반복되면, 장기적으로 콘텐츠의 다양성과 포용성이 저하되고, 전체 플랫폼의 공공성과 사회적 문화 기반이 약화될 수 있다. 이러한 현상은 결국 웹툰 생태계 전반의 균형성과 지속가능성에 부정적 영

향을 미칠 수 있으므로, 플랫폼은 균형 있는 큐레이션과
다양한 계층의 콘텐츠 접근성을 확보하는 정책적 노력이
병행되어야 한다.

- 인기작 외 콘텐츠 소외로 인한 생태계 불균형 우려는 웹툰
  플랫폼의 알고리즘 구조와 소비자 행동 양식이 대중성 중
  심으로 편향될 때 더욱 심화된다. 특히 밴드웨건 효과가 작
  용하면서 인기 콘텐츠가 반복적으로 노출되고 추천되면,
  자연스럽게 비인기작은 사용자 화면에서 사라지게 된다.
  이러한 노출 불균형은 웹툰 생태계의 다양성과 창작자 간
  공정 경쟁 환경을 위협하며, 장기적으로 플랫폼의 콘텐츠
  품질 저하와 소비자 이탈로 이어질 수 있다.
  따라서 플랫폼은 인기작 위주의 소비 집중을 방지하기 위
  해 큐레이션 기반의 노출 분산 전략, 장르별 · 작가별 추천
  시스템 강화, 초기 독립 창작자 발굴 및 성장 지원 프로그
  램 등을 병행해야 하며, 정책적 차원에서도 소외 콘텐츠에
  대한 최소 노출 보장과 창작 지원 제도 마련이 필요하다.

작가의 전략적 대응

(1) 밴드웨건 지향 작가

- 화제성과 대중성을 중심으로 한 소재 선택과 연출 기법을 활용함으로써, 대중적 관심과 사회적 공감대를 유도하고, 플랫폼 내 추천 알고리즘과 SNS 기반 입소문을 통해 빠르게 확산될 수 있는 구조를 형성할 수 있다. 대중의 심리적 유입 장벽을 낮추고 소비자의 접근성을 높이는 동시에, 집단적 트렌드 참여 욕구를 자극함으로써 인기 확보의 가능성을 전략적으로 극대화할 수 있는 방식으로 작동한다.

- SNS 플랫폼의 알고리즘을 활용한 콘텐츠 확산 전략, 팬덤 커뮤니티의 자발적 확장 메커니즘, 그리고 사용자 참여형 이벤트나 밈 생성 요소 등을 통합적으로 기획함으로써 콘텐츠의 자발적 유포 및 플랫폼 내외부 유입을 동시적으로 촉진하는 확산 전략을 설계한다.

- 시의성 있는 사회적·문화적 이슈나 사회적 담론을 창작물의 내러티브 또는 설정에 자연스럽게 녹여내어, 독자와의 공감대를 형성하고 콘텐츠의 현실 밀착성을 높임으로써 자발적인 공유와 바이럴 효과를 유도한다. 플랫폼 외부에서

 서범강의 웹툰 경제학

의 화제성과 이슈 반응을 내부 유입으로 연결하는 '트렌드 반영형 유입 전략'으로, 사회적 공감이 콘텐츠 소비의 주요 동기가 되는 밴드웨건 효과와 결합될 경우 유입 효과가 더욱 증대될 수 있다.

(2) 스놉 효과 지향 작가

- 장르적 실험성과 철학적·미학적 내러티브를 심화하여 예술성과 정체성을 동시에 구축함으로써, 대중성과는 일정 거리를 두면서 작가만의 독창적인 스타일과 콘텐츠 세계관을 고도화한다. 단순한 장르적 변주에 그치지 않고, 실험적 서사 구조, 메타 내러티브, 사회비판적 주제의식 등을 내포함으로써 작품 자체의 희소성과 인지적 가치 상승을 꾀하며, 고정 팬층의 충성도 유지를 위한 차별화 전략으로도 작용한다.

- 소규모지만 충성도가 높고 작가의 철학이나 스타일에 깊이 공감하는 팬층을 중심으로, 팬 커뮤니티 기반의 고정 수익 모델을 설계하는 접근이 필요하다. 이는 콘텐츠 자체의 대중성보다는 작가와의 정체성 공유, 창작 세계관에 대한 애착, 소규모 커뮤니케이션의 깊이에 기반한다. 가령 구독 기반 플랫폼에서의 '후원형 정기 결제 모델'이나, 작가 전용

유료 팬클럽, 비공개 콘텐츠 제공, 소규모 온라인 팬미팅 및
굿즈 연계 마케팅 등이 이에 해당한다. 이 모델은 고정된
팬층의 충성도와 유료 전환율을 극대화함으로써 대규모 트
래픽이 없더라도 안정적인 수익을 창출할 수 있으며, 작가
의 창작 지속 가능성을 높이는 중요한 전략이 될 수 있다.

- 작품의 서사 구조, 미장센 구성, 감정선의 밀도 등 예술적
  측면을 정밀하게 설계하고, 작가 고유의 미적 취향과 세계
  관을 적극적으로 반영함으로써 창작물의 철학적 깊이와 형
  식적 독창성을 동반한 예술적 완성도를 추구할 수도 있다.

(3) 위험 요소

- 밴드웨건 중심 작가는 트렌드에 의존하는 소비자의 선택에
  기반하여 수익을 창출하는 경우가 많기 때문에, 특정 유행
  이나 사회적 관심이 빠르게 변할 경우 급격한 독자 이탈과
  함께 조회수 및 유료 결제율의 하락으로 이어질 수 있다.
  이는 콘텐츠의 지속성과 작가 수익 모델의 안정성 측면에
  서 구조적인 리스크로 작용할 수 있으며, 트렌드 중심 전략
  만으로는 장기적인 창작 기반을 확보하기 어려운 한계점을
  내포한다. 따라서 단기 흥행 전략과 병행하여 독자 충성도,
  세계관 기반 팬덤 구축 등 중장기적 창작 전략이 반드시 함

께 고려되어야 한다.

- 스놉 중심 작가는 희소성과 차별성을 중시하는 콘텐츠를 지향하기 때문에 주류 플랫폼의 주목을 받기 어려운 경우가 많다. 이러한 작가들은 대중적 노출 경로의 확보가 어렵고, 플랫폼의 알고리즘이 인기 중심으로 작동하는 구조에서는 상대적으로 추천 빈도나 홍보 기회가 제한되어 생존율이 낮아질 수 있다. 특히 독립 창작자나 실험적 콘텐츠를 제작하는 작가들에게 구조적 진입 장벽으로 작용하며, 장기적인 창작 지속성과 수익성 확보에 불리한 환경이 될 수 있다. 따라서 스놉 지향 작가의 생존을 위해서는 플랫폼의 큐레이션 강화, 소규모 충성 팬덤 기반의 후원 시스템, 작가 브랜드 중심의 독립적 유통 채널 확보 등 전략적 지원이 병행되어야 한다.

- 플랫폼 의존도가 높은 경우, 전략적 선택 실패는 단순한 수익 감소를 넘어 콘텐츠 노출 기회 감소, 창작자-독자 간 연결 고리 단절, 알고리즘 기반 추천 배제 등의 연쇄적 부작용을 초래할 수 있다. 곧 창작 지속성의 약화와 콘텐츠 생태계 내 입지 축소로 이어져, 결과적으로 작가의 생존 가능성 자체를 위협하는 구조적 리스크로 작동한다. 플랫폼이 제공하는 노출 구조와 알고리즘 영향력이 절대적인 환경에

서는, 단 한 번의 전략적 판단 오류가 장기적 창작 기반을 무너뜨리는 요인이 될 수 있으므로, 독립적 유통 채널 확보, 팬덤 기반 자생 생태계 구축 등 플랫폼 외 전략의 다각화가 절실하다.

 **독자의 관점**

(1) 밴드웨건 소비자

- 화제성과 입소문에 민감하게 반응하며, 작품 선택에 있어 SNS 상의 트렌드나 친구·지인의 추천을 중시하는 성향이 강하다. 이들은 커뮤니티나 댓글을 통한 집단적 공감 경험을 중시하고, 콘텐츠 소비를 통해 사회적 연결감과 참여의식을 얻는다. 이러한 경향은 밴드웨건 효과의 심리적 기반 위에 형성되며, 콘텐츠를 통해 일종의 사회적 소속감을 경험하고자 하는 욕구로 이어진다.

- SNS 상에서의 '트렌드 참여'와 '공유' 행위는 단순한 콘텐츠 소비를 넘어, 개인이 온라인 사회 속에서 소속감을 확인하고 심리적 만족을 얻는 메커니즘으로 작용한다. 이는 디지털 네트워크 환경에서 대중성과 연결된 사회적 신호social signaling 의 일환으로, 개인이 특정 트렌드에 동참하거나 이

를 공유함으로써 '나도 그 흐름 안에 있다'는 사회적 위치를 확인받는 방식이다. 이러한 행위는 밴드웨건 효과의 심리적 기제와 밀접히 연결되며, 실질적으로 콘텐츠 소비와 더불어 정체성 표현과 사회적 소속의 욕구를 충족시킨다. 결과적으로 개인이 자신도 모르게 트렌드 확산의 주체이자 매개자로 기능하게 만드는 집단적 소비 심리의 대표 사례라고 할 수 있다.

(2) 스놉 소비자

- 스놉 소비자들은 대중성과는 일정 거리를 두고, 자신만의 안목과 철학적 취향을 반영한 콘텐츠를 선호하는 경향이 강하다. 이들은 독립적이고 실험적인 콘텐츠나 한정판, 니치 장르에 끌리는 경향이 있으며, 다수보다는 소수의 고정 지지 기반에서 형성되는 큐레이션을 선호한다. 이러한 소비 성향은 자기 정체성의 확립과 문화적 차별화를 추구하는 행동으로 해석될 수 있으며, 플랫폼에서는 작가 중심의 큐레이션 시스템이나 팬덤 기반 후원 모델을 통해 이들의 선택 욕구를 만족시켜야 한다.

- 자신만의 안목과 정교한 감식력을 바탕으로, 다수의 유행이나 보편적 트렌드에 편승하지 않고 차별화된 콘텐츠를

선택함으로써, 독자 고유의 취향과 문화적 정체성을 선명
하게 구축한다.

(3) 문제점

- 밴드웨건 중심의 독자는 트렌드에 따른 콘텐츠 소비에 집
  중하기 때문에 콘텐츠를 빠르게 소모하고, 일시적인 관심
  에 머무르는 경향이 강하다. 결과적으로 개별 작품이나 작
  가에 대한 심층적인 애착 형성이나 팬덤의 지속적 유입으
  로 이어지기 어렵게 만들며, 플랫폼과 작가 입장에서도 장
  기적인 팬층을 형성하고 유지하기 위한 전략 설계에 제약
  을 초래할 수 있다.

- 스놉 중심 독자는 자신만의 고유한 취향과 정체성을 중요
  시하기 때문에, 대중성과 확산성을 중시하는 콘텐츠 제작
  자나 플랫폼의 운영 방식과의 정서적 거리감을 느낄 수
  있다. 결과적으로 콘텐츠 생산자 및 플랫폼 운영자와의 소
  통에 있어 비교적 배타적인 태도를 보일 가능성이 있으며,
  작가 중심의 커뮤니티나 폐쇄적 팬덤 내에서의 깊은 교류
  를 선호하는 경향으로 나타난다. 이러한 독자들은 플랫폼
  의 대중 중심적 추천 알고리즘이나 인기 위주의 큐레이션
  전략에 대해 비판적 시각을 가질 수 있으며, 특정 콘텐츠나

작가의 철학적 방향성과 일치하지 않으면 소비 자체를 거부하거나 이탈할 가능성도 존재한다.

- 플랫폼의 콘텐츠 노출 및 큐레이션 설계가 밴드웨건 효과 중심으로 지나치게 편향될 경우, 희소성과 차별성을 중시하는 스놉 소비자들의 정서적 거리감이 심화되고, 이로 인해 해당 독자층의 이탈 속도가 가속화될 수 있다. 이는 정체성 기반의 소비를 지향하는 독자들이 플랫폼의 알고리즘 구조나 대중성 중심의 전략적 방향성에 비판적 인식을 가질 가능성을 높이며, 결과적으로는 플랫폼 내 콘텐츠 소비 다양성과 문화적 포용성을 저해하는 리스크로 작용할 수 있다.

두 효과의 전략적 병행과 설계적 활용

웹툰산업은 밴드웨건과 스놉이라는 서로 상반된 소비 심리가 동시에 작동하는 이중적 구조를 지니고 있다. 밴드웨건 효과는 집단적 편승 심리에 기반한 대중적 확산을 가능하게 하고, 스놉 효과는 희소성과 차별화를 통해 특정 독자층의 충성도를 유도한다. 이러한 구조를 충분히 이해하고 활용할 수 있도록 플랫폼과 작가는 콘텐츠의 노출 방식, 큐레이션 구조, 창작 방향 등을 설계함에 있어 두 효과를 전략적으로 병행할 필요가 있다. 이를 통해 단기적인 소비 주목성과 트래픽 확보뿐 아니라, 장기적인 브랜드 가치 제고와 정체성 기반 팬덤 형성이라는 이중 목표를 동시에 달성할 수 있다.

• 플랫폼 측면

'인기 순위' 기반의 콘텐츠는 트렌드에 민감한 독자층의 주목을 유도하고, '작가 추천' 영역은 실험적이거나 창의적 콘텐츠가 발견될 수 있도록 설계함으로써, 플랫폼은 대중성 중심의 소비 흐름과 취향 중심의 선택 경험을 병렬적으로 제공하고, 이로써 콘텐츠 생태계의 다양성과 균형을 전략적으로 확보할 수 있다.

• 작가 측면

대중적 트렌드와 사회적 흐름에 민감하게 반응하면서도 작가 고유의 서사 구조와 철학적 정체성을 유지할 수 있는 유연하고 균형 잡힌 콘텐츠 전략을 수립함으로써, 플랫폼에서의 경쟁력을 확보하고 장기적인 팬덤 기반을 형성할 수 있는 창작 방향을 모색해야 한다.

• 독자 측면

플랫폼은 독자의 자율적 선택을 존중하면서도, 동시에 사회적 소속감을 충족시킬 수 있는 복합적 큐레이션 구조를 설계해야 한다. 이를 위해서는 대중적 인기 콘텐츠뿐만 아니라, 개별 독자의 취향에 최적화된 맞춤형 콘텐츠 추천 시스템을 병행 구축하여, 독자가 스스로의 선택에 의미를 부여하면서도 동시에 전체적인 소비 흐름과 연결될 수 있도록 유도할 필요가 있다. 이러한 설계는 소비자의 선택권을 확대함과 동시에 정체성 기반의 콘

텐츠 소비를 강화하고, 플랫폼 내 다양한 사용자 유형 간의 상호
작용과 균형을 촉진하는 데 기여할 수 있다.

궁극적으로, 밴드웨건 효과와 스놉 효과는 단순한 소비경향을
넘어서, 웹툰산업의 구조적 설계와 전략적 콘텐츠 운영에 있어
핵심적인 의사 결정 변수로 작용한다. 밴드웨건 효과는 대중성
과 네트워크 외부성을 활용한 확산 전략의 기반이 되며, 스놉 효
과는 희소성과 차별화를 통한 고부가가치 창출 및 팬덤 중심의
정체성 강화를 유도하는 기제로 기능한다.

이 두 소비 메커니즘을 전략적으로 병행하거나 적절히 배합
하는 것은 단기적 유행에 편승하는 대중성과, 장기적 생태계의
다양성과 창의성을 동시에 확보하는 전략적 방안이 된다. 이와
같은 관점으로 볼 때, 플랫폼 설계자, 콘텐츠 기획자, 정책 입안
자 모두는 이러한 소비 심리의 양극단을 체계적으로 이해하고,
이를 콘텐츠 큐레이션, 노출 알고리즘, 유료화 전략, 작가 지원
정책 등에 유기적으로 연계함으로써, 지속 가능한 웹툰산업의
생태계를 구축해야 한다.

7장

'잘될 거야'라는 믿음을 위해 착각의 비용을 지불하다

낙관을 설계하는 사람들,
기대는 전략이 아니다

행동 경제학의 기본 개념과 상관관계

행동 경제학 Behavioral Economics 은 인간이 실제로 어떻게 경제적 의사 결정을 내리는지를 심리학적·인지과학적 관점에서 설명하는 경제학의 한 분야다. 전통적 경제학은 인간을 '합리적 경제인 Homo Economicus'으로 가정하고, 모든 선택이 이성적 계산에 근거하여 이루어진다고 보았다. 그러나 실제 인간의 행동은 감정, 직관, 사회적 맥락, 심리적 편향 등 비합리적인 요소의 영향을 많이 받는다.

행동 경제학은 바로 이 이성과 비이성 사이의 간극을 실증적으로 분석한다. 대표적인 연구 방법으로는 실험 경제학, 설문 기반 행동 실험, 뇌과학과의 연계 연구 등이 있으며, 이를 통해 경제적 선택에서 발생하는 편향 bias 과 휴리스틱 heuristics, 직관적 판단

규칙 을 규명해 왔다.

• 인지 편향 Cognitive Biases

인간의 판단과 선택이 반복적으로 특정한 방향으로 왜곡되는 경향. 낙관 편향, 확증 편향, 현재 편향 등이 대표적이다.

• 제한된 합리성 Bounded Rationality

인간은 정보 처리 능력에 한계가 있으며, 완전한 합리성 대신 '만족할 만한 수준 satisficing'의 결정을 내린다.

서범강의 웹툰 경제학

- **프레이밍 효과** Framing Effect

동일한 정보라도 제시 방식에 따라 사람들의 선택이 달라지는 현상. '90% 생존율'과 '10% 사망률'은 논리적으로 같지만 선택에 미치는 영향은 다르다.

- **넛지** Nudge

강제하지 않고 부드럽게 선택을 유도하는 정책 설계 방식. 가령, 장기기증 동의를 '옵트인'이 아닌 '옵트아웃'으로 설정하면 동의율이 높아진다.

행동 경제학은 낙관 편향을 대표적인 인지 편향 중 하나로 분류한다. 인간은 미래의 부정적 사건은 과소평가하고, 긍정적 사건은 과대평가하며, 이는 위험 관리를 왜곡시키고, 잘못된 경제적 선택을 유도한다.

낙관 편향 이론이란 무엇인가?

낙관 편향 Optimism bias 은 '사람들이 자신에게 부정적인 사건이 일어날 가능성을 실제보다 낮게 평가하고, 긍정적인 사건이 일어날 가능성은 실제보다 높게 평가하는 인지 편향'을 말하는 것으로, 인간이 미래에 대해 과도하게 긍정적인 예측을 하는 심리적 경향을 말한다. 이는 행동 경제학과 심리학에서 널리 연구된 주제로, 이러한 심리는 단순한 착각이나 일시적인 오판이 아니라, 인간의 인지 시스템에 뿌리내린 편향적 사고 패턴의 일부로 작용한다. 낙관 편향은 개인의 기대감 형성, 위험 판단, 목표 설정, 계획 수립 등 전반적인 의사 결정 과정에 강하게 영향을 미치며, 현실적인 가능성보다 성공 확률을 높게 인식하게 만든다. 주요 특징으로는,

첫째, 개인적 사건에 대한 과도한 낙관성이 있다. 사람들은 질병, 실직, 사고 등의 부정적 사건은 자신에게는 일어나지 않을 것이라고 믿는 경향이 있다.

- 대부분의 사람들은 평균보다 더 오래 살 것이라 생각하거나, 자신의 결혼은 이혼하지 않을 것이라 예상한다.
- 창업을 결정할 때 성공 가능성을 과대평가하여, 실패에 대한 충분한 대비 없이 사업을 시작할 수 있다. 이때 실패의 영역에 도달하더라도 재정 상태가 더 악화되기보다는 차차 나아질 거라는 가능성을 과대평가하는 경향이 있다.

둘째, 통계적 현실과의 괴리가 있다. 낙관 편향은 객관적인 통계와 정보를 무시하거나 왜곡하여 자신에게 유리한 방향으로 해석하게 만든다. 동일한 수치를 보더라도 부정적 가능성은 무시하거나 과소평가하며, 긍정적인 요소만을 부각시킨다.

- 실제로는 흡연자의 폐암 발병률이 매우 높다는 통계가 있음에도 불구하고, 많은 흡연자들이 "나는 예외일 것"이라고 믿으며 금연을 미룬다.
- 신용카드 빚의 평균 상환 기간이나 부채 증가 통계를 알고 있음에도 불구하고, "나는 조절할 수 있어", "이번 달은 좀 썼지만 다음 달엔 줄일 거야"라는 식으로 낙관적으로 해석한다.

셋째, 의사 결정에서의 위험 과소평가가 두드러진다. 낙관 편향은 사람들로 하여금 리스크를 감수하게 만들며, 그에 따른 손실에 대해 충분히 고려하지 않게 만든다. 이는 특히 창업, 투자, 경력 전환 등의 결정에서 뚜렷하게 나타나며, 준비 부족과 결과적 실패로 이어질 수 있다.

- 낙관 편향은 사람들이 리스크를 과소평가하게 하여, 무모한 결정을 내리거나, 충분한 준비 없이 도전에 나서게 만들 수 있다.
- 창업을 결정할 때 시장 분석과 재무 계획 없이 '좋은 아이디어면 분명 성공할 것'이라는 믿음만으로 무리한 투자를 감행하는 경우, 임대료, 인건비, 광고비 등 초기 고정 비용을 감당하지 못해 수개월 내 폐업으로 이어질 수 있다.

넷째, 감정적 상태에 따른 변동성도 낙관 편향의 특징 중 하나다. 긍정적인 감정 상태에서는 낙관 편향이 강화되고, 부정적인 감정이나 우울한 상태에서는 줄어드는 경향이 있다. 이는 인간의 감정과 인지 편향이 서로 밀접하게 연결되어 있음을 보여준다.

다섯째, 사회적 비교와 자기 중심성이 낙관 편향을 강화한다. 사람들은 타인보다 자신이 더 운이 좋고, 더 능력이 있으며, 더 잘 해낼 수 있다고 믿으며, 이러한 비교는 낙관적 판단을 더욱 강화시킨다.

낙관 편향은 결국 개인의 의사 결정, 리스크 평가, 장기 계획, 성취 목표 설정 등 다양한 측면에서 경제적 측면으로 실질적인 영향을 미치며, 사회 전반의 행동과 문화적 기류에도 깊이 스며들 수 있다. 무엇보다 콘텐츠 산업과 같은 창의 기반 산업에서는 한 편의 성공이 대규모 자본과 사회적 반향을 불러올 수 있기 때문에, 낙관 편향은 성공과 실패의 양극단을 좌우하는 중요한 심리적 변수로 작용한다.

이를 보다 깊이 이해하기 위해서는 먼저 낙관 편향의 심층 원인을 살펴볼 필요가 있다.

첫째, 인간은 진화적으로 생존을 위해 긍정적인 자기예측을 강화해왔다. 고대 환경에서는 낙관이 생존을 돕는 전략으로 작용했고, 뇌의 보상 시스템과 결합되어 현대의 낙관 편향으로 이어졌다.

둘째, 개인의 자존감과 자기효능감을 유지하기 위해 무의식적으로 긍정적 결과를 더 신뢰하는 경향이 있다.

셋째, 정보 처리 과정에서의 선택적 주의와 기억 편향도 낙관 편향의 기제를 강화하는 인지적 요소들이다.

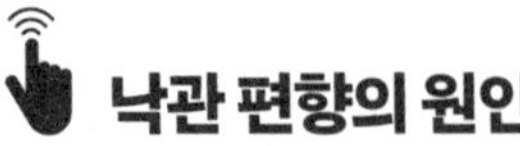

낙관 편향의 원인

• 자기 중심적 사고

사람들은 자신을 중심으로 사고하며, 자신에게 더 호의적인 결과를 기대하는 경향이 있다.

• 감정적 요인

긍정적인 감정 상태는 사람들에게 미래에 대해 더 긍정적으로 생각하게 만든다. 반면 부정적인 감정 상태에서는 낙관 편향이 줄어들 수 있다. 따라서 중요한 판단을 할 때는 긍정적·부정적 감정 상태에서 충분히 고려해볼 필요가 있다.

• 사회적 비교

사람들은 종종 자신을 다른 사람들과 비교하며, 자신이 더 우수하다고 믿거나 기대하는 경향이 있다. 그에 따라 사람으로 하여금 낙관 편향을 강화하도록 한다.

낙관 편향은 현실에서 다양한 형태로 나타난다. 대표적으로, 건강 관련 영역에서는 음주자나 흡연자들이 자신만은 건강 위험 신호에 걸리지 않을 것이라고 믿거나, 젊은 세대가 자신들의 은퇴 준비에 대해 비현실적으로 느긋하게 접근하는 모습으로 나타난다. 재정 영역에서는 무리한 소비나 투자 실패 사례에서 낙관 편향이 뚜렷하게 드러나며, 창업자의 경우 초기 단계에서 성공 가능성을 과대평가하고 리스크 관리를 소홀히 하는 경향이 반복된다.

그러나 낙관 편향에는 순기능도 존재한다. 창의산업에서는 도전과 모험이 새로운 콘텐츠 탄생의 원동력이 되며, 현실의 어려움을 감내하고 지속적으로 창작을 이어갈 수 있는 정신적 자산이 되기도 한다. 실제로 많은 창작자들이 스스로의 성공을 믿었기에 경쟁과 압박 속에서도 새로운 콘텐츠를 완성할 수 있었다. 한편 이러한 낙관성은 긍정적인 감정 상태와 연결되며, 스트레스 완화, 우울감 예방 등 심리적 건강 유지에 기여한다.

 ## 낙관 편향의 긍정적 측면

• 동기 부여

낙관 편향은 사람들에게 목표를 설정하고, 이를 달성하기 위해 노력하는 동기를 부여할 수 있다. 이는 긍정적인 결과를 추구하도록 촉진시킨다.

• 스트레스 감소

미래에 대해 낙관적인 태도를 가지면 스트레스와 불안이 줄어들 수 있다. 전반적인 정신 건강에 긍정적인 영향을 미칠 수 있으며, 실제로 위험 구간을 잘 견뎌 다음 레벨로 넘어 성장하도록 돕는다.

하지만 이러한 낙관성은 통제되지 않을 경우, 비현실적인 기대와 계획 실패로 이어지며, 개인의 심리적 충격과 산업 전반의 자원 낭비로 연결될 수 있다. 따라서 낙관 편향을 단순히 긍정 또는 부정으로 이분법화할 것이 아니라, 그것의 구조와 작동 방식, 산업과 사회적 맥락 속에서의 경제적 · 심리적 파급 효과를 이해하고 관리하는 전략이 중요해지는 것이다.

 ## 낙관 편향의 부정적 측면

• 리스크 관리 부족

낙관 편향은 리스크를 과소평가하게 만들어, 충분한 대비 없이 도전에 나서게 한다. 이는 무리한 시도와 대책 없는 실행으로 이어져 실패 가능성을 높일 수 있다.

• 비현실적인 기대

과도한 낙관주의는 비현실적인 기대를 하도록 만들어, 기대에 미치지 못하는 결과가 나올 때 실망과 좌절이 실제 상황보다 크게 타격을 주는 상황을 초래할 수 있다.

이에 대한 대응을 위해 필요한 것은 낙관 편향을 극복하고 관리하기 위한 다층적인 접근이다.

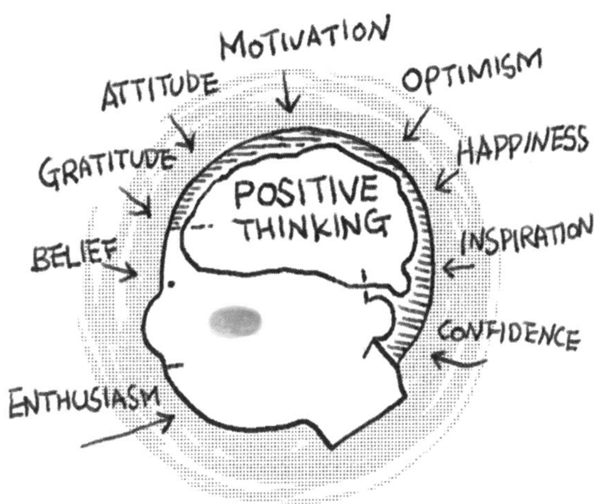

첫째, 의사 결정 과정에서 객관적 데이터를 적극적으로 활용하고, 통계 기반의 예측 모델과 전문가의 분석을 참고해야 한다.

둘째, 리스크를 면밀히 평가하고 시나리오별 대응 계획을 사전에 수립함으로써 감정에 좌우되지 않는 전략 수립이 가능해져야 한다.

셋째, 주변 피드백을 수용하고 자신의 전망을 점검하는 루틴을 생활화함으로써, 자기 중심적인 낙관에서 벗어나 타당한 판단이 가능해진다.

# 낙관 편향을 극복하기 위한 방안

• 객관적 정보 활용

의사 결정을 내릴 때 객관적인 데이터와 통계를 활용하여, 현실적인 전망을 설정해야 한다. 낙관 편향을 줄이고 현실적인 상태를 판단하는 데 도움을 준다.

• 리스크 평가

리스크를 철저히 평가하고, 대비책을 마련해야 한다. 이는 미래에 대한 현실적인 준비를 가능하게 해준다.

• 피드백 수용

주변 사람들의 피드백을 수용하고, 자신의 전망과 기대를 현실적으로 조정한다. 과도한 낙관주의를 완화하는 데 도움이 될 수 있다.

궁극적으로는 이러한 낙관 편향을 개인 차원에서만 관리하는 것이 아니라, 플랫폼 · 제도 · 교육 등 시스템 차원에서 지속적으로 조정하고 피드백할 수 있는 구조가 필요하다.

웹툰산업에서의 낙관 편향 적용

웹툰산업은 창작자, 소비자_{독자}, 플랫폼이라는 세 명의 이해 관계자가 상호작용하는 복합 생태계로, 낙관 편향은 각 주체의 의사 결정에 다양한 방식으로 작용한다. 각 주체의 행동 양식을 심층적으로 분석해보면 낙관 편향이 어떤 식으로 발현되고 있으며, 그로 인해 어떤 기회와 위협이 공존하는지를 분명히 알 수 있다.

 ## 웹툰 작가와 낙관 편향: 창작과 성공 가능성에 대한 과신

• 문제 상황

신인 혹은 중견 작가들이 자신의 창작물이 성공할 것이라는 과도한 기대를 가지고 충분한 시장조사 없이 작품을 연재하거나, 일정과 퀄리티를 동시에 무리하게 추진하여 체력적·정신적 번아웃을 겪는다.

• 대표 사례

"첫 작품부터 대박이 날 것"이라는 막연한 확신 속에 콘텐츠의 방향성이나 구조적 설계를 충분히 점검하지 않고 독단적으로 연재를 강행하는 경우가 대표적이다.

• 해결 방안

현실적 목표 설정 및 트렌드 분석을 통한 방향 설정. 독자 반응을 정량적·정성적으로 분석하고 피드백 루프를 설계하여, 단계별 개선 구조를 마련해야 한다. 한편 작품을 정식 연재하기 전에 사전 연재, 베타 테스트 등을 통해 퀄리티 검증을 거치는 방식도 효과적이다.

웹툰 독자와 낙관 편향: 콘텐츠 기대치 과잉

• 문제 상황

독자들은 종종 불충분한 정보나 부분적인 정보만으로 자신이 좋아할 것이라는 낙관적 기대를 가지고 웹툰을 선택하거나, 유

서범강의 웹툰 경제학

료 결제를 감행한다. 그러나 취향 불일치나 완성도 미달 등의 이유로 기대에 못 미치면 실망과 불만을 강하게 드러낸다.

• 대표 사례

SNS나 플랫폼 추천 시스템을 통해 접한 웹툰을 과도한 기대감으로 시작했지만, 몇 화 이내에 하차하거나 부정적 리뷰를 남기는 현상이다. 또한 특정 장르나 작가에 대해 지나치게 긍정적인 선입견을 가지며, 예상과 다른 전개에 대해 분노 혹은 이탈하는 패턴이 있다.

• 해결 방안

샘플 보기 기능을 강화하고, 결제 전 명확한 콘텐츠 정보 제공을 통해 정보 비대칭을 줄인다. 리뷰 시스템을 통해 사용자 경험을 공유하게 하여, 신규 독자들의 낙관적 오판 가능성을 낮춘다. 환불 정책과 같은 UX 보완도 충성도 유지를 위한 전략이 될 수 있다.

 플랫폼 운영자와 낙관 편향: 작품 성공 가능성 과신

• 문제 상황

플랫폼은 특정 작가나 IP에 대해 기대감을 과도하게 부여하고, 실제 시장 반응보다 앞서 대규모 마케팅을 추진하고 계약을 체결하는 경우가 많다. 이는 재정 손실뿐 아니라 브랜드 신뢰도 저하로 이어질 수 있다.

• 대표 사례

유명 작가의 신작이라는 이유로 고액의 선계약을 맺었지만, 기대 이하의 완성도와 낮은 독자 반응으로 실패한 사례들이다. 한편 신인 작가의 신선한 콘셉트를 낙관적으로 판단해 메인 론칭에 포함시켰으나 트래픽과 유료 전환율이 저조해 조기 종료되는 경우도 있다.

• 해결 방안

마케팅 전과 투자 전 단계에서 정량적 데이터 기반의 사전 분석 프로세스를 강화한다. 다수의 중소형 프로젝트를 동시에 운영하여 위험을 분산시키고, 성공 가능성을 실험적으로 검증한다. 낙관 편향을 줄이기 위한 내부 교육과 AI 기반의 성과 예측 시스템을 도입한다.

낙관 편향의 양면성, 웹툰산업에서의 긍정과 부정

낙관 편향은 반드시 부정적인 결과만을 초래하는 것이 아니다. 그것은 웹툰산업과 개인에게 양면적인 영향을 미친다.

● 긍정적 측면

창작자가 무명 상태에서 작품을 완성하고 연재를 지속하기 위한 동기 부여로 작용하며, 심리적 장벽을 극복하게 만든다. 플랫폼과 독자 모두가 새로운 시도에 열려 있도록 하는 정서적 분위기를 제공한다. 이는 장르 확장, 서사 실험 등에서 중요한 원동력이 된다.

- **부정적 측면**

반복되는 과신은 자원의 낭비와 회복 불가능한 실패로 이어질 수 있으며, 작가의 자존감 저하와 창작 중단으로 이어진다. 독자의 실망은 플랫폼 이탈과 신뢰도 하락으로 연결되며, 전체 산업에 부정적 피드백 루프를 형성할 수 있다.

서범강의 웹툰 경제학

낙관 편향 극복 전략

낙관 편향을 극복하기 위한 전략은 개별 차원과 시스템 차원에서 모두 실행되어야 하며, 다음과 같은 구체적인 방안들이 유효하다.

• 다중 시나리오 기반 계획 수립

최선의 시나리오뿐만 아니라 중간 성과, 최악의 시나리오를 함께 고려해 행동 전략을 설계한다.

• 사후 피드백 체계화

작품 완결 후 또는 시즌 전환 시점마다 독자 피드백을 분석하고, 구조적 개선을 위한 공식 루틴을 마련한다.

• 행동 경제학 도입 교육

낙관 편향, 확증 편향, 선택 편향 등 주요 인지 편향에 대한 이해를 높이는 교육 프로그램을 마련하고 실무자 및 창작자 대상 워크숍을 운영한다.

• 플랫폼 레벨 리스크 분산 전략

독점 계약 중심의 투자 방식을 탈피해, 다양한 장르와 포맷의 프로젝트를 균형 있게 배분하여 리스크를 분산시킨다.

통합적 실행 전략, 실천을 위한 세부 접근법

웹툰산업에서 낙관 편향으로 인한 리스크를 방지하고, 보다 나은 성과를 도출하기 위해서는 작가, 독자, 플랫폼 운영자 모두를 아우르는 통합적 접근이 필요하다. 이때 시스템적 실행 전략은 산업의 지속 가능성과 다양성, 창의성을 동시에 확보하기 위한 관점에서 다음과 같이 정리된다.

• 데이터 기반 의사 결정

작가는 시장조사와 피드백 분석을 통해 현실적인 방향을 설정하고, 플랫폼은 독자 행동 데이터를 기반으로 성과를 예측하여 투자와 마케팅 전략을 최적화해야 한다. 콘텐츠 평가 도구와 AI 기반 소비자 분석 기술을 적극 활용할 수 있다.

• 피드백 수용과 개선

작가는 독자와의 소통을 통해 실시간 피드백을 받아들이고, 플랫폼은 파일럿 테스트, 베타 런칭, 리뷰 시스템 등을 통해 사용자의 경험을 향상시켜야 한다. 특히 커뮤니티 중심의 피드백 구조는 창작자에게 중요한 학습 경로가 될 수 있다.

• 리스크 관리

작가는 장르 다양성과 백업 플랜을 마련함으로써 단일 작품 실패의 위험을 줄이고, 플랫폼은 다양한 장르 포트폴리오와 단계적 투자로 자원을 분산시켜야 한다. 리스크 관리 매뉴얼과 리스크 점검 리스트를 사전에 설정하는 것도 중요하다.

• 교육과 훈련

작가는 창작 교육과 멘토링을 통해 전문성을 높이고, 플랫폼은 직원 교육과 업계 동향 분석을 통해 기획력과 전략 수립 능력을 강화해야 한다. 이를 위해 학계 · 산업계 연계형 세미나와 교육 과정을 정례화하는 것이 효과적이다.

• 현실적 목표 설정

작가는 단기 · 중기 · 장기 목표를 명확히 설정하고, 피드백을 반영해 유연하게 조정해야 하며, 플랫폼은 실현 가능한 지표를 기반으로 성과를 측정하고 전략을 조정해야 한다. KPI와 OKR

서범강의 웹툰 경제학

시스템을 도입하면 구체적이고 측정 가능한 성과 관리가 가능해진다.

웹툰산업은 창작자의 감정, 독자의 기대, 플랫폼의 비즈니스 전략이 복합적으로 얽혀 있는 분야이며, 이 모든 요소에 낙관 편향이 작용할 수 있다. 낙관 편향은 목표 달성과 창의성에 동력을 부여하는 반면, 실패와 낙차를 키우는 요인이 될 수도 있다. 따라서 이해 관계자 모두가 자신의 편향을 자각하고, 이를 제어할 수 있는 객관적 정보와 제도적 장치를 갖추는 것이 장기적으로는 웹툰산업의 지속 가능성과 질적 성장을 보장하는 핵심 전략이 될 것이다.

이를 위해 데이터 기반 의사 결정, 피드백 수용과 개선, 리스크 관리, 교육과 훈련, 현실적 목표 설정과 같은 실천 가능한 전략들을 체계적으로 실행에 옮기는 것이 필요하다. 단순한 방향 제시를 넘어 실질적인 실행력과 지속적 개선이 뒷받침될 때, 웹툰산업은 더욱 견고하고 탄력적인 생태계로 진화할 수 있다. 이러한 다면적 접근은 창작자와 독자, 플랫폼 모두에게 실질적인 혜택과 성과를 안겨주는 지속 가능한 발전 모델로 자리매김할 수 있으며, 웹툰이 글로벌 콘텐츠 시장에서 지속적으로 성장할 수 있는 기반이 될 것이다.

## 8장

울타리 안과 밖의 경계, 어디에 머물 것인가?

프랜차이즈 경제학으로 보는 웹툰 유통 구조의 재해석

브랜드 전략과 시장 확산력의 경제학

 **프랜차이즈의 구조와 경제학적 원리**

프랜차이즈는 자본주의 시장경제에서 효율적인 사업확장과 브랜드 정체성의 유지라는 두 가지 목표를 동시에 달성하기 위해 고안된 구조다. 본사 프랜차이저는 제품 및 서비스의 품질을 유지하고, 마케팅 전략, 운영 매뉴얼, 고객 서비스 기준, 브랜드 이미지 등 복합적인 요소를 체계적으로 관리한다. 이를 기반으로 본사는 일정한 계약 조건 하에 개별 사업자 가맹점, 프랜차이지에게 브랜드 사용권 및 운영 노하우를 제공하고, 가맹점은 이 시스템에 따라 자율적으로 매장을 운영하되, 일정 수익을 로열티나 구매 의무 등의 형태로 본사에 제공한다.

프랜차이즈는 경제학적으로 정보 비대칭을 완화하고, 규모의 경제economies of scale 와 범위의 경제economies of scope 를 효과적으로 실현할 수 있는 메커니즘으로 평가된다. 예컨대, 창업자가 새로운 사업을 시작할 때 시장 정보, 운영 노하우, 고객 반응 등을 충분히 알지 못하면 실패 위험이 크다. 하지만 본사가 오랜 시간에 걸쳐 축적한 사업 경험, 마케팅 전략, 고객 응대 방식 등을 가맹점에게 전수함으로써 정보 격차를 줄이고, 더 효율적이고 안정적인 방식으로 시장에 진입할 수 있게 된다.

'규모의 경제'란 플랫폼의 원리에서도 설명했듯이, 생산량이 늘어날수록 단위당 생산 비용이 줄어드는 현상을 말한다. 본사는 가맹점을 대상으로 집중 구매, 대량 생산, 표준화된 교육 시스템, 통합 마케팅 등을 통해 전체 시스템의 비용 효율성을 높일 수 있다는 이점을 제공한다. '범위의 경제'는 다양한 상품 또는 서비스를 함께 생산하거나 유통할 때, 개별적으로 운영하는 것보다 총비용이 줄어드는 현상을 말한다.

프랜차이즈는 다양한 제품군, 서비스 모델, 브랜드 확장 등을 공유 자산 위에서 운영하므로써 범위의 경제 실현에 유리한 측면이 존재하는 것이다. 따라서 본사는 브랜드 투자와 시스템 표준화를 통해 전체 시스템의 신뢰도를 높이고, 개별 가맹점은 이러한 신뢰를 바탕으로 초기 시장 진입 시 비용과 위험을 줄일 수 있도록 하는 것에 목적이 있다.

단일 매장과 프랜차이즈 구조를 경제학적으로 비교하면, 여러 구조적 차이점과 경영 전략의 상이성이 보다 분명하게 드러난다. 먼저 단일 매장은 사업의 주체와 의사 결정권자가 동일하기 때문에 운영상의 자율성과 창의성이 극대화될 수 있다. 소유자가 직접 매장을 운영하기 때문에 지역 사회의 특성, 고객층의 반응, 신속한 피드백을 반영하여 유연한 전략을 수립하고 적용할 수 있다.

또한 수익 전액이 본인에게 귀속되므로 성과에 대한 동기 부여가 매우 높다. 그러나 이러한 장점에도 불구하고 단일 매장은 브랜드 인지도 확보, 대규모 마케팅 실행, 자금 조달, 인재 확보, 운영 매뉴얼의 체계화 측면에서 한계에 부딪히는 경우가 많다.

무엇보다 초기 비용이 크고, 모든 리스크를 개인이 전적으로 감당해야 한다는 점은 진입 장벽을 더욱 높인다.

프랜차이즈는 중앙 집중적인 본사의 브랜드 자산, 통합 마케팅, 교육 시스템, 구매 공급망, 고객 응대 매뉴얼 등 다양한 자원을 기반으로 가맹점 운영을 체계적으로 지원한다. 이 구조는 초보 창업자나 외식·소매업 경험이 부족한 사업자에게 진입 장벽을 낮춰주고, 운영 안정성을 확보하는 데 유리하다. 마케팅 비용의 분산, 브랜드의 신뢰도, 고객의 기대치 관리 등은 프랜차이즈의 주요 장점이다. 그러나 반대로, 가맹점은 본사의 정책에 따라야 하며, 메뉴 구성, 인테리어, 영업 방식, 가격 설정 등에서 자율성이 크게 제한된다. 수익 구조 역시 로열티나 물류 마진 등의 형태로 일정 비율이 본사에 귀속되므로, 수익률이 단일 매장보다 낮을 수 있다.

단일 매장을 선택하는 이유는 일반적으로 '완전한 통제력 확보'와 '브랜드 독립성 유지', '높은 수익 기대'에 있으며, 창업자가 자신만의 브랜드를 만들고 장기적으로 사업을 성장시키겠다는 강한 의지를 반영한다. 반면 프랜차이즈를 선택하는 이유는 '사업 안정성', '검증된 시스템 활용', '고객 기반의 신속한 확보', '위험 최소화'가 우선순위에 있을 때가 많다. 따라서 창업자의 역량, 자본 여력, 리스크 감수 성향, 장기 목표 등에 따라 두 모델의 선택이 갈린다.

독점 vs 비독점으로 투영된 프랜차이즈 원리

이러한 프랜차이즈의 구조적 논리는 웹툰산업에서도 그대로 투영될 수 있다. 가령, 웹툰 유통 방식에서 나타나는 '독점 연재'와 '비독점 연재' 구조는 프랜차이즈의 경제학적 원리와 흡사한 맥락을 가진다. 독점 연재는 특정 플랫폼과 작가가 계약을 맺고, 해당 플랫폼에만 콘텐츠를 연재하는 방식으로, 플랫폼은 작가에게 선투자, MG**최저보장수익**, 프로모션, 유료화 전략, 알고리즘 기반 노출 등을 제공하며 사실상 본사의 역할을 한다.

이는 작가가 보다 안정적인 수익과 독자 확보를 기대할 수 있게 하지만, 동시에 콘텐츠의 유통 범위와 형식, 때로는 편집권이나 작품 방향성까지 플랫폼의 전략에 따라 좌우되는 단점도 안고 있다. 반대로 비독점 연재는 작가가 복수의 플랫폼에 작품을 제공하거나 자체 채널을 통해 유통하는 방식으로, 마치 단일 매장이 독립적으로 운영되는 것과 유사하다.

이 경우 작가는 창작 방향, 가격 정책, 업데이트 일정 등에서 높은 자율성을 보장받지만, 수익 예측 가능성과 홍보 자원의 부족이라는 위험 요소를 동시에 떠안는다. 언뜻 생각하기에는 독점 연재가 단일 매장의 형태와 연결되고, 비독점 연재가 프랜차이즈의 형태와 연결될 것 같지만 구조와 개념을 들여다 보면, 반대로 매칭이 되는 셈이다.

 소비자와 독자의 심리 경제학적 인식 차이

소비자 또는 독자의 인식 차이도 중요한 비교 지점이다. 행동 경제학과 심리 경제학의 관점에서 볼 때, 소비자는 안정성과 신뢰도를 기반으로 선택을 결정하는 경향이 있다. 프랜차이즈는 브랜드 일관성과 서비스 표준화를 통해 소비자에게 예측 가능한 경험을 제공하며, 이는 플랫폼 기반 독점 연재 웹툰에서도 유사하게 작동한다. 독자들은 플랫폼의 큐레이션 기능을 신뢰하고, 해당 플랫폼에서 선정된 독점 콘텐츠에 대해 일정 수준 이상의 품질을 기대하게 된다.

한편 비독점 콘텐츠는 다양성과 창의성이라는 강점을 가지지만, 선택의 책임이 전적으로 소비자에게 귀속되기 때문에 인지적 부담과 품질 불확실성의 리스크를 동반한다. 이러한 상황은 소비자가 선택 과정에서 더 많은 에너지를 소모하게 하며, 때로는 선택 자체를 회피하는 '인지 피로cognitive fatigue'를 유발할 수 있다.

그럼에도 불구하고 일부 소비자는 이러한 자율성과 실험성을 오히려 더 가치 있게 평가하며, 비독점 콘텐츠에서만 느낄 수 있는 창작의 독창성이나 소수 취향을 반영한 내용에 끌리는 경향도 지닌다. 소비자의 선택 동기가 단순한 효율성이나 신뢰성 외에도 다양성과 차별성이라는 감성적 요인에 의해 영향을 받을 수 있음을 보여준다.

단일 매장이 일정 수준의 브랜드 파워를 확보하게 되면, 소비자들은 자발적으로 장시간 대기하거나, 심지어 먼 거리에서도 일부러 방문하는 등 강한 충성도를 보이는 현상이 발생한다. 이는 경제학에서 말하는 '선호 기반 효용preference-based utility'이 브랜드 자산과 맞물려 장기적인 시장 우위로 전환되는 대표적 사례다. 동일한 원리는 웹툰산업의 비독점 연재 구조에도 적용될 수 있다.

비독점 연재의 초기에는 플랫폼의 큐레이션 효과나 집중 노출의 혜택을 받지 못하므로 확산 속도는 느릴 수 있지만, 일단 콘텐츠의 인지도와 팬덤이 형성되면, 그 파급력은 특정 플랫폼의 유통망을 넘어서는 확장성과 자생적 생태계를 구축할 수 있는 잠재력을 지닌다. 이는 '네트워크' 개념과도 연결되며, 콘텐츠 자체가 독자들 사이에서 자율적인 공유, 추천, 2차 창작을 유도하는 분위기가 형성되면, 창작자 중심의 브랜드 파워는 플랫폼의 알고리즘 의존도를 넘어설 수 있다.

다시 말해 창작자의 고유 브랜드가 곧 '목적지 destination '가 되는 것이다. 따라서 비독점 연재는 특정 단계를 넘어서게 될 경우, 단일 매장이 자생적으로 브랜드 인지도를 축적하고, 고객 충성도를 확보해 가는 것과 매우 유사한 경로를 통해, 오히려 더 강력한 독자 기반과 콘텐츠 확산력을 확보할 수 있는 구조적 잠재력을 갖고 있다고 볼 수 있다.

 ## 유통 전략의 기준과 구조적 현실

프랜차이즈에 대한 사회적 인식도 단순히 경제적 효율성만으로는 설명되지 않는다. 경제학적으로는 규모의 경제를 실현하고 진입 장벽을 낮추는 혁신적 구조이지만, 문화적·심리적 측면에서는 '획일화', '자율성 결여', '개성 부족'이라는 비판에 직면하곤 한다. 이는 웹툰산업 내 플랫폼 중심의 독점 구조에도 유사하게 적용된다. 지나치게 상업화된 플랫폼 편집 전략이나 트렌드 추종 중심의 콘텐츠 생산은 창작자의 다양성을 제한하고, 소비자에게는 피로감을 유발할 수 있다.

그렇기 때문에 핵심은 단순히 독점이냐 비독점이냐의 선택이

서범강의 웹툰 경제학

아니라, 시스템의 안정성과 창작의 자율성 사이에서 어떻게 균형을 유지하고, 장기적으로 지속 가능한 생태계를 구축할 수 있을지에 대한 전략적 설계에 달려 있다. 이를 위해서는 먼저 창작자와 플랫폼이 경제학적으로 명확한 판단 기준을 설정할 필요가 있다. 독점 연재는 상대적으로 안정적인 수익과 마케팅 지원을 제공받는 구조이므로, 리스크 회피 성향이 강하고 콘텐츠 생산에 집중하고자 하는 창작자에게 적합하다. 반면 비독점 연재는 창작자가 다양한 플랫폼에 자신의 브랜드를 직접 구축하고, 장기적으로는 로열티 없는 수익 극대화를 노릴 수 있는 구조이므로, 자율성과 실험정신이 강한 창작자에게 유리하다.

이를 판단하는 데 있어서는 '기회 비용opportunity cost'의 개념을 적용해, 독점 계약으로 인해 잃게 되는 자유와 잠재 수익을 분석해야 하며, 반대로 비독점의 경우 초기 노출 부족이나 자체 마케팅 비용 부담이라는 리스크를 감안해야 한다. 이때 플랫폼 측에서는 예상 수익, 브랜드 이미지, 독자 유입 구조 등을 다각도로 분석해 콘텐츠를 독점 혹은 비독점으로 운영할지 결정하게 되며, 이는 궁극적으로 시장 내 자원 배분의 효율성과 창작자간 협업 구조 형성에도 영향을 미친다.

단, 이 과정은 창작자 또는 콘텐츠 제작사CP의 독립적인 선택만으로 결정되는 것이 아니라, 웹툰 플랫폼의 편성 전략, 큐레이션 정책, 서비스 제공 역량, 광고 및 수익 모델 등 유통 환경 전반이 함께 작용함을 반드시 고려해야 한다. 다시 말해 독점과 비독점 여부는 창작자의 전략뿐 아니라 플랫폼의 의사 결정 구조와 시장 포지셔닝 전략에 의해 함께 조율되는 구조적 판단의 결과물이라 할 수 있다.

이처럼 프랜차이즈와 단일 매장, 독점 연재와 비독점 유통은 모두 각기 다른 장단점을 가지며, 경제적 효율성과 심리적 만족, 창작의 다양성과 유통의 신뢰도라는 다층적인 조건 속에서 선택되고 운영된다. 이들을 이분법적으로 나눌 것이 아니라, 웹툰 산업의 구조를 보다 정교하게 설계하고, 작가 · 플랫폼 · 소비자 간의 균형과 협력 모델을 통해 지속 가능한 창작 생태계를 형성하는 것이 궁극적으로 바람직한 방향이라 할 수 있다.

9장

당신의 소비는 보이지 않는 손에 의해 결정된다

선택의 심리,
지금이 아니면 안 된다는 착각

희소성의 경제학, 욕망의 심리학

 **'희소성'은 어떻게 가치를 만드는가?**

희소성 scarcity 은 인간 행동과 경제 현상을 이해하는 데 있어 핵심적인 개념이다. 경제학에서 희소성이란 인간의 욕구가 무한한 반면, 그 욕구를 충족시켜 줄 수단은 제한되어 있다는 전제에서 출발한다. 이는 모든 경제활동의 출발점이기도 하다. 우리가 어떤 목적을 달성하기 위해 사용할 수 있는 자원, 시간, 에너지, 정보는 유한하며, 이로 인해 '선택'과 '포기'라는 결정의 구조가 필연적으로 발생한다.

이를 경제학에서 말하는 기회 비용의 개념과 연결하면, 어떤 선택을 할 때 우리가 포기해야 하는 다른 대안들이 실제로 가졌을 법한 가치 또는 기대 이익을 의미하게 된다. 다시 말해 A를 선택함으로써 B, C, D를 포기했다면, 포기한 선택지들 중 가장 가치 있는 대안의 가치를 기회 비용으로 간주한다. 이러한 개념은 단순히 비용과 손익의 문제를 넘어서, 인간이 제한된 자원시간, 돈, 노력 등 속에서 어떻게 우선순위를 설정하고 행동 전략을 수립하는지 이해하는 데 중요한 기준이 된다.

이때 기회 비용이 클수록 그 선택이 가져올 책임과 심리적 부담도 커지기 때문에, 사람들은 보다 심사숙고하고 신중한 판단을 하게 된다. 때로는 이러한 비용의 무게로 인해 선택을 미루거나 회피하는 행동선택 회피 현상 도 나타나게 된다. 이는 제한된 희소 자원 속에서 발생하는 심리적 압박과 의사 결정의 복잡성을 잘 보여주는 예라 할 수 있다.

이러한 희소성의 작용은 경제적 판단뿐 아니라, 심리적 동기에도 큰 영향을 미친다. 특히 '한정판', '스페셜 에디션', '오늘 마감', '단 100개 한정' 등은 소비자에게 강력한 구매동기를 유발한다. 사람들은 단순한 재화의 유용성보다는 '지금 아니면 가질 수 없다'는 심리적 압박과 '남들보다 먼저 소유하고자 하는 욕망'에 자극받기 때문이다. 심리학적으로 이러한 현상은 '결핍의 심리scarcity heuristic', '소유 효과endowment effect', '손실 회피 편향loss aversion'과 같은 이론과도 밀접한 관련이 있다.

'결핍의 심리'는 사람들이 어떤 자원이 부족하거나 제한되어 있다고 인식할 때, 그 자원의 가치를 과대평가하고 더 강하게 원하게 되는 경향을 의미한다. '소유 효과'는 어떤 상품이나 자산을 한 번 소유하게 되면, 그 이전보다 훨씬 더 높은 가치를 부여하는 심리를 뜻한다. 소비자는 특정 콘텐츠나 한정판 굿즈를 일단 확보한 후, 그것을 놓지 않으려는 경향과 연결되기 때문이다. '손실 회피 편향'은 사람들은 같은 크기의 이익보다 손실에 대해 더 큰 심리적 고통을 느끼는 경향이 있다는 이론으로, 한정 기간 내 제공되는 콘텐츠나 보상을 놓쳤을 때 발생하는 후회 감정이 구매나 소비를 더 자극하는 방식으로 작용한다.

이 세 가지 이론은 희소성 기반 마케팅이 소비자에게 얼마나 강력하게 작용할 수 있는지를 설명하는 데 유용하며, 디지털 콘텐츠 시장에서도 그 심리적 메커니즘이 동일하게 작동함을 보여준다. 희소한 물건은 더 높은 가치를 가지는 것으로 인식되고, 그것을 가지는 행위 자체가 자신의 정체성을 표현하는 수단이 된다. 스타벅스의 프리퀀시 마케팅 전략처럼, 소비자는 상품 자체보다는 '희소한 보상'을 얻기 위해 반복적으로 소비하게 된다. 이러한 경우, 목적과 수단이 전도되어, 본래 필요하지 않았던 상품을 소비하는 것이 보상을 얻기 위한 수단으로 전락하기도 한다.

이와 같은 희소성 기반 심리는 경쟁적 상황에서도 증폭된다. 다른 사람들도 이를 원하고 있다는 정보 **사회적 증거** 는 소비자들에게 희소한 자원이 더 빨리 사라질 것이라는 압박감을 주며, 결과적으로 충동적 소비를 유도한다. 다시 말해 희소성 프레이밍 효과 scarcity framing effect’로 설명될 수 있는데, 마치 제한된 자원이 기 때문에 지금 당장 결정을 내려야 한다는 판단 착각을 유발하는 것이다.

 희소성과 선택의 경제학

희소성은 단지 소비자의 개인 심리에만 국한되지 않기 때문에, 시장 전체의 수요와 공급 구조에도 영향을 미친다. 공급이 제한된 상태에서 수요가 급증할 경우 가격은 상승하고, 이어 투자, 투기, 전매 등 다양한 시장 행위를 유도한다. 대표적으로 리미티드 에디션 운동화, 한정판 피규어, NFT 대체불가능토큰 등의 상품은 희소성 전략을 극대화한 마케팅 사례로 볼 수 있다.

사회 전체가 희소한 자원을 중심으로 구조화되면서, 그 자원을 차지하기 위한 경쟁은 점점 더 치열해지고, 다시 새로운 불균형과 차별성을 생산해낸다. 희소성은 곧 자산의 사회적 상징성을 결정하는 기준이 되며, ‘사회적 지위 소비 conspicuous consumption’, ‘스놉 효과’와 같은 이론으로도 설명된다.

사회적 지위 소비는 한정판 상품이나 고가의 브랜드 제품을 통해 자신의 경제적 능력과 라이프스타일을 과시하고자 하는 행동을 의미한다. 이것은 경제학자 소스타인 베블렌 Thorstein Veblen 의 ‘과시적 소비 이론’에 기반하여 개인이 타인의 인정을

받기 위해 희소성을 지니면서 고가의 상품을 선택하는 현상을 설명한다. 웹툰산업에서는 고급 굿즈, 유료 전용 콘텐츠, 한정 공개 회차 등의 형태로 나타나는데, 팬들은 이들을 소유함으로써 자신이 열성적인 팬임을 입증하고 소속감을 형성한다.

스놉 효과는 다른 사람들이 소비하지 않는 특별하고 희귀한 것을 소비하려는 심리를 뜻한다. 보통은 차별화 욕구에서 비롯되며, 타인과 다른 선택을 통해 독자적인 정체성을 드러내고자 하는 심리로 설명된다. 웹툰에서는 대중적으로 알려지지 않은, 소수의 팬만 알고 있는 작품이나 매니악한 설정을 가진 콘텐츠에 대한 선호로 연결되며, "나만 아는 명작"이라는 심리적 만족과 우월감을 제공한다. 이러한 소비는 일반적으로 콘텐츠의 품질보다는 소비자의 자기표현 욕구에 기초한다.

경제학적 관점에서 보면, 희소한 자원은 높은 가격과 높은 주목도를 얻게 된다. 이 과정에서 정보 비대칭이 심화되면, 실제 가치보다 더 높은 프리미엄이 붙는 버블 현상이 발생할 수 있으며, 시장의 효율성을 왜곡시키는 부작용도 초래할 수 있다. 알아둘 것은 기업과 플랫폼은 이를 전략적으로 활용하여 마케팅 효율을 극대화할 수 있다는 점이다. 희소성 기반의 할인 판매, 타임 세일, 리미티드 에디션은 단기적인 수요를 극대화하고, 브랜드에 대한 주목도를 획기적으로 끌어올리는 방식으로 작용한다.

 웹툰 플랫폼의 선택, 희소성을 연출하라

앞서 설명한 희소성의 원리는 디지털 콘텐츠 시장을 포함 웹툰 산업에도 직접적으로 적용될 수 있다. 디지털 콘텐츠는 본질적으로 무한복제가 가능하다는 점에서 물리적 재화와 달리 희소성이 존재하지 않는 것처럼 보이지만, 플랫폼과 창작자는 다양한 방식으로 인위적인 희소성을 설계하여 그 가치를 극대화할 수 있다. 이미 경험을 했을 '한정적 노출', '플랫폼 독점', '유료화 마감 시간', '초기 공개'와 같은 전략은 콘텐츠 소비자의 심리에 직접적인 영향을 미치는 대표적인 방식이다.

독점 연재는 특정 플랫폼에서만 해당 콘텐츠를 접근할 수 있도록 하여 유통의 범위를 인위적으로 제한하고, 이를 통해 플랫폼에 대한 충성도와 콘텐츠의 희소가치를 동시에 높이는 전략이다. 이와 같은 방식은 소비자들이 "이 플랫폼에 들어오지 않으면 이 작품을 볼 수 없다"는 인식을 갖게 만들어, 콘텐츠를 넘어 플랫폼 자체의 락인Lock-in 효과를 유도한다. 이로 인해 독점 연재는 플랫폼 입장에서 유료 전환율이나 이용자의 체류시간 증가 등의 직접적인 이점을 가져오며, 콘텐츠에 프리미엄 이미지를 부여하는 효과도 동반한다.

반면 비독점 연재는 다양한 플랫폼에 동시에 콘텐츠를 제공함으로써 접근성과 노출 가능성을 최대화할 수 있다. 이때 초기에는 희소성 기반의 주목도는 다소 약해질 수 있지만, 장기적으로는 창작자 브랜드와 팬덤 형성을 중심으로 콘텐츠에 대한 충성도를 이끌어내는 데 유리한 구조다. 강력한 팬덤을 확보한 작가의 경우, 플랫폼에 관계 없이 팬들이 자발적으로 콘텐츠를 찾아 소비하며, 마치 인지도 있는 단일 매장에 소비자들이 장거리 이동이나 대기 시간에도 불구하고 자발적으로 방문하는 현상과 유사하다. 웹툰에서도 이러한 경우, 콘텐츠 자체보다 창작자의 세계관, 캐릭터 구축, 독창적인 연출력 등이 브랜드화되면서 강력한 충성도를 유도하게 된다.

다만 이와 같은 독점 여부의 결정은 단순히 창작자나 CP의 자율적 선택만으로 이루어지지 않으며, 플랫폼의 유통 정책, 마케팅 전략, 독점 콘텐츠 확보를 위한 인센티브 제공 여부 등 시장

환경에 따라 크게 영향을 받는다. 다시 말해 창작자의 전략적 판단뿐 아니라 플랫폼 측의 수요와 서비스 설계 구조가 복합적으로 작용해 최종 연재 방식이 정해진다는 점 역시 중요하다. 따라서 창작자는 희소성 전략의 효과를 극대화하기 위해 자신이 처한 시장 위치, 브랜드 파워, 플랫폼의 생태적 특성 등을 종합적으로 고려한 의사 결정을 내릴 필요가 있다.

상황에 따라 플랫폼은 특정 콘텐츠에 대해 '다음 회차는 유료 공개 후 3일 뒤 무료 공개'와 같은 방식으로 시간 기반의 희소성을 설계하기도 한다. 이는 콘텐츠 자체의 가치를 일정 시간 동안만 프리미엄화시키는 전략이며, 이 역시 소비자의 '지금 아니면 안 된다'는 소비 심리를 자극하는 데 효과적이다. 추천 알고리즘은 이용자의 피드에 제한된 콘텐츠만을 노출시켜, 소비자가 희소하게 노출된 콘텐츠에 대해 더 큰 관심을 갖도록 유도한다.

웹툰산업에서 희소성은 단순히 유통의 범위를 제한하는 것만이 아니라, 콘텐츠의 발견성과 소비 리듬을 설계하는 수단으로도 작용한다. 추천 알고리즘에 의해 노출 빈도가 제한되거나, 랭킹 시스템에서 특정 순위를 차지하는 것 역시 일종의 희소 자원으로 작동한다. 소비자들은 희귀한 콘텐츠, 높은 순위의 작품, 한정된 시기 동안만 공개되는 회차 등에 더 큰 주목을 하며, 이는 창작자의 입장에서는 새로운 유통 전략과 브랜딩 전략을 수립하게 만드는 경제적 환경을 조성한다.

 # 웹툰 서비스는 감정 설계의 기술

콘텐츠 플랫폼을 통한 '희소성'의 개념은 다른 시각으로 접근을 해볼 수도 있다. 웹툰 플랫폼에서 제공되는 콘텐츠의 수가 증가하고 이용자의 선택지가 넓어질수록, 독자는 자신이 소비할 수 있는 시간과 비용, 집중할 수 있는 에너지가 제한적이라는 사실을 더욱 인식하게 된다. 이러한 정황은 웹툰산업의 소비 행동 분석에도 적용된다. 아무리 웹툰을 좋아하고 열정적인 팬이라 하더라도, 하루에 감상할 수 있는 회차수에는 한계가 있으며, 소비 가능한 예산도 제한되어 있다. 이로 인해 이용자는 모든 콘텐츠를 소비할 수 없다는 사실을 직면하고, 결국 어떤 작품은 선택하고 어떤 작품은 포기해야 하는 상황에 놓이게 된다.

이러한 현상은 기회 비용의 논리와 정확히 맞물린다. 하나의 웹툰을 감상하는 선택은 동시에 다른 여러 웹툰을 감상할 수 있는 기회를 포기하는 것이며, 이 선택이 반복되다 보면 독자 스스로 피로를 느끼거나, 지나치게 복잡한 선택 구조에 스트레스를 받아 소비 자체를 회피하게 되는 결과도 발생할 수 있다. 이를 행동 경제학에서는 '선택 과부하choice overload'라고 부르며, 희소성이라는 개념이 단지 공급의 부족이 아니라, 선택 가능성의 과잉 속에서 생기는 새로운 형태의 희소성, 다시 말해 '시간과 인지적 여유의 희소성'으로도 나타날 수 있다는 점을 시사한다.

이와 같은 경우들은 플랫폼과 창작자 모두에게 선택지를 제공

서범강의 웹툰 경제학

한다. 창작자는 자신의 콘텐츠를 독점 구조 안에서 마케팅 자원과 노출 기회를 얻을 수도 있고, 혹은 비독점 구조를 통해 다양한 플랫폼에서 노출되며 팬덤을 축적해 나갈 수도 있다. 반면 웹툰 플랫폼은 단지 콘텐츠의 양을 늘리는 것보다, 소비자의 선택 구조를 단순화하고, 큐레이션과 추천 알고리즘을 통해 시간과 에너지라는 자원을 전략적으로 활용하도록 돕는 것이 중요해진다. 동시에 창작자는 자신의 콘텐츠를 어떻게 포지셔닝할지, 다시 말해 '무엇을 포기하게 만드는가'가 아니라 '왜 이것을 선택해야 하는가'를 설득력 있게 전달하는 스토리텔링 전략과 유통 전략이 필요한 것이다.

이때 중요한 포인트는 다음과 같다.

첫째, 희소성은 자원의 절대량 문제에서 시작하지만, 소비자의 인지적 부담과 감정적 동기를 포함한 복합적 선택 환경 속에서 진정한 가치가 발휘되도록 한다.

둘째, 희소성 전략이 단순히 제한이라는 부정적인 개념이 아니라, 오히려 콘텐츠의 가치를 재정의하고, 창작자의 브랜드를 강화하며, 소비자의 선택을 유도하는 긍정적 메커니즘으로 작용할 수 있다는 점이다.

웹툰산업의
희소성의 법칙

결국 희소성은 인간의 행동을 유도하고, 경제적 선택을 구조화하는 보편적인 원리로 상품의 판매 전략, 소비자의 심리 구조, 사회적 위계 형성, 디지털 콘텐츠 유통 방식 등 다양한 층위에서 작동한다. 웹툰산업도 예외는 아니며, 유통 플랫폼은 이 희소성의 법칙을 바탕으로 독점과 비독점 전략, 유료화 시점, 노출 방식 등을 설계하여 독자의 주목도와 소비 행동을 유도하고 있다. 창작자는 이 구조를 이해하고, 자율성과 안정성 사이에서 자신에게 가장 적합한 유통 방식을 전략적으로 선택할 필요가 있다. 희소성은 리스크이자 기회이며, 올바르게 활용할 경우 가장 강력한 브랜딩 도구가 될 수 있다.

더불어, 웹툰 플랫폼과 작가는 단순히 단기적 희소성에만 의

서범강의 웹툰 경제학

존할 것이 아니라, 장기적으로는 콘텐츠의 내재적 가치와 스토리의 지속성, 팬덤과의 신뢰 관계를 중심으로 하는 브랜드 자산 구축이 필요하다. 희소성은 순간적인 선택을 이끌어낼 수 있지만, 궁극적인 충성도와 지속 가능한 생태계를 형성하기 위해서는 콘텐츠 자체의 품질과 진정성이 뒷받침되어야 한다. 그런 점에서 웹툰산업은 희소성과 풍요성, 독점과 개방성 사이의 균형을 어떻게 설계하느냐에 따라 미래의 구조가 달라질 수 있으며, 단지 유통 전략이 아닌, 문화적 창작 생태계 전체의 구조 설계와도 밀접히 연관되어 있다.

## 10장

협력이냐 경쟁이냐, 전략이 곧 생존이다

협상 테이블 위의 전략,
윈-윈'은 가능한가?

게임 이론으로 본 전략의 경제학

게임 이론Game Theory 은 수학, 경제학, 심리학, 논리학 등 다양한 학문 분야의 이론과 방법론을 바탕으로 발전한 학제적 이론으로, 여러 의사 결정 주체들 간의 전략적 상호작용을 정량적이고 논리적으로 분석하는 학문이다. 다시 말해 각 주체의 선택이 상대방의 선택에 영향을 주고, 그 결과가 다시 자신의 전략에 되돌아오는 복잡한 상호의존적 상황에서, 이들이 어떤 전략을 선택할 것인지 예측하고 설명하는 것이 게임 이론의 본질적 목적이다.

게임 이론은 제한된 자원, 상충하는 이해관계, 정보의 불완전성이 존재하는 상황 속에서 인간 혹은 조직의 합리적 또는 준합리적 선택을 분석하고자 할 때 매우 효과적인 도구로 활용된다. 말하자면, 한 주체의 행동이 다른 주체의 선택에 영향을 미치고, 동시에 그들의 선택이 다시 본인의 선택에 영향을 주는 다층적인 관계 속에서, 어떻게 최선의 전략을 도출해 낼 수 있는지를 연구하는 것이 게임 이론의 핵심이다.

게임 이론은 경제학뿐만 아니라 정치학, 생물학, 사회학, 컴퓨터 과학 등 다양한 분야에서 활용되며, 특히 자원이 제한되어 있고 이해관계가 충돌하는 환경에서 합리적인 선택과 그에 따른 결과를 예측하는 데 매우 유용한 도구로 쓰인다.

게임 이론은 1944년 수학자인 존 폰 노이만 John von Neumann 과 경제학자인 오스카 모르겐슈테른 Oskar Morgenstern 이 공저한 《게임 이론과 경제행동 The Theory of Games and Economic Behavior 》에서 처음 정식으로 체계화되어 학계에 소개되었다. 이 책은 게임 이론이 경제적 의사 결정에 어떻게 적용될 수 있는지를 본격적으로 다룬 최초의 이론적 기초로 간주된다. 이로 인해 게임 이론은 단순한 수학적 모형을 넘어 경제 행위자들 간의 상호작용과 전략적 선택을 이해하고 설명하는 강력한 분석 도구로 자리 잡게 되었다.

게임 이론의 대표적인 구분 방식 중 하나는 '제로섬 게임 zero-sum game '과 '논제로섬 게임 non-zero-sum game '이다. 제로섬 게임은 말 그대로 이득과 손실의 총합이 0이 되는 게임이다. 한 쪽이 이익을 얻으면 반드시 다른 쪽은 그만큼 손해를 입는 상황이 되는 것이다. 일명 '돈 놓고 돈 먹기'와 같은 경우처럼 포커나 카드

  서범강의 웹툰 경제학

게임, 체스, 장기, 바둑이나 프로 스포츠 경기와 내기 등이 이에 해당하며, 경쟁이 치열하고 이기고 지는 것이 명확하게 구분되는 상황일수록 제로섬 게임의 구조가 확연히 드러난다.

다른 케이스로 논제로섬 게임은 참가자들이 동시에 이익을 얻거나 동시에 손실을 볼 수 있는 구조를 가진다. 이때에는 협력 가능성이 존재하고, 참가자 간의 전략에 따라 결과가 유동적으로 달라질 수도 있다. 기업 간의 전략적 제휴, 무역 협상, 공공재 생산과 관리, 국제 환경 협약 등이 논제로섬 게임의 예시로 꼽힌다. 게임 이론의 실제 사례로는 죄수의 딜레마 Prisoner's Dilemma, 반복 게임 Repeated Game, 치킨 게임 Chicken Game 등이 있다.

 ## 협상 없는 게임, 딜레마의 반복

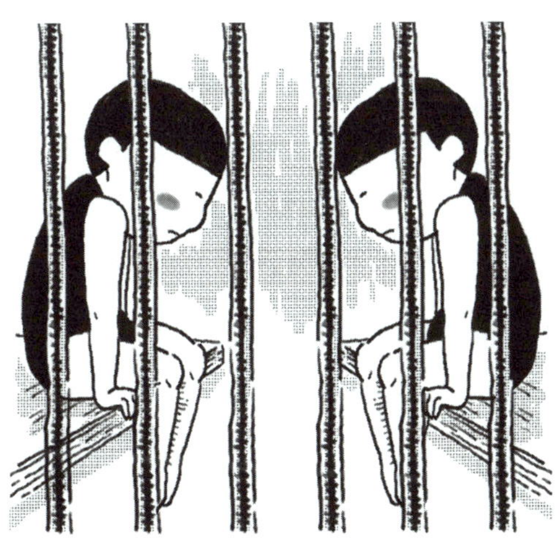

죄수의 딜레마는 협력이라는 선택이 양측 모두에게 가장 유리한 결과를 가져오지만, 상대방이 협력하지 않고 배신할 경우 자신이 가장 큰 피해를 입을 수 있다는 불안감 때문에 결국 서로를 신뢰하지 못하고 양측 모두 배신을 선택하게 되는 구조다. 이로 인해 결과적으로는 협력보다 열등한 결과에 도달하게 되며, 전략적 상황에서 개인의 합리적 선택이 집단 전체의 비효율을 초래할 수 있음을 보여준다. 이러한 딜레마는 제한된 정보와 신뢰 부족이 있는 상황에서 협력의 어려움을 경제학적으로 설명하는 대표적인 예시로 사용된다.

 반복 게임과 신뢰의 경제학

반복 게임은 동일한 게임이 여러 차례 반복되면서 각 주체가 이전 선택에 대한 결과를 경험하고 상대방의 행동을 학습하게 되는 구조를 통해, 협력의 가능성이 점차 증가하는 경향을 보인다. 상호 간 영향력이 작용하면서 반복되는 상황에서는 단기적인 이익보다는 장기적인 관계 유지가 더 큰 가치를 가지게 되며, 과거의 협력이나 배신이 미래의 전략에 영향을 주는 '그림자 효과shadow of the future'가 작용하게 된다.

그림자 효과의 개념은 반복 게임에서 핵심적인 역할을 하며, 사람들이나 조직이 어떤 상대방과 앞으로도 계속해서 관계를 이어가야 할 경우, 단기적인 이익을 취하기보다 장기적인 신뢰와 협력을 선택할 가능성이 높아진다는 점을 설명한다. 따라서 반복 게임의 구조에서는 신뢰를 기반으로 한 협력이 더욱 안정적으로 정착할 수 있으며, 경제 주체 간의 상호 호의적인 관계가 지속될 수 있는 기반을 제공하게 된다. 이것은 장기적 파트너십이 중요한 웹툰산업, 콘텐츠 제작 산업에서 실질적인 협력과 신뢰 구축을 유도하는 이론적 설명으로 활용될 수 있다.

 하이리스크 로우리턴의 함정, 치킨 게임의 경고

치킨 게임은 서로 물러서지 않으면 극단적 충돌이나 파국으로 이어질 수 있는 상황에서, 어느 쪽이 먼저 포기하거나 물러설지를 두고 벌이는 전략적 대결을 의미한다. 이 게임의 핵심은 '양보하지 않는 자세'가 겉으로는 강하게 보일 수 있지만, 실제로는 자신도 큰 피해를 입을 수 있다는 점이다. 보통 이러한 상황은 하이리스크 로우리턴high-risk low-return, 다시 말해 감수해야 할 위험은 매우 큰 반면, 얻을 수 있는 이익은 상대적으로 적은 구조를 띠게 되기 때문에 비합리적인 전략이 될 수 있다.

극단적 대립을 감수하면서까지 양보하지 않는 태도는 심리적으로는 강경한 입장을 고수하는 것처럼 보일 수 있으나, 결과적으로는 양측 모두에게 손실을 안겨주는 무모한 게임이 될 가능성이 높다. 대표적인 예로는 협상에서 서로가 물러서지 않을 경우 계약 결렬이라는 손해를 모두가 보게 되는 상황, 웹툰 플랫

폼 간의 과도한 경쟁으로 인해 적정 수준을 벗어나는 수수료 인하나 투자로 서로가 손해를 보게 되는 사례, 창작자와 웹툰 기업 간의 무리한 대립으로 실속보다 상호 손실이 커지거나 양쪽 모두 혜택을 포기하게 되는 경우를 들 수 있다.

이 게임 구조에서는 상대방의 전략을 정확히 예측하고, 상대보다 먼저 양보하지 않으면서도 적절한 타협점을 찾는 능력이 중요하다. 이처럼 치킨 게임은 단순한 경쟁을 넘어서 심리전과 전략적 판단이 혼합된 복잡한 게임으로, 실제 산업현장에서 종종 나타나는 갈등 구도와 매우 유사하다.

논제로섬 게임의 착시:
왜 제로섬처럼 보이는가?

 서로 이기는 게임을 설계하라

웹툰산업에서의 게임 이론적 분석은 다양한 주체 간 관계를 이해하고 개선하는 데 매우 효과적이다.

첫째, 창작자와 웹툰 플랫폼의 관계는 대표적인 논제로섬 게임이다.

창작자는 자신의 콘텐츠를 유통하기 위해 플랫폼의 기술력, 마케팅 인프라, 사용자 기반을 필요로 하고, 플랫폼은 양질의 콘텐츠를 확보함으로써 사용자 유입과 광고 및 결제 수익을 얻는다. 협력이 잘 이루어질 경우 양측 모두 이익을 얻을 수 있는 구조이다. 그러나 불공정한 계약 조건, 수익 분배의 불균형, 창작권 침해 등의 문제가 발생할 경우, 이 관계는 비효율적으로 전락하게 된다.

이러한 문제를 방지하려면 계약 조건의 명확한 표준화, 창작자에 대한 권리 보장, 플랫폼 간 경쟁을 통해 대안을 마련할 수 있는 구조가 필요하다. 이를 위해 플랫폼은 일정 수익 이상을 창작자에게 보장하거나, 투명한 수익 정산 시스템을 제공함으로써 장기적 협력관계를 유도할 수 있다.

여기서 주목해야 할 점은, 창작자와 플랫폼의 관계가 논제로섬 게임 구조임에도 불구하고, 현실에서는 종종 제로섬 게임처럼 인식된다는 점이다. 몇 가지 요인을 살펴보면 다음과 같다.

첫째. 수익 분배나 정산 구조에 대한 정보가 비대칭적일 경우, 창작자는 플랫폼이 과도한 이익을 가져가고 있다고 인식할 수 있다.

단기적인 수익에만 집중하는 사고방식은 상호 협력보다는 자신의 몫을 먼저 확보하려는 경쟁적 태도를 강화시키며, 논제로섬의 가능성을 제한한다. 플랫폼과의 관계에서 과거에 부정적인 경험을 가진 창작자는 향후 협력 가능성보다 불신에 기반한 대응을 하게 되며, 협력적 구조를 깨뜨리는 결과를 초래할 수 있다. 이러한 현상은 실제로는 협력하면 더 큰 이익을 얻을 수 있음에도 불구하고, 심리적 손실 회피 성향이나 불완전한 정보로 인해 논제로섬이 제로섬처럼 왜곡되는 대표적인 사례다.

둘째, 창작자와 스튜디오 또는 제작사의 관계 또한 논제로섬 게임에 해당한다.

창작자는 스토리와 콘티, 캐릭터 설정 등 창의적인 기획을 담당하고, 스튜디오는 작화, 채색, 편집 등 제작 전반을 실행하는 전문 조직이다. 이들은 분업과 협업을 통해 콘텐츠를 생산하는 공동체로 기능하며, 장기적으로는 공동의 브랜드 자산과 IP를 형성할 수 있다. 하지만 창작자의 권리가 충분히 보장되지 않거나, 스튜디오가 과도한 부담을 떠안는 구조가 지속된다면 갈등이 발생할 수 있다.

대표적으로 원천 IP의 귀속 문제, 수익 배분의 투명성, 일정 조율의 유연성 등이 핵심 쟁점이다. 이 관계 또한 반복되는 협력 게임으로 바라볼 수 있으며, 장기적 신뢰와 상호 이익을 위한 구조가 마련된다면 긍정적인 결과를 도출할 수 있다. 그러나 이 경우에도, 불공정한 수익 구조, 계약 미비, 인정받지 못하는 기여 등에 의해 제로섬 인식이 강화되면 갈등의 골이 깊어질 수 있다.

셋째, 독자와 창작자의 관계도 논제로섬 게임 구조를 따른다.
독자가 웹툰을 열정적으로 감상하고, 댓글을 달고, 작품을 공유하거나 후원할수록 창작자는 창작 동기를 얻고 작품의 질을 높이게 된다. 그러한 맥락에서 상호 긍정적 피드백 구조를 강화

하는 요소이기도 하다. 그러나 악성 댓글을 지속적으로 달거나, 정당한 보상 없이 콘텐츠를 요구하는 태도, 불법 공유 등은 창작자의 창작 의지를 꺾고 결과적으로 콘텐츠의 질 하락으로 이어질 수 있다.

부정적 상황이 반복되면, 독자의 인식 부족이나 창작자 보호 시스템의 미비로 인해 제로섬적인 감각이 강화될 수 있어 주의가 요구된다. 해법으로 플랫폼은 창작자를 보호하는 기능신고, 차단, 비공개 댓글 기능 등 을 강화하고, 독자에게 창작의 가치를 알리는 캠페인이나 응원 시스템을 통해 건전한 커뮤니티 문화를 유도할 필요가 있다.

서범강의 웹툰 경제학

넷째, 독자와 플랫폼의 관계도 논제로섬 게임으로 해석된다.

플랫폼은 독자에게 양질의 콘텐츠를 제공하고, 독자는 이를 소비하면서 플랫폼의 수익 창출에 기여한다. 이 상호 보완적 관계는 서비스 경험과 콘텐츠 접근성에 따라 지속성과 충성도에 영향을 받는다. 하지만 유료화 전환의 투명성 부족, 과도한 광고, 큐레이션 실패 등은 독자의 이탈을 불러오며, 결국 플랫폼의 수익 저하로 직결된다.

이를 방지하기 위해 플랫폼은 개인화 추천 시스템, 광고 노출 최소화, 사용성 높은 UI/UX 설계 등을 통해 독자의 만족도를 극대화할 필요가 있다. 그러나 독자가 플랫폼이 제공하는 콘텐츠나 서비스의 질에 비해 지불하는 대가를 불공정하다고 판단할 경우, 역시 제로섬처럼 인식되어 충성도가 저하될 수 있다.

게임의 법칙, 집단 행동 문제와 웹툰산업

웹툰산업 내에서의 게임 이론 적용은 단순한 경쟁관계를 넘어서, 각 주체 간의 협력 가능성과 그 조건들을 분석하고 조정하는 데 유용한 틀을 제공한다. 이때 논제로섬 게임 구조임에도 불구하고 제로섬처럼 인식되어 갈등이 심화되는 상황은, 정보의 불균형, 단기적 사고, 불신 구조, 인지 편향 등에 의해 발생할 수 있다는 점을 인식해야 한다. 모든 주체가 이득을 공유할 수 있는 구조, 다시 말해 '상생의 논제로섬 게임'을 실현하기 위해서는 공정한 수익 배분 모델, 권리와 책임의 균형 있는 배분, 그리고 반복 게임이라는 인식을 통한 장기적 신뢰 구축이 필수적이다.

웹툰산업 역시 일회성 계약이 아닌, 지속 가능한 파트너십을 지향해야 하며, 이를 통해 창작자의 지속 가능성, 플랫폼의 성장성, 독자의 만족도를 함께 고려한 전략을 통해 실현할 수 있다. 이러한 전략 설계는 집단 행동 문제 Collective Action Problem 와도 밀접하게 관련되어 있다. 이는 개인의 이성적 최선 행동 Personal best choice 의 합이 사회적 최선 Social best choice 과 일치하지 않는 경우를 말하며, 웹툰산업에서도 각 주체가 자신의 이해관계만을 따를 경우 산업 전체의 효율성과 지속 가능성이 저하될 수 있음을 시사한다.

따라서 사회적 최선을 위한 개인의 양보를 이끌어내기 위해서는, 계약의 유연성, 인센티브 구조의 설계, 투명한 정보 공유 시스템 등 개인을 보다 집단적 이익으로 유도할 수 있는 장치가 필요하다. 여러 종합적인 상황들을 고려해 볼 때, 게임 이론은 전략적 사고의 틀을 제공하며, 웹툰산업 내 모든 주체가 보다 정교하고 실리적인 협력 구조를 설계하는 데 중요한 이론적 기반이 된다.

11장

창작은 자유, 시장의 로직은 자유인가?

디지털 시대의 보이지 않는 손,
알고리즘은 자유를 설계하는가?

수요와 공급의 법칙과 '보이지 않는 손'

애덤 스미스Adam Smith, 1723-1790 는 스코틀랜드 출신으로 파이프 커콜디에서 세무관리의 아들로 태어난 경제학자이자 도덕철학자로, 근대 경제학의 아버지라 불리는 인물이다. 그는 경제적 자유주의와 시장 중심의 자원 배분 원리를 이론적으로 정립한 인물로, 경제학사에서 가장 영향력 있는 학자로 손꼽히기도 한다.

계몽주의 시대인 1776년 3월 9일에 출판된 대표 저서인 《국부론The Wealth of Nations 》은 국가의 경제력, 그러니까 한 국가가 얼마나 잘 사는지를 어떻게 판단하는가에 대한 내용을 담고 있다. 말하자면, 시장경제의 기본 원리인 분업, 생산성, 자유무역, 경쟁, 수요와 공급, 가격 메커니즘, 그리고 '보이지 않는 손invisible hand '이라는 개념을 포괄적으로 설명한 경제학의 기초 문헌

이다.

《국부론》에서 스미스는 국부國富의 원천이 단순한 금이나 은과 같은 국고의 자산이 아니라, 개인의 노동과 생산성을 통해 나라가 얼마나 다양하고 많은 물건을 생산할 수 있는가에 따라 경제력을 판단한다고 하고 있다. 그 결과로 창출된 재화와 서비스의 총량이 경제력이라는 점을 강조하면서, 시장 참여자들이 각자의 이익을 추구하는 과정에서, 자연스럽게 자원이 효율적으로 배분되고 전체 사회의 복리로 이어진다고 주장했다.

이때 애덤 스미스가 제시한 '보이지 않는 손invisible hand'의 개념은 현대 시장경제의 근간을 이루는 핵심적인 이론으로, 시장에서 개별 주체들의 자율적 행동이 집단적으로 질서를 창출하고 자원 배분의 효율성을 유도하는 메커니즘을 설명한다. 이 개넘은 단순한 비유를 넘어, 인간의 이기심과 합리적 선택이 어떻게 사회 전체의 복리로 이어질 수 있는지를 규명하는 경제학의 중요한 통찰 중 하나로 평가받는다.

이는 개별 경제 주체가 중앙 지시 없이 자신의 이익을 추구하는 과정 속에서 가격 체계가 형성되고, 이 가격이 수요자와 공급자에게 신호를 전달함으로써 자원이 최적화되어 배분되는 과정을 정교하게 설명하는 기능적 이론이다. 동일한 맥락에서 '보이지 않는 손'은 시장의 자생적 질서, 가격 메커니즘, 분산적 의사결정의 조화라는 현대 경제 시스템의 기초를 이해하는 데 있어 필수적인 틀로 자리매김했다.

그 최초의 개념이 바로 1776년 출간된 《국부론》에서 등장하며, 개인이 자신의 이익을 추구하는 과정에서 보이지 않는 손에 의해 사회 전체의 자원 배분이 효율적으로 이루어진다는 접근으로 통찰을 제공한다. 시장 참여자들이 이기적인 동기로 행동하더라도 그 결과가 공공의 이익으로 귀결되는 이 메커니즘은 시장의 자율성과 효율성을 강조하며, 수요와 공급의 법칙과 밀접하게 연결된다.

실제로 다양한 경제활동과 과정에서 이러한 현상은 빈번히 관찰된다. 가령, 특정 지역에서 갑자기 빵집이 줄어들어 빵 가격이 상승하게 될 경우, 다른 지역의 제빵업자들이 해당 지역으로 진출하여 가격을 조정하고 공급을 회복시키는 것을 볼 수 있다. 이러한 시장 내 자율 조정 현상은 중앙의 계획이나 명령 없이도 사회 전체의 수급 균형을 조절하는 원리와 구조로 작동한다. 이러한 자생적 질서의 힘은 물리적 재화뿐 아니라 지식, 정보, 콘텐츠 등의 무형 자산에도 확장되어 작동하므로, 점점 더 복잡해지는 현대 사회와 함께 중요성이 더욱 커지고 있다.

수요와 공급이 만드는 가격과 자원의 메커니즘

수요와 공급의 법칙은 시장경제 체제에서 가격 형성과 자원 배분의 구조를 설명하는 근본적인 원리로, 개별 시장 참여자들의 자율적인 의사 결정이 전체 경제활동을 어떻게 유기적으로 움직이는지를 분석하는 틀로 작용한다. 이 원리는 재화와 서비스의 희소성, 효용 극대화, 이윤 추구 등의 경제학적 전제를 바탕으로 시장 질서의 자생적 형성과정을 이해하는 데 필수적이다. 소비자와 생산자가 각자의 선호와 이익을 기반으로 행동할 때, 수많은 개인의 선택이 가격 신호를 통해 조정되고 자원이 가장 효율적인 방향으로 이동하게 되는데, 다음의 두 가지 핵심 원칙을 통해 작동한다.

• 수요의 법칙

다른 조건이 일정할 때, 어떤 재화의 가격이 상승하면 수요량은 감소하고, 가격이 하락하면 수요량은 증가한다. 이는 소비자

　서범강의 웹툰 경제학

가 가격 변화에 민감하게 반응하며, 자신의 효용을 극대화하려는 성향에서 비롯된다. 커피 가격이 오르면 일부 소비자는 차로 대체하거나 소비량을 줄인다. 이와 같은 반응은 소비자들이 제한된 자원을 최대한 효율적으로 활용하려는 합리적 판단을 보여주는 사례이다.

• 공급의 법칙

다른 조건이 일정할 때, 가격이 상승하면 공급량은 증가하고, 가격이 하락하면 공급량은 감소한다. 이는 생산자들이 이윤 극대화를 목표로 삼기 때문에, 더 높은 가격에는 생산 확대를 유도하는 결과를 낳는다. 원자재 가격의 변화, 기술 발전, 노동력 수급 등은 공급의 유연성에 영향을 미치며, 결과적으로 가격 결정 구조에 큰 영향을 준다.

이때 두 법칙이 만나는 지점, 다시 말해 수요량과 공급량이 일치하는 가격을 '균형 가격equilibrium price '이라 하며, 시장은 초과수요나 초과공급 없이 안정된 균형 상태를 형성한다. 이 균형점은 지속적으로 변화하는 시장 조건에 따라 유동적으로 조정되며, 그 과정에서 경제는 자원의 희소성을 반영한 효율적인 배분을 가능하게 한다. 이는 단순한 경제 원리를 넘어 실생활 속 다양한 의사 결정 과정과도 밀접하게 연결되어 있다.

 보이지 않는 손이 움직이는 자율적 시장의 본질

'보이지 않는 손'은 경제 주체들이 개인의 이익을 추구하는 과정에서 의도치 않게 사회 전체의 효율성과 질서를 유도하는 자발적 조정하게 되는 현상을 의미한다. 이러한 자원 배분은 중앙정부의 계획이나 강제적 개입 없이 이루어지며, 시장 참여자 각각의 선택이 상호작용을 통해 결과적으로 전체 경제에 긍정적인 영향을 미치게 된다. 각자의 자율적인 결정이 집단적 차원의 효율적 분배로 연결된다는 점에서 시장은 외부에서 직접 보이지 않지만 강력하게 작동하는 조정 원리에 따라 움직이며, 이는 경제학에서 '자생적 질서 spontaneous order'의 대표적인 개념으로 자주 인용된다.

오늘날의 디지털 시장이나 플랫폼 경제에서도 이 개념은 유효하게 적용되며, 알고리즘 기반 추천 시스템, 사용자 행동 데이터를 통한 자동화된 가격 및 콘텐츠 조정 시스템 등이 '보이지 않는 손'의 현대적 구현으로 볼 수 있다. 결국 웹툰과 같은 창작 콘텐츠 산업에서도 독자의 반응, 조회수, 유료화 전환율과 같은 시장의 자율적 신호를 통해 창작자와 플랫폼이 콘텐츠 기획 및 공급 전략을 조정하게 되는 구조와도 연결된다. 따라서 '보이지 않는 손'은 이론적 상징과 개념을 넘어, 디지털 경제와 창작산업 전반의 자율성과 유연성, 분산적 조정 능력을 설명하는 핵심적 프레임으로 작동될 수 있다.

다만 애덤 스미스의 핵심 개념인 '보이지 않는 손'과 '수요와 공급의 법칙'은 여전히 시장경제를 이해하는 데 유효한 기본 원리로 작용하지만, 현대 경제는 18세기와는 비교할 수 없을 정도로 복잡하고 다층적인 구조를 갖고 있으며, 이에 따라 애덤 스미스의 사상을 무비판적으로 받아들이기보다는 현대적 맥락에 맞게 재해석하고 보완할 필요가 있다.

 보이지 않는 손의 한계와 제도적 보완

보이지 않는 손은 자원의 자율적 배분을 가능케 하지만, 항상 이상적인 결과를 보장하지는 않는다. 여러 경우에서 시장 실패 market failure 가 발생하며, 이는 자율 조정만으로는 해결할 수 없는 문제를 야기한다. 대표적인 사례는 다음과 같다.

• 외부 효과 Externalities

어떤 경제 주체의 활동이 제3자에게 긍정적 혹은 부정적 영향을 미치지만, 이 영향이 시장 가격에 반영되지 않을 때 문제가 발생한다. 공장의 대기오염은 지역 주민에게 건강 피해를 주지만, 이 비용은 상품 가격에 포함되지 않는다. 반대로 백신 접종은 외부에 긍정적 효과를 주지만, 개인이 그 혜택을 가격으로 보상받지 못한다.

• 공공재 Public Goods

국방, 치안, 기초 과학 연구처럼 비배제성과 비경합성을 지닌 재화는 시장에서 수익성을 확보하기 어려워 민간 부문에서 자발적으로 공급되기 힘들다. 이로 인해 정부의 직접 제공이나 재정 지원이 요구된다.

• 정보의 비대칭 Asymmetric Information

거래 당사자 간 정보 불균형은 잘못된 의사 결정과 시장 왜곡을 초래한다. 대표적인 예로 중고차 시장에서 차량의 상태에 대해 판매자는 잘 알고 있지만, 구매자는 그렇지 않기 때문에 신뢰 기반의 거래가 어렵다.

• 자연 독점 Natural Monopoly

특정 산업에서 규모의 경제로 인해 단일 공급자가 시장 전체를 장악하는 것이 더 효율적일 경우, 경쟁이 제한되며 가격 책정의 왜곡이 발생할 수 있다. 이는 수도, 전기, 철도 등 기반 시설 분야에서 자주 나타난다.

이러한 문제들은 시장의 자율성과 보이지 않는 손만으로는 충분히 해결되기 어려우며, 그로 인해 정부의 규제, 조세 정책, 보조금 제도, 법률적 장치와 같은 제도적 개입을 통해 시장 실패를 교정하고 전체적인 사회 후생을 증진시킬 필요성이 대두된다. 단순히 시장의 구조와 작용에만 의존하기보다는, 제도적 틀과

서범강의 웹툰 경제학

규범적 조건이 함께 작동하여야 시장이 본래의 기능을 건강하게 수행할 수 있게 되는 것이다.

현대 경제 시스템에서는 자율성과 공공성이 동시에 요구되며, 이 둘의 정교한 균형에 따라 시장의 지속 가능성과 분배 정의를 결정짓는 핵심 요인이 된다. 이러한 맥락은 디지털 경제나 창작 산업과 같은 비정형적 시장 영역에서도 그대로 적용되며, 시장의 유연성과 정부의 조정 능력이 함께 어우러질 때 비로소 지속 가능하고 생산성 있는 경제 질서를 구축할 수 있다.

 디지털 전환과 새로운 시장 구조

오늘날 디지털 경제의 확산과 기술 기반 플랫폼의 비약적 발전은 전통적인 수요와 공급의 법칙이 작동하는 양상에 구조적 변화를 야기하고 있다. 과거의 물리적 시장에서는 가격이 수요와 공급을 조정하는 핵심적 신호로 기능했지만, 디지털 시장에서는 실시간 데이터, 인공지능 기반 알고리즘, 사용자 맞춤형 추천 시스템, 검색 엔진 최적화 SEO, 클릭률 기반 광고 시스템 등 다양한 요소가 가격 이외의 조정 메커니즘으로 등장하고 있다.

이에 더해, 플랫폼 사업자는 정보를 독점하거나 필터링하여 정보의 비대칭을 심화시킬 수 있으며, 이는 시장 참여자의 합리적 선택을 제한하는 요소로 작용되기도 한다. 이런 복합적 구조 때문에 기존 경제학의 단순화된 모형만으로는 설명하기 어려운

역동성과 복잡성을 지니며, 디지털 경제 하에서의 수요와 공급 조정은 더욱 세분화되고 다차원적인 데이터 흐름을 반영하는 새로운 분석틀을 필요로 한다.

• 온라인 플랫폼 경제

소비자의 검색 패턴, 클릭 수, 평가 등이 알고리즘에 반영되어 가격과 제품 노출이 자동 조정된다. 수요 신호를 실시간으로 반영한다는 점에서 보이지 않는 손이 디지털화된 예라 할 수 있다.

• 주식 및 금융 시장

실시간 정보의 확산, 자동화된 알고리즘 거래, 글로벌 연결성은 수요와 공급의 신속한 조정을 가능하게 하지만, 동시에 과도한 반응이나 버블 형성 등 시장 불안을 초래하기도 한다.

• **노동 시장과 인력 배분**

특정 기술직종에 대한 수요가 높아지면 관련 직무의 보상이 상승하고, 교육 시장과 이직 시장에 영향을 미치며 자원의 재분배를 유도한다. 이는 전통적인 수요·공급 이론이 여전히 유효함을 보여준다.

하지만 동시에 디지털 환경에서는 알고리즘 설계에 내재된 편향, 정보 접근성의 격차, 일부 플랫폼의 데이터 독점과 같은 새로운 형태의 시장 실패가 발생하고 있다. 그로 인해 시장 참여자 간 정보의 비대칭성과 선택의 제한을 초래하며, 가격 메커니즘을 통한 자율적 조정이 원활히 이루어지지 못하게 만드는 요인이 된다.

무엇보다 디지털 플랫폼에서는 사용자의 행태 데이터의 독점적 활용이 시장의 투명성을 저해하고, 소비자의 선택권을 축소하는 결과로 이어질 수 있기에 주의가 필요하다. 이러한 상황은 보이지 않는 손이 충분히 작동하지 못하는 환경임을 보여주며, 공정한 경쟁 질서를 확립하고 효율적인 자원 배분을 보장하기 위한 제도적 개입과 정책적 보완의 필요성을 강하게 시사한다.

웹툰과 디지털 경제, '보이지 않는 손'의 재해석

 창작 생태계와 자율적 조정의 원리

웹툰산업에서도 수요와 공급의 법칙이 다양한 방식의 보이지 않는 손의 원리로 적용된다. 창작자, 플랫폼, 독자 간의 상호작용은 자율적인 시장 조정 구조를 형성하며, 디지털 콘텐츠 시장의 특수성을 반영한 경제적 신호의 흐름이 존재하기 때문이다.

● 플랫폼과 작가의 관계

플랫폼은 인기 장르, 구독수, 조회수, 구매 전환율 등 데이터를 기반으로 작가와 작품을 평가하고 큐레이션한다. 인기 있는 장르에는 더 많은 신작이 몰리고, 조회수가 높은 작가는 더 많은 홍보나 프로모션 기회를 얻는다. 이는 수요에 따라 공급이 조정되는 구조를 형성한다.

•작가와 독자의 상호작용

작가는 독자의 피드백, 댓글, 리뷰를 통해 작품의 방향성을 조절하거나 신작 기획에 반영하는 경우가 많다. 수요자의 반응이 생산자의 창작 활동에 직접적인 영향을 주는 구조로, 보이지 않는 손의 대표적 사례라 할 수 있다.

•플랫폼과 독자의 관계

플랫폼은 독자의 선호 데이터를 수집하여 콘텐츠를 추천하거나 가격정책을 설계한다. 이는 시장의 자동 조정 기능을 디지털 환경에서 구현하는 방식이며, 공급자 플랫폼가 직접 가격이나 노출 우선순위를 결정하지 않아도 자율적인 콘텐츠 소비 구조가 형성된다.

이처럼 웹툰산업 내에서도 자율적인 경제 신호가 복잡하게 흐르며, 창작자의 작품 기획, 연재 전략, 유료화 방식, 회차당 가격 결정, 광고 수익 모델, 시즌제 운영 여부와 같은 공급자 측면뿐 아니라, 소비자의 열람 빈도, 결제 패턴, 선호 장르, 이탈률, 구독 유지 기간 등의 수요자 측면에도 깊은 영향을 미친다. 이와 같은 경제적 신호는 플랫폼 알고리즘 설계와 추천 시스템 구성, 노출 순위 결정, 프로모션 배분 방식, 큐레이션 기준 수립에도 반영되어, 생태계 전반의 자율적 조정이 작용되는 원리로 작동한다.

인기 웹툰의 회차별 조회수 급증은 플랫폼 내 유사 장르의 추천 강화로 이어지고, 작가들이 이후의 기획 방향이나 연재 템포, 유료화 타이밍을 조절하게 만드는 유인 요인으로 작용한다. 이처럼 각 주체의 이익 추구가 상호작용하며 형성되는 질서는 가격 신호가 자원 배분에 미치는 영향과 동일한 원리로 작동하는데, 웹툰산업 특유의 '디지털 소비 흔적'이 그 신호로 기능하는 것이 특징이다.

독자의 클릭률, 조회수, 댓글, 별점 등의 지표는 수요의 간접적인 표현으로 기능하며, 작가는 이러한 신호를 바탕으로 이야기 구조나 연재 분량, 콘셉트 등을 조정할 수밖에 없다. 플랫폼 또한 이 데이터를 수집·분석하여 인기 있는 장르와 주제를 중심으로 마케팅 자원을 배분하거나 노출 순위를 조정한다. 다시 말해 웹툰시장에서 수요 신호가 실시간으로 수집·해석되어 공급 조정에 반영되는 구조를 의미하며, 가격이라는 명시적 수단 없이도 자원이 배분되는 보이지 않는 손의 원리가 작동하는 셈이다.

이와 같은 알고리즘 기반의 자율 조정 시스템은 수요와 공급의 법칙이 디지털 콘텐츠 산업에 맞게 확장된 결과이며, 플랫폼은 사용자 반응을 반영한 콘텐츠 큐레이션을 통해 시장의 자생적 질서를 형성한다. 이 과정은 경제학적으로 가격 신호가 시장 참여자의 의사 결정에 영향을 미치는 양상과 유사하며, 보이지 않는 손의 작용을 창작 콘텐츠 시장에서 확인할 수 있는 사례이기도 하다.

하지만 이러한 시장 신호가 항상 공정하고 효율적으로 작동하는 것은 아니다. 정보 비대칭, 특정 인기 작가나 장르에 대한 쏠림 현상, 플랫폼 알고리즘의 편향 등은 일부 창작자에게 과도한 기회를 부여하거나 신규 진입자의 발언권을 축소시켜 창작 생태계의 다양성을 위협할 수 있다. 또한 일부 독자 집단의 과도한 영향력은 콘텐츠의 실험성과 창의성을 제약하는 요소로 작용할 수 있다. 따라서 창작자의 창의적 자유와 신진 작가의 기회를 보장하고, 독자의 콘텐츠 선택권을 실질적으로 확대하며, 공정하고 지속가능한 유통 구조를 확보하기 위한 정책적이고 구조적인 보완 장치가 필요하다.

이때 수요와 공급의 원리가 창작 생태계에서 왜곡 없이 긍정적으로 작동하도록 하기 위해서는, 추천 알고리즘의 투명성, 노출 정책의 다변화, 차별 없는 수익 배분 구조 등의 설계가 필수적이다. 이를 통해 시장의 자율성과 공공성이 균형을 이루는 기반을 조성하며, 단기적 성과에 치우치지 않고 장기적으로 산업 전체의 창의성과 지속 가능성을 담보하는 핵심 요소로 작동한다.

 ## 경제학 원리와 사회적 통찰의 균형

수요와 공급의 법칙과 보이지 않는 손은 시장경제의 자율성과 효율성을 설명하는 가장 기본적이면서도 강력한 경제학적 핵심 원리로, 오늘날의 복잡하고 다층적인 경제 구조에서도 여전히 그 유효성을 입증하고 있다. 자율적인 거래 구조와 정보의 흐름이 수요와 공급의 상호작용 속에서 균형을 이루며, 시장 참여자 간 의사 결정의 효율성과 민감한 반응성을 가능하게 만든다.

우리는 수요와 공급이라는 경제학의 기본 원리를 깊이 이해함과 동시에, 이 원리가 작동하는 사회적·제도적 맥락을 입체적으로 분석할 필요가 있다. 반면 웹툰산업과 같이 디지털 기술과 창작 활동이 융합된 고도화된 콘텐츠 시장에서는, 보이지 않는 손의 작동 원리가 단순한 시장의 자율 조정 차원을 넘어 알고리즘 기반의 새로운 형태의 시장 구조를 만들어 낸다는 것을 알아냈다.

수요자독자의 무의식적 클릭, 검색, 구독 행동이 플랫폼을 통해 실시간으로 수집되고 해석되어 작가의 창작 방향, 플랫폼의 마케팅 전략, 유료화 정책 등 공급 구조 전반에 영향을 미치는 보이지 않는 손이 웹툰산업의 자율성과 구조적 조정을 동시에 이끄는 메커니즘으로 작용하고 있다는 점을 보여준다.

그러나 동시에, 데이터 독점, 알고리즘 편향, 콘텐츠 다양성 저해와 같은 디지털 환경 특유의 시장 실패 가능성도 병존하기 때

서범강의 웹툰 경제학

문에, 경제학 원리를 단순 이론으로 수용하는 데 그치지 않고, 이를 실제 산업 구조에 맞게 해석하는 통합적 접근이 요구된다. 이러한 원리들을 바탕으로 복합적이고 정교한 설계를 통해서만, 우리는 경제적 효율성과 사회적 정의가 조화를 이루는 지속 가능한 창작 생태계를 구축할 수 있을 것이다.

애덤 스미스는 분명 현대 경제학의 위대한 출발점이지만, 그의 이론은 당시 산업 구조와 기술 조건을 전제로 한 것이다. 따라서 21세기의 디지털 플랫폼 중심 경제, 글로벌 금융 시스템, 행동 경제학의 발견, 알고리즘 시장 구조 등을 고려할 때, 스미스의 이론은 '그 자체로 진리'라기보다는 '참조 가능한 원형'으로 받아들여야 한다.

결론적으로 스미스의 시장 자율성 철학을 유지하되, 정보 비대칭과 권력 집중에 대한 제도적 견제, 다양성과 지속 가능성을 위한 시장 설계, 공공성과 창의성의 균형 등을 함께 고려하는 다차원적 해석이 필요하다. 단순한 과거 이론의 반복이 아니라, 스미스의 정신을 계승하면서도 그 한계를 명확히 인식하고, 동시대적 현실에 맞게 진화시킨 현대 경제학적 실천이라 할 수 있다.

12장

의사 결정, 왜 우리는 실수를 반복하는가?

포기를 모르는 잘못된 끈기의 경제학

교두보에서 배우는 경제학

 ## 전초 기지가 주는 전략적 교훈

교두보 효과Beachhead effect 는 경제학에서 매몰 비용 오류sunk cost fallacy 의 대표적인 사례로, 이미 투입된 자원과 노력에 집착해 비합리적인 결정을 지속하는 현상을 의미한다. 원래 군사 전략에서의 교두보는 적군 지역 해안에 먼저 상륙한 부대가 본격적인 내륙 진격을 위해 반드시 확보해야 하는 전초 기지를 뜻한다. 이는 단순한 거점이 아니라, 해상에서 육상으로의 전환을 가능하게 하고 후속 부대의 안전한 상륙과 병참 지원을 보장하는 핵심 지점이다.

말하자면, 상륙작전에서 확보된 교두보는 포병 배치, 방어 진지 구축, 보급품 하역 등 다양한 군사 활동의 발판이 되며, 이를 잃으면 전체 작전의 성패가 위태로워진다. 그럼에도 불구하고 작전 실패가 예견되더라도 선발대나 후발대 모두 쉽게 철수하지 못하는 이유는, 이미 전개한 병력과 장비를 회수하는 데 따른 위험과 추가 손실 가능성, 철수가 군사적 사기와 정치적 신뢰도에 미치는 부정적 영향, 그리고 기존 계획 변경 시 발생하는 복잡한 지휘·통신 체계의 혼란 때문이다.

이러한 요인들이 결합되어, 합리적으로는 중단이 맞더라도 현실적으로는 작전을 지속하는 결정을 유도하게 된다. 경제학에서는 이 개념을 확장하여, 손실을 최소화하기 위해 사업이나 프로젝트를 중단하는 것이 합리적임에도 불구하고 '여기까지 왔으니 계속해야 한다'는 심리로 인해 더 큰 손실을 감수하게 되는 상황을 설명하는 데 사용한다.

매몰 비용은 이미 지출되어 다시 회수할 수 없는 비용을 의미하며, 이는 현금 지출뿐만 아니라 인력, 시간, 기회 비용 등 모든 형태의 비가역적 투자를 포함한다. 경제학의 기본 원리에 따르면, 합리적인 의사 결정은 이러한 매몰 비용을 전혀 고려하지 않고, 오직 앞으로 발생할 한계 편익과 한계 비용의 비교에 기반해야 한다.

다시 말해, 미래의 순편익 net benefit 을 극대화하는 선택이 유일한 합리적 판단이며, 과거의 지출은 경제적 가치 판단에서 완전히 배제되어야 한다. 그러나 현실에서 사람들은 손실 회피 성향 loss aversion 과 '자원을 낭비하면 안 된다'는 사회적 · 문화적 규범에 영향을 받아, 이미 발생한 비용을 회수하려는 경향을 보인다. 이런 심리가 작동하면 합리적 판단 대신 비효율적인 선택이 이어지고, 자원 배분의 효율성이 저하된다.

 ## 전장의 심리, 시장의 심리

현실에서 교두보 효과는 매우 구체적이고 다양한 형태로 나타난다. 한 기업이 신제품 개발에 이미 수십 억 원의 자금과 수년간의 연구 인력을 투입했는데, 최종 시장 조사 결과에서 해당 제품의 수익성이 낮게 나왔다고 하자. 합리적인 판단이라면 즉시 프로젝트를 중단하고 손실을 최소화해야 하지만, 경영진은 "여기까지 투자했으니 끝을 보자"는 심리와 내부 정치적 부담, 투자자 설득 문제로 인해 사업을 강행하게 된다. 이는 추가적인 마케팅 비용, 생산 설비 투자, 재고 관리 부담 등 연쇄적인 비용 증가로 이어진다.

개인의 경우도 마찬가지다. 이미 돈을 지불한 공연 티켓이 있지만 공연 당일 갑작스러운 건강 악화나 악천후가 발생했을 때, '아까우니 가야 한다'는 생각으로 무리하게 참석하는 경우가 있다. 이 과정에서 이동 시간과 체력 소모, 건강 악화라는 추가 손실이 발생할 수 있다. 경제학적 관점에서는 티켓 비용의 손실을 보더라도, 공연 관람을 포기하고 다른 즐거운 시간을 보내거나 생산적인 활동으로 대체하는 것을 권한다. 다른 예로, 건설 프로젝트에서 예상치 못한 지질 문제나 인허가 지연으로 비용이 폭증했음에도, 이미 기반 공사를 마친 상태라 공사를 중단하지 못하고 계속 진행하는 사례도 있다. 이러한 선택들은 모두 결과적으로 더 많은 시간과 자원을 낭비하게 만든다.

웹툰 속
상륙 거점의 그림자

웹툰산업에서도 이 효과는 빈번히 관찰된다. 플랫폼이 이미 계약금과 제작비, 마케팅 예산, 사전 홍보 캠페인 비용 등을 상당 부분 집행한 작품의 경우, 초반 회차에서 구독수, 유료 결제 전환율, 댓글 반응 등 주요 KPI가 기대치에 미치지 못하더라도 '이미 투자했으니 끝까지 가자'는 결정을 내리는 경향이 강하다. 이러한 선택은 편집 리소스, 홍보 채널, 추천 알고리즘 내 노출 슬롯, 해외 번역·현지화 예산 등 유한한 자원을 지속적으로 소모하게 되어, 장기적으로는 성공 가능성이 높은 신작이나 인기작에 배정될 기회를 잠식한다.

 ## 시기를 놓친 결단, 잃어버린 기회

특히 일정이 고정된 시즌제 연재 구조나 특정 이벤트·캠페인과 연계된 작품은 부진한 작품을 억지로 유지하는 동안 홈 화면, 추천 영역, 배너, 푸시 발송 등 주요 노출 자원이 계속 묶인다. 그 결과 예정돼 있던 다른 프로젝트의 파일럿 공개, 프리론칭, 정식 론칭이 순차적으로 지연되고, 번역·편집·심의 등 내부 제작 파이프라인에 병목 현상이 발생해 전체 출시 일정이 늘어진다. 결국 신작의 초기 노출량과 실험 기회를 줄여 잠재적인 히트작 발굴 가능성을 낮추고, 플랫폼의 포트폴리오 수익성과 시장 대응 속도를 떨어뜨린다.

마케팅과 운영 부서가 부진한 작품의 생명 연장과 회생 가능성을 위해 추가 프로모션, 유료 쿠폰·보상 지급, 크로스 프로모션 등을 반복하면, 단기적으로는 노출과 유입이 늘어날 수 있다. 그러나 할인·쿠폰으로 유입된 이용자는 잔존율과 결제 전환율이 낮아지고, 가격 기준점이 낮아져 정상가 결제에 대한 저항이 커진다. 상위작과의 크로스 프로모션은 트래픽을 잠식해 전체 포트폴리오의 수익성과 이용자 경험을 악화시킬 수 있다. 동시에, 같은 예산으로 신작 테스트나 타깃 세그먼트 실험을 할 기회를 잃게 되며, 추천 알고리즘이 품질이 낮은 작품에 과도한 가중치를 부여하는 왜곡도 발생한다.

그렇다고 부진한 작품은 무조건 하차시키거나 배제하라는 단순한 판단으로 받아들여서는 안 된다. 다만 판단의 과정이 충분히 이루어졌고, 개선을 위한 전략적 시도와 기회가 주어졌음에도 여지가 보이지 않는다면 결단은 필요하다. 결과적으로 이러한 상황은 한계 투자 수익률을 떨어뜨리고, 플랫폼의 브랜드 신뢰와 독자 경험을 해치며, 성장 기회를 놓치는 패턴으로 이어지기 때문이다. 교두보 효과를 방지하기 위해서는 프로젝트 중간 평가와 자원 재배치 기준을 명확히 하고, 중도 종료를 실패가 아닌 전략적 선택으로 인식하는 문화가 필요하다.

작가의 측면에서도 유사한 문제가 나타난다. 수개월 혹은 수년에 걸쳐 집필한 스토리와 캐릭터 설정이 독자 반응에서 부정적으로 평가되더라도, '여기까지 왔으니 완결을 봐야 한다'는 심리와 이미 소진된 체력적·시간적·정서적 투자에 대한 집착이 결합되어, 대규모 서사 수정이나 결말 구조 변경, 장르 전환, 심지어 휴재 후 재정비와 같은 과감한 조치를 주저하게 된다. 이 과정에서 작가는 단순히 집필 부담을 넘어, 원고 마감 압박과 독자 기대치, 플랫폼과의 계약 조건 등 여러 제약 요인 속에서 방향 전환을 더욱 어렵게 느낀다.

이런 현상이 지속될 경우, 창작 자원의 비효율적 사용뿐 아니라, 작품 후반부의 완성도 저하, 독자 이탈 가속화, 리뷰·평점 악화로 이어질 수 있으며, 장기적으로는 작가 브랜드 가치 하락, 플랫폼과의 재계약 가능성 감소, 차기작 투자 유치 실패로 직결될 위험이 크다. 또한 부진한 작품을 완결하기 위해 시간을 계속 투입하는 동안 새로운 아이디어나 협업 제안 등 잠재적인 창작 기회를 놓치게 되고, 시장 트렌드 변화에 맞춘 신작 출시 시점도 뒤로 밀리면서 경쟁력 약화로 이어질 가능성이 높다.

 ## 후퇴를 통한 성장 전략

이를 방지하기 위해서는 체계적이고 다층적인 전략이 필요하다.

첫째, 프로젝트 진행 과정에서 주기적으로 정량적 · 정성적 데이터를 수집하고 KPI, ROI, 독자 피드백 등을 종합 분석하는 중간 평가 시스템을 구축해야 한다. 이를 통해 매몰 비용 여부와 관계 없이, 향후 한계 편익이 한계 비용을 초과하는지에 따라 지속 여부를 판단할 수 있어야 한다.

둘째, '중도 종료=실패'라는 인식을 탈피하고, 이를 시장 대응과 자원 최적화를 위한 '전략적 재배치'로 재정의하는 조직 문화를 형성해야 한다. 이를 위해 의사 결정 과정에서 데이터 기반 보고서와 시나리오 분석을 활용해 객관성을 확보할 필요가 있다.

셋째, 사전 기획 단계에서 최소한의 비용과 기간으로 시장 반응을 검증할 수 있는 MVP Minimum Viable Product 방식의 테스트 연재를 적극 도입해, 초기 성과를 기반으로 투자 규모를 점진적으로 확대하는 단계적 자원 투입 전략을 실행해야 한다.

넷째, 작가와 플랫폼 모두 장기적 관점에서 포트폴리오를 정기적으로 재검토하고, 부진 작품 철수와 신작 론칭 간의 균형을 유지할 수 있는 유연성을 제도적으로 보장해야 한다. 이를 위해 계약 구조, 편집·마케팅 리소스 배분, 추천 알고리즘 조정 등 전반적 운영 시스템의 재설계가 병행되어야 한다.

결국 교두보 효과는 단순한 심리적 오류를 넘어, 개인과 조직의 의사 결정 구조와 자원 배분 방식 전반에 깊이 관여하는 구조적 문제다. 따라서 이를 정확히 이해하고, 매몰 비용의 심리적 압박에서 자유로운 데이터 기반 의사 결정 체계를 마련하는 것이 필수적이다. 웹툰산업에서는 이러한 체계가 장기적인 사업 지속 가능성을 높이고, 유망한 프로젝트에 자원을 효율적으로 재배치하며, 글로벌 시장에서의 경쟁력을 강화하는 핵심 전략적 조건이 된다.

13장

과유불급의 경제학, 어디까지가 한계인가?

경제학의 숨은 나침반,
한계의 법칙으로 균형점 찾기

한계의 경제학적 의의

경제학에서 '한계 Marginal'란 현재의 상태에서 아주 미세하거나 작은 변화를 가했을 때 발생하는 추가적인 효과를 의미한다. 여기서 '변화'는 생산량, 소비량, 가격, 시간 투입 등 경제활동의 여러 요소에 적용될 수 있다. 단순히 '조금'이라는 양적 의미를 넘어, 경제 주체가 합리적인 의사 결정을 내릴 때 필수적으로 사용하는 핵심 분석 도구다.

한계 분석은 투입이나 소비를 한 단위씩 늘리거나 줄였을 때 발생하는 추가 이익과 추가 비용을 구체적으로 비교·평가함으로써, 제한된 자원을 어디에 얼마만큼 배분하는 것이 가장 효율적인지 판단하게 한다. 이러한 접근은 미시경제학 전반에서 기본 원리로 작용하며, 생산·소비·가격 결정뿐 아니라 투자 우선순위 설정, 정책 평가, 마케팅 전략 수립 등 다양한 분야에 폭넓게 응용된다.

한계 개념의 핵심은 '점진적 변화에 따른 결과'를 세밀하게 관찰하고 분석하는 데 있다. 경제 주체들은 대부분의 의사 결정에서 전면적이고 급격한 변화를 한 번에 시도하기보다는, 현재 상태에서 변수를 조금씩 조정하며 각 단계에서의 변화를 검증해 나간다. 이렇게 소규모 단위로 조정하면 의사 결정 과정에서 발생할 수 있는 위험을 줄이고, 실제 성과 데이터를 통해 다음 단계를 설계할 수 있다. 이를 통해 과잉 투자, 과소 생산, 과잉 소비와 같은 비효율을 사전에 차단하고, 제한된 자원을 최대한 효율적으로 배분하는 것이 가능해진다.

 ## 한계 수입과 한계 비용

한계 수입 Marginal Revenue 은 재화나 서비스를 한 단위 더 판매했을 때 새롭게 발생하는 추가 수입을 의미하며, 이는 매출액의 변화분을 판매량 변화분으로 나누어 계산한다. 반면 한계 비용 Marginal Cost 은 동일한 방식으로, 생산량을 한 단위 늘렸을 때 추가로 소요되는 모든 비용 원자재, 인건비, 설비 운영비 등 을 포함한 금액을 뜻한다. 이 두 지표의 관계는 기업의 생산량의 의사 결정에 중요한 기준이 된다.

- 한계 수입 〉한계 비용 : 추가 생산이 이익을 증가시키므로 생산량을 늘린다.
- 한계 수입 〈 한계 비용 : 추가 생산이 손실을 발생시키므로 생산량을 줄인다.
- 한계 수입 = 한계 비용 : 더 늘리거나 줄일 필요가 없는 이윤 극대화 상태다.

이 개념을 좀 더 깊게 들여다 보면, 단순히 생산량 조절에만 국한되지 않고, 제품 가격을 탄력적으로 조정하는 가격 전략, 시장 진입 시기를 고려한 신제품 출시 계획, 고정비와 변동비를 재구성하는 비용 구조 개선에 걸쳐 반영된다는 것을 알 수 있다. 이는 재고 관리, 자원 배분, 단기·장기 투자 계획 수립 등 기업 경영 전반에 걸쳐 폭넓게 활용될 수 있음을 보여준다.

말하자면, 한계 분석을 통해 특정 제품의 가격을 소폭 인상했을 때 수요가 유지되면서 수익이 증가하는지, 혹은 신제품을 출시했을 때 기존 제품군의 판매에 어떤 영향을 미치는지 등을 사전에 평가할 수 있게 되는 것이다. 나아가 생산 공정에서 불필요한 공정을 줄이거나 원가 절감을 위한 자원 재배치 여부를 판단할 때도 한계 수입과 한계 비용의 비교가 중요한 판단 근거가 된다.

한 커피 전문점이 하루에 100잔의 커피를 판매한다고 가정해 보자. 이때 101번째 커피를 만들기 위해 필요한 원두, 우유, 인건비 등 추가 비용이 2,000원이 발생한다면, 그 한 잔의 한계 비용은 2,000원이 된다. 판매 가격이 4,000원이라면 101번째 커피의 한계 수입은 4,000원이므로, 추가로 한 잔을 판매하는 것은 2,000원의 순이익을 남기게 된다.

그러나 판매량이 점차 증가하면서, 만약 150번째 커피를 만들 경우에는 초과 근무 수당, 설비 유지 · 청소 비용, 에너지 사용 증가 등 부수적 비용이 늘어나 한계 비용이 4,500원까지 상승할 수 있다. 이 시점에서는 한계 비용4,500원 이 한계 수입4,000원 을 초과하게 되므로, 추가 생산은 오히려 잔손실을 발생시킨다. 따라서 이 경우에는 생산량을 줄이거나 판매 전략을 조정하는 것이 합리적이며, 이는 자원과 인력을 보다 효율적으로 재배치할 수 있는 기회가 된다.

이 원리는 제조업, 서비스업, 심지어 IT 서비스 운영까지 폭넓게 적용된다. 제조업에서는 생산 라인을 추가 가동할 때 드는 설비 운영비, 인건비, 유지보수 비용과 추가 생산품 판매로 인한 매출을 비교하여 의사 결정을 내린다. 서비스업에서는 신규 지점 오픈이나 영업 시간 연장 시, 추가 고정비와 변동비 대비 매출 증가 효과를 분석한다.

IT 서비스 운영에서도 같은 원리가 적용된다. 예컨대 서버 용량 증설을 고려할 때는 하드웨어 · 소프트웨어 구매비, 전력비, 유지관리 인건비 등의 추가 비용과 사용자당 광고 수익, 구독료 증가분 등을 비교해 증설 여부를 판단한다. 이를 통해 불필요한

 서범강의 웹툰 경제학

과잉 투자를 방지하고, 필요한 시점에 적정 규모로 자원을 확충하는 결정을 내릴 수 있다.

 한계 효용과 체감의 법칙

한계 효용-Marginal Utility 은 소비자가 어떤 재화를 한 단위 더 소비할 때 얻게 되는 추가적인 만족도를 의미한다. 이는 매우 주관적이지만 소비자의 선택 행동에 직접적인 영향을 미친다. '한계 효용 체감의 법칙'에 따르면, 동일한 재화를 반복적으로 소비할수록 처음에는 높은 만족을 느끼더라도 점차 그 강도가 약해진다. 이러한 체감 현상은 물리적 포만감, 심리적 익숙함, 또는 새로운 자극에 대한 갈망 감소 등 다양한 요인에 의해 발생한다. 결국 일정 수준을 넘어 소비가 지속되면 추가적인 만족이 거의 없거나, 심한 경우 불쾌감 · 피로감 · 부담감과 같은 부정적인 감정을 유발할 수 있으며, 소비 중단이나 대체재 선택으로 이어질 가능성이 높다.

이 법칙은 가격 결정과 수요 분석의 핵심 기초가 된다. 기업은 소비자의 한계 효용 변화를 세밀하게 추적 · 분석하여, 각 소비 단계에서 어떤 요인이 만족도를 높이거나 낮추는지 파악한다. 이를 기반으로 제품 패키지 구성예: 용량, 묶음 판매 여부 , 가격 책정예: 가격 인상·인하에 따른 수요 변화 , 판촉 전략예: 무료 체험, 한정판 출시, 할인 쿠폰 제공 등을 설계하여 소비자의 만족도를 최대화하고 구매 전환율을

높이는 전략을 수립한다.

더운 여름날 마시는 첫 잔의 아이스커피는 갈증 해소와 청량감으로 인해 매우 높은 만족을 준다. 두 번째 잔 역시 시원함과 맛을 제공하지만, 첫 잔에 비해 만족도의 강도는 눈에 띄게 줄어든다. 세 번째 잔부터는 이미 갈증이 해소된 상태에서 포만감이 밀려오고, 카페인 과다로 인한 심장 두근거림이나 불편함이 나타나기 시작할 수 있다. 이러한 상황에서는 추가적인 소비로부터 얻는 만족한계 효용이 거의 0에 가까워지거나, 심지어 부정적인 값으로 전환될 가능성이 크다. 합리적인 소비자는 이러한 체감 효과를 인지하고, 한계 효용이 0에 도달하기 전, 다시 말해 더 이상의 만족이 기대되지 않거나 불쾌감이 시작되기 전에 소비를 멈추는 것이 바람직하다.

이 개념은 음식, 패션, 엔터테인먼트 소비 등 대부분의 소비 행위에 폭넓게 적용된다. 음식의 경우, 같은 메뉴를 반복적으로 먹을수록 초기의 강한 만족감은 점차 줄어든다. 패션에서는 동일한 스타일이나 브랜드 제품을 여러 벌 구매하면 처음에는 만족도가 높지만, 시간이 지날수록 새로운 디자인에 대한 욕구가 커져 기존 제품의 매력은 줄어든다.

엔터테인먼트에서는 영화나 게임 시리즈가 후속작으로 갈수록 신선한 자극이 감소하고, 스토리 전개나 시스템이 예상 가능해지면서 흥미가 떨어지는 현상이 나타난다. 제시된 사례 모두 한계 효용 체감의 법칙이 작동하는 대표적 사례로, 소비자가 느끼는 주관적 만족이 점진적으로 줄어드는 과정을 잘 보여준다.

웹툰산업에서의 한계 개념 적용

 **한계 분석으로 보는 웹툰 관리 전략**

웹툰 플랫폼은 회차별 투자 예산을 정할 때, 각 회차가 창출하는 한계 수입과 소요되는 한계 비용을 정밀하게 비교·분석한다. 한 회 제작비가 500만 원이고 유료 결제와 광고를 합친 수입이 800만 원이라면, 한계 수입 800만 원이 한계 비용 500만 원을 초과하므로 해당 작품을 계속 연재하는 것이 경제적으로 유리하다.

그러나 시간이 지나 독자수가 감소하고 결제 수입이 400만 원으로 떨어지면, 한계 수입이 한계 비용보다 낮아져 회차당 손실이 발생하는 구조가 된다. 이 경우에는 연재 회차를 축소하거나 스토리를 압축해 조기 종료하는 등 비용을 줄이는 전략이 합리

서범강의 웹툰 경제학

적이다. 플랫폼은 이러한 데이터 분석을 토대로, 회차별 투자 대
비 수익률 추이를 사전에 예측해 장기 연재 여부와 마케팅 · 프
로모션 전략까지 조정할 수 있다.

　이 분석은 작품 기획 단계에서부터 매우 유용하게 활용될 수
있다. 본격적인 장기 연재에 들어가기 전에 3~5회 분량의 시범
연재를 진행하면, 해당 작품이 실제 시장에서 어느 정도의 결제
전환율과 광고 수익을 낼 수 있는지, 또 회차별 제작비 변동이
어떤 양상을 보이는지를 구체적으로 확인할 수 있다. 이를 통해
한계 수입 · 비용의 변화 추세를 조기 파악하고, 예상 수익성과
제작 리스크를 사전에 진단할 수 있으며, 스토리의 방향을 재설
정 하거나, 사건 전개의 흐름을 재배치 하고, 연재 분량에 대한
수치를 조절함으로써 불필요한 장기 투자나 자원 낭비를 방지
하는 데 큰 도움이 된다.

 ## 한계 효용과 타이밍의 과학

독자는 첫 인상이 좋았거나 호감도가 상승한 작품에 대해 새로
운 회차를 볼 때마다 캐릭터 전개, 스토리 반전, 연출 등에서 만
족도를 느끼지만, 스토리가 늘어지고 긴장감이 떨어지면 그 만
족도는 서서히 또는 급격히 하락하게 된다. 특히 반응이 좋았던
사건이나 장면이 있었다고 해서 유사한 상황 반복을 지속적으
로 배치하다 보면 결국 독자는 향후 스토리 전개와 관계 없이 감

동 지수와 몰입 지수가 떨어질 수밖에 없다. 이러한 한계 효용 하락은 독자 피드백, 조회수·결제율 변화, 댓글 반응 등을 통해 구체적으로 감지할 수 있다.

플랫폼은 이러한 지표를 면밀히 분석하여, 한계 효용이 급격히 하락하기 전에 시즌을 적절히 종료하거나, 흥미를 이어갈 수 있는 외부적 요소를 기획하기도 한다. 작가의 경우에는 새로운 사건을 배치하고 신규 캐릭터를 등장시키는 방식으로 독자의 관심을 유지하기도 한다. 이를 통해 독자의 몰입도를 유지하면서 동시에 장기적으로 브랜드 신뢰와 충성도를 확보할 수 있다. 다만 그 자체가 한계 효용을 해소하는 절대적 장치가 되지는 않으므로, 계획된 연재 기간에 맞춰 한 회, 한 회가 늘 독자에게 긴장과 몰입도를 제공, 유지토록 구성하는 것이 가장 이상적이다.

이것은 마케팅 전략과도 밀접하게 연결된다. 한 작품의 프로모션 활동을 지나치게 오래 지속하면, 초반에는 높은 노출과 관심을 얻더라도 시간이 지남에 따라 독자들이 반복적인 홍보 메시지에 피로감을 느끼게 된다. 이로 인해 해당 작품에 대한 신선함과 기대감이 줄어들고, 나아가 신규 작품이나 다른 콘텐츠에 대한 관심까지 감소하는 '효용 체감' 현상이 나타난다. 웹툰 플랫폼에서는 이러한 현상이 구독 유지율 하락, 이벤트 참여율 감소, 소셜미디어 반응 저하 등의 지표로 구체적으로 드러날 수 있다.

# 한계 분석은 작가와 플랫폼의 협업 도구

작가와 플랫폼의 한계 분석을 통한 상호작용 사례를 들어보자. 인기 판타지 웹툰이 시즌 1에서 회차당 평균 100만 원의 순이익을 올렸다면 이는 명확히 한계 수입이 한계 비용을 초과하는 상태다. 그러나 시간이 지나 시즌 3에 이르러 독자수가 꾸준히 줄고, 작화 퀼리티 유지를 위한 인건비 · 외주비 상승 등으로 제작비가 증가해 순이익이 회차당 10만 원 이하로 떨어진다면, 이 시점에서는 한계 수입과 한계 비용이 거의 같아지거나 역전된 상황에 해당한다.

이런 경우 추가 연재를 이어가는 것은 기회 비용 측면에서도 손해가 될 수 있으므로, 작품을 과감히 마무리하고 기획 단계에서부터 기대 수익성이 높은 새로운 프로젝트로 전환하는 것이 장기적으로 더 높은 총수익과 자원 효율성을 확보하는 길이 된다.

이와 같은 한계 분석은 단순히 숫자를 비교하는 차원을 넘어, 웹툰산업의 창작 · 운영 · 마케팅 전 과정에서 의사 결정의 정밀도를 높이고 불필요한 자원 투입을 예방하는 역할을 한다. 따라서, 플랫폼과 작가는 꾸준히 투명한 정보와 상태를 공유하고 독자 반응 데이터와 회차별 수익 · 비용 변화를 결합 분석함으로써, 상호 간의 '이윤 극대화 생산량'을 예측하여 연재 주기 조정, 에피소드 분량 최적화, 마케팅 채널별 효율성 재평가 등의 세부 전략을 세울 수 있다. 이러한 체계적 접근은 상호 간 자원 낭비를 줄이는 동시에, 안정적 수익 구조를 구축하고 시장 변화에도 유연하게 대응할 수 있는 지속 가능한 성장 기반을 마련해준다.

14장

내 옆구리를 콕, 콕 찌른 게 너지? 넛지?

선택을 설계하는 마법의 단어 '넛지', 부드러운 개입의 힘

행동 경제학의 부드러운 힘, 넛지

행동 경제학은 전통적인 경제학이 가정하는 '합리적 인간Homo Economicus'의 개념을 비판적으로 확장하면서 등장한 학문이다. 고전 경제학에서 합리적 인간은 완전한 정보를 바탕으로 항상 이성적인 계산을 수행하며 최적의 선택을 내리는 존재로 가정된다. 그러나 실제 인간은 이와 달리 다양한 심리적·인지적 편향, 감정, 사회적 맥락에 영향을 받는다. 행동 경제학은 바로 이러한 현실적 인간의 특성을 탐구하고, 합리적 인간이라는 추상적 모델과 실제 의사 결정 사이의 간극을 분석한다.

　이는 왜 사람들이 이론적으로는 최적의 선택을 해야 함에도 불구하고 실제 상황에서는 그렇지 못한 지를 규명하기 위함이며, 이러한 차이를 이해함으로써 보다 현실적인 정책 수립과 효과적인 시장 설계를 가능하게 한다. 궁극적으로 행동 경제학은 인간의 제한된 합리성과 다양한 심리적 요인을 고려해, 개인의 삶의 질을 개선하고 사회적 효율성을 높이는 것을 목적으로 한다.

　인간은 정보 처리 능력이 제한되어 있고, 선택 과정에서 사회적 규범과 정서적 요인에 의해 쉽게 영향을 받으며, 때로는 직관과 습관에 의존한다. 예를 들어, 소비자가 금융상품을 선택할 때 모든 조건을 세밀히 비교하지 못하고 주변인의 추천이나 광고에 의존하는 경우가 많으며, 건강한 식단 선택에서도 장기적 이

　　　　　　　　　　　　서범강의 웹툰 경제학

익보다 즉각적인 맛과 편리함에 흔들린다. 또한 투자 결정을 내릴 때 군중 심리에 휩쓸려 비합리적으로 매수·매도를 반복하거나, 할인 쿠폰의 기한 압박 때문에 불필요한 소비를 하게 되는 경우도 있다.

선택을 설계하는 기술

인간은 정보 처리 능력과 주의 자원이 제한되어 있으며, 위험과 보상의 확률을 정확히 평가하기보다 휴리스틱에 의존한다. '휴리스틱'이란 불충분한 시간이나 정보로 인하여 합리적인 판단을 할 수 없거나, 체계적이면서 합리적인 판단이 굳이 필요하지 않은 상황에서 사람들이 어림짐작이나 경험적 방법을 사용하는 것을 의미한다. 이 때문에 현재 편향·시간 불일치, 손실 회피와 참고점 의존성, 확률 왜곡, 상태유지·무행동 편향, 과신과 앵커링, 모호성 회피 등이 발생한다. 더불어 개인은 사회적 규범·정체성·동조 압력과 감정 두려움·흥분·피로에 영향을 받아 동일한 정보라도 다르게 평가한다. 이러한 요인들로 합리적 모델과 실제 의사 결정 사이의 간극이 생기며, 정책·시장 설계에서 기본값, 프레이밍, 피드백 구조가 성과를 좌우한다. 예를 들어,

- 퇴직연금의 자동 가입은 사람들이 기존 상태를 유지하려는 성향 상태유지 편향과 스스로 가입을 해제할 때 발생하는 시

간·노력·심리적 부담이탈비용 을 이용해 실제로 가입률을 크게 높인다. 가령 별도의 신청 절차 없이 기본값으로 가입이 설정되어 있으면 대부분의 사람들은 그대로 두기 때문에, 결과적으로 퇴직연금 가입자가 크게 늘어난다. 마찬가지로 장기기증 제도에서 정보 소유 당사자가 정보 수집을 명시적으로 거부할 때에만 정보 수집을 중단하는 '옵트아웃' 방식을 적용하면 기본값으로 기증에 동의한 상태가 된다.

특별히 서류를 작성해 거부 의사를 밝히지 않는 한 참여가 자동으로 유지되는 구조다. 많은 사람들은 바쁘거나 무관심해서 의도적으로 거부 신청을 하지 않기 때문에 결과적으로 기증 참여율이 매우 높아진다. 이는 사람들이 기본으로 주어진 선택을 그대로 따르는 경향기본값 효과 때문에 실제 참여율이 크게 확대되는 대표적인 사례다.

- 전기요금 고지서에 단순히 금액만 제시하는 것이 아니라 '이웃 가정 평균보다 15% 더 많이 사용했습니다'와 같은 비교 정보를 추가하면, 사람들은 자신이 규범에서 벗어나 있다는 사실을 인식하게 된다. 이는 사회적 규범과 비교 프레이밍 효과가 결합되어 자연스럽게 절약 행동을 유도한다. 실제로 이러한 안내 문구를 받은 가정에서는 사용량이 눈에 띄게 줄어드는 경우가 많다. 세금고지서에서도 단

    서범강의 웹툰 경제학

순 납부 안내를 넘어 '대다수 시민이 기한 내 납부를 완료했습니다'라는 메시지를 제공하면, 사람들은 다수의 행동을 따르려는 심리에 의해 기한 내 납부율을 높인다. 이처럼 사회적 비교와 규범 신호는 선택을 강제하지 않고도 행동을 효과적으로 변화시킨다.

- 온라인 구독의 자동 갱신은 사람들이 별도의 해지 절차를 밟는 것을 번거롭게 느끼고 기본 상태를 그대로 유지하려는 무행동 편향을 활용해 가입을 지속하게 만든다. 대개의 무료 체험 후 자동으로 유료 결제가 전환되는 구독 서비스에서는 해지를 잊거나 미루는 사람들이 많아 결과적으로 유지율이 크게 높아진다. 식당에서 건강식을 눈높이에 두는 것은 소비자가 별도의 노력을 들여 찾지 않아도 쉽게 눈에 띄도록 배치함으로써, 주의를 집중시키고 탐색 비용을 줄여 선택 가능성을 높인다. 실제로 같은 메뉴라도 시야에 먼저 들어오는 위치에 있을 때 선택될 확률이 훨씬 커진다.

앞선 사례들은 인간의 제한된 합리성이 실제 의사 결정에 어떻게 드러나는지를 잘 보여주며, 행동 경제학이 이를 분석하고 정책 및 제도 설계에 반영하려는 이유를 설명해준다. 따라서 행동 경제학은 단순히 개인이 비합리적이라는 사실을 지적하는 데 그치지 않고, 이러한 특성을 이해하여 정책과 비즈니스 설계에 반영할 수 있는 실용적 토대를 마련한다.

이러한 배경에서 탄생한 것이 넛지 이론 Nudge Theory 이다. 시카고대학의 리처드 세일러 Richard Thaler 와 하버드대학의 캐스 선스타인 Cass Sunstein 은 《Nudge: Improving Decisions About Health, Wealth, and Happiness》 2008 에서 이 개념을 체계화하였다. 넛지 이론은 사람들의 선택을 제한하거나 강제하지 않으면서도 '선택 설계 choice architecture'를 통해 바람직한 행동을 유도하는 방법을 제시한다. 이는 '자유주의적 개입 Libertarian Paternalism'이라 불리며, 개인의 자유를 보장하면서도 사회적 효용을 극대화할 수 있는 특징을 가진다. 다시 말해 사람들에게 장기적으로 유익한 결정을 내리도록 자연스럽게 유도하되 강제성을 배제한다는 점에서 기존의 규제적 정책과 구별된다.

넛지 이론의 핵심은 몇 가지 원리에 기초한다.

첫째, 선택 구조의 중요성이다. 인간은 동일한 선택지를 두더라도 그것이 어떤 방식으로 제시되는지에 따라 전혀 다른 결정을 내린다.

마트 계산대 앞에 초콜릿이나 작은 간식을 진열해 두면, 소비자는 원래 계획하지 않았더라도 무의식적으로 그것을 집어 들 가능성이 높아진다. 구매자가 의도적으로 간식을 찾으려 하지 않아도 눈앞에 잘 보이는 위치에 있다는 단순한 이유만으로 선택 확률이 높아지는 현상이다. 또 다른 예로, 온라인 쇼핑몰에서

서범강의 웹툰 경제학

'추천 상품'이나 '지금 인기 있는 상품'을 결제 단계 직전에 노출시키면 소비자가 별도의 탐색 노력을 들이지 않고도 손쉽게 클릭할 수 있어 구매율이 높아진다. 이처럼 선택의 배치와 제시 방식은 인간의 주의를 끌고 탐색 비용을 줄여, 특정 행동을 더욱 자연스럽게 유도하는 강력한 힘을 발휘한다.

둘째, 인간은 중요한 결정을 내릴 때도 깊은 분석보다는 빠르고 직관적인 사고에 의존하는 경우가 많다.

슈퍼마켓에서 어떤 상품을 살지 고민할 때 가격·성분·품질을 일일이 비교하기보다 눈에 잘 띄는 브랜드를 바로 고르거나, 온라인 결제 시 '다른 사람들이 많이 선택한 옵션'을 따르는 경우가 흔하다. 넛지는 이러한 속성을 활용하여 사람들이 복잡한 계산을 하지 않아도 별다른 인지적 부담 없이 바람직한 행동을 취하도록 만든다. 다시 말해 직관적 선택 경향을 고려해 기본 경로를 설계하면 사람들이 자연스럽게 더 이익이 되는 결정을 내릴 수 있게 된다.

셋째, 넛지는 결코 강제하지 않는다. 특정 행동을 자연스럽게 선택하도록 설계하여 유도하되, 동시에 언제든 다른 대안을 선택할 수 있는 자유를 그대로 보장한다.

스마트폰에서는 알림 설정 기능에서 특정 알림이 기본적으로 켜져 있도록 되어 있지만, 사용자가 원하면 언제든 손쉽게 끌 수 있는 선택지가 제공되는 것과 같다. 또 인터넷 쇼핑몰에서 배송 옵션이 기본적으로 '표준 배송'으로 설정되어 있도록 제공하지만, 소비자가 빠른 배송을 원할 경우 즉시 변경할 수 있는 구조도 마찬가지다. 다시 말해 넛지는 '이 방향이 더 편리하고 유익하다'는 신호를 제공할 뿐, 다른 선택지를 막거나 배제하지 않기 때문에 자유와 유인의 균형을 동시에 유지한다.

 넛지, 작은 변화로 큰 세상을 바꾸다

넛지 이론은 다양한 분야에서 구체적으로 활용된다. 보건 분야에서는 병원 대기실에서 무료 독감 예방접종 안내 문구를 단순히 "필요하면 신청하세요"라고 제시하는 대신, "현재 환자들이 예방접종을 받고 있습니다. 바로 옆 창구에서 접종이 가능합니다"라고 안내했을 때 접종률이 현저히 상승했다. 공공 안전 분야에서는 횡단보도 앞에 발자국 그림을 그려 두어 보행자가 정해진 위치에 서도록 유도한 결과, 신호를 기다리는 사람들의 안전성이 높아지고 사고 위험이 줄어들었다.

또 일부 지역에서는 도로에 속도 제한 표시와 함께 아이콘을 시각적으로 배치해 운전자가 직관적으로 속도를 줄이도록 유도하여 교통사고를 예방하는 효과를 거두었다. 신용카드 사용 시 결제 알림을 기본으로 제공해 과소비를 억제하는 효과도 넛지의 한 형태다. 교육 분야에서는 과제 마감일과 중간 점검 알림을 활용해 학생들의 성취도를 높일 수 있다.

이처럼 넛지 이론은 건강 관리, 소비 촉진, 공공정책, 직장 경영 등 다양한 상황에 활용된다. 사무실 계단 입구에 밝은 조명과 긍정적 문구를 배치하면 직원들이 엘리베이터 대신 계단을 더 자주 사용하게 되고, 식당에서 작은 접시를 기본으로 제공하면 과식을 줄일 수 있다. 온라인 쇼핑몰에서는 '지금 장바구니에 담은 상품을 00명 이상이 보고 있습니다'라는 문구를 통해 구매를 촉진하거나, 무료 배송까지 남은 금액을 안내함으로써 추가 구매를 유도할 수 있다. 세금 납부 안내서에 '대부분의 시민이 기한 내 납부한다'는 메시지를 포함하면 납부율이 개선되며, 투표소 입구에 '당신의 참여가 이웃의 삶을 바꿉니다'라는 문구를 두면 투표율 향상에도 기여한다. 직장에서는 팀 목표 달성 현황판을 시각적으로 표시하여 자발적인 성과 향상을 이끌 수 있다.

웹툰 UI 속
넛지의 언어

 ## 웹툰 플랫폼의 행동 설계자

웹툰산업에서도 넛지 이론은 효과적으로 적용될 수 있다. 대표적으로 플랫폼은 추천 알고리즘을 통해 신작과 인기작을 균형 있게 노출하여 이용자가 특정 장르에만 몰입하지 않고 다양한 작품을 경험하도록 자연스럽게 유도할 수 있다. 마치 서점에서 베스트셀러와 신간을 함께 진열해 독자가 새로운 책을 발견하도록 돕는 것과 비슷하다. 실제로 한 국내 주요 플랫폼은 신작과 인기작을 함께 노출하는 방식으로 사용자 평균 작품 탐색 폭이 20% 이상 넓어지는 성과를 거둔 바 있다.

무료 회차 이후에는 유료 회차 결제 버튼을 눈에 잘 띄는 위치에 배치하고, 동시에 '다른 독자들이 결제 후 만족도가 높았다' 는 메시지를 보여 주면 사회적 비교 심리가 작동해 결제를 긍정 적으로 받아들이게 된다. 동일한 설계를 적용한 플랫폼은 유료 전환율이 도입 전보다 15~25%가량 상승했다는 결과를 발표하 기도 했다. 이 방식은 강제 결제가 아니라 다른 사람들의 선택을 참고해 스스로 결정을 내린 것처럼 느끼게 하여 심리적 저항을 낮춘다.

여기에 더해 밤 시간대에는 '지금은 휴식할 시간입니다'라는 알림을 제공해 독자가 무리해서 몰입하지 않도록 하여, 장기적 으로는 독서 경험을 건강하고 지속 가능하게 관리할 수 있다. 활 용 방법의 예시로는,

• 자동 알림 구독

독자가 특정 작품을 한두 편만 읽어도, 자동으로 '이 작품의 알 림 받기'가 기본 설정되도록 한다. 물론 원한다면 사용자가 해제 할 수 있지만, 기본값으로 켜져 있으면 대다수는 그대로 두어 차 기 화 업데이트 알림을 받는다.

• 자동 후원 옵션

독자가 한 번 후원을 하면, 기본값으로 '다음 달에도 동일 금액 후원'이 설정되도록 한다. 원하면 해지할 수 있으나, 기본값이 유지되기 때문에 장기적인 후원 참여율이 올라간다.

• 첫 결제 경험 설계

무료 회차 이후 자동으로 '바로 다음 화 결제' 버튼이 기본으로 활성화되어 있거나, 자동 결제 구독 체험이 설정돼 있으면 대다수 독자는 이를 따르는 경향이 높아진다.

 긍정적 피드백의 심리 설계자

작가의 경우에도 넛지를 효과적으로 활용할 수 있다. 예고편이나 다음 화 공지를 단순히 텍스트로 적어 두는 대신 간단한 일러스트, 투표, 퀴즈, 미리보기 컷 등을 함께 제공하면 독자가 호기심을 갖고 자연스럽게 다음 화를 기다리도록 만들 수 있다. 마치 드라마에서 다음 회차 예고편이 시청자의 기대감을 높이는 것과 같은 효과다.

댓글과 공감 버튼을 '재미있어요!', '공감돼요!', '응원합니다!'와 같이 긍정적인 표현을 기본값으로 설계하면, 독자가 쉽게 긍정적 반응을 남기게 되어 건설적인 피드백이 늘어나고 악성 댓글 비율은 줄어든다. 후원 버튼 옆에 '현재 2,000명이 후원 중입니다' 혹은 '지난주에 500명이 새로 후원에 참여했습니다'와 같은 사회적 비교 정보를 제시하면, 독자는 자신도 그 흐름에 동참하고 싶다는 심리를 느껴 후원 참여율이 높아진다. 더 나아가 특정 후원자가 남긴 응원 메시지를 함께 노출하면, 다른 독자도 자연스럽게 참여하도록 자극할 수 있다. 활용 방법의 예시로는,

• 다음 화 예고 기본 노출

작품의 회차를 감상 후, '다음 화 예고'가 기본적으로 열려 있는 구조는 독자가 굳이 찾아 클릭하지 않아도 예고편을 자동으로 보게 된다.

• 댓글 참여 기본 설정

에피소드가 끝나면 '댓글 창 열기'가 자동으로 펼쳐져 있어, 독자가 쉽게 참여할 수 있게 한다. 닫을 수도 있지만, 기본적으로 열려 있으면 반응이 늘어난다.

• 좋아요·공감 버튼 기본 제시

버튼이 회차 마지막에 기본적으로 강조 표시되어 있으면, 별도의 탐색 없이 눌러서 긍정적 피드백이 늘어난다.

 독자 체험을 유도하는 설계자

독자 측면에서도 넛지는 매우 효과적으로 작용한다. '이번 달 당신은 총 3명의 작가를 후원했습니다. 그 효과로 00과 같은 성과에 도달했습니다'와 같은 긍정적인 피드백을 제공하면, 독자는 자신이 의미 있는 기여를 했다는 성취감을 느끼고 자연스럽게 다음 달에도 후원 행동을 이어 간다. 실제로 일부 플랫폼에서는 이러한 피드백 메시지를 도입한 뒤, 꾸준히 후원하는 독자의 비율이 눈에 띄게 증가했다는 사례가 보고되었다.

독자의 기존 취향과 다른 성향의 작품을 함께 추천해주면 새로운 장르를 접할 가능성이 높아지는데, 이는 서점에서 의도치 않게 신간 코너를 둘러보다 새로운 책을 발견하는 경험과 유사하다. 큐레이션의 전략적 차원에서 독자의 관심 태그와 다른 장르의 웹툰을 함께 제시했을 때, 신작 체험률이 20% 이상 높아지는 효과를 거두기도 한다. 나아가 일정 시간 이상 웹툰을 시청한 독자에게 '현재 2시간 동안 감상했습니다. 잠시 휴식을 권장합니다'라는 메시지를 제공하면, 사용자가 무의식적으로 과몰입하는 것을 막아 건강한 사용 습관을 형성하도록 돕는다. 단순한 알림이지만, 장기적으로는 독자의 만족도와 지속적 이용률을 동시에 높이는 결과로 이어진다. 활용 방법의 예시로는,

• 읽기 습관 형성

특정 요일예: 매주 수요일 오후 에 새 회차 알림을 기본적으로 받도록 설정. 독자가 따로 신청하지 않아도 알림이 오면 자연스럽게 소비 패턴이 생긴다.

• 작품 다변화 경험

'추천 웹툰 리스트'가 기본으로 켜져 있으면, 독자는 무심코 새로운 작품을 클릭하게 된다. 이로써 특정 장르 편중을 줄이고 탐색 폭을 넓혀준다.

  서범강의 웹툰 경제학

• **에피소드 이어보기 기본 설정**

한 회차를 다 보면 자동으로 다음 회차 첫 페이지로 넘어가도록 설정한다. 독자가 멈추려면 스스로 중단 버튼을 눌러야 하므로, 대다수는 자연스럽게 다음 회차를 시작하게 된다.

웹툰산업에서 넛지 이론을 활용하는 궁극적인 목적은 단순히 소비를 늘리기 위한 수단이 아니다. 플랫폼·작가·독자가 모두 각자의 선택 자유를 존중받으면서도 자연스럽게 긍정적인 방향으로 참여할 수 있도록 설계하는 중요한 전략이다. 플랫폼은 균형 잡힌 작품 노출로 독자의 탐색 경험을 넓히고, 작가는 긍정적 피드백 시스템을 통해 건강한 소통 문화를 형성하며, 독자는 자기 주도적 후원과 이용 습관을 강화할 수 있다.

이렇게 설계된 넛지는 단순한 판매 촉진을 넘어 지속 가능한 산업 생태계를 조성하는 토대가 된다. 이를 통해 웹툰산업은 독자의 만족도와 사회적 신뢰를 동시에 높이고, 행동 경제학이 지향하는 '현실적인 합리성', 다시 말해 실제 인간의 한계와 성향을 고려한 합리성을 구현할 수 있다. 나아가 이러한 행동 경제학적 통찰은 국내 시장을 넘어 글로벌 무대에서도 장기적인 경쟁력과 문화적 영향력을 확보하는 데 기여할 것이다.

15장

지금은 맞고 그때는 틀리다

결과로 바라보는 왜곡된 시선과
기억의 재구성

사후판단 편향의 연구와 필요성

사후판단 편향 hindsight bias이란 어떤 사건이 발생한 이후 사람들이 그 결과를 이미 예측할 수 있었다고 과대하게 믿는 인지적 왜곡을 뜻한다. 보통 "내가 그럴 줄 알았다"라고 회상하는 현상이 대표적이다. 행동 경제학은 사람들이 이성적이고 합리적으로만 의사 결정을 내리지 못한다는 사실을 강조하는 학문인데, 사후판단 편향은 인간이 과거의 불확실성과 우연성을 지나치게 단순화하여 기억을 재구성하는 전형적인 사례이므로 연구 가치가 높다. 이러한 편향을 이해하면 인간의 제한적 합리성과 그로 인한 의사 결정 오류를 설명할 수 있으며, 정책·경영·투자·창작 등 다양한 사회적 영역에서의 학습과 교훈을 이끌어낼 수 있다.

행동 경제학에서 사후판단 편향을 연구하는 또 다른 이유는, 이 편향이 책임 전가와 비난 문화와도 밀접하게 연결되기 때문이다. 결과를 알고 난 뒤에는 해당 결정을 내린 사람의 무능이나 안일함을 과장해 평가하는 경향이 생기며, 조직이나 산업 내부에서는 특정 개인이나 집단에게 책임이 집중되는 구조가 만들어진다.

그로 인해 실제로는 불확실성과 제약 속에서 이루어진 합리적 선택까지도 실패로 낙인찍히게 하고, 학습보다는 비난과 처벌의 문화로 이어질 위험이 크다. 하지만 실제 당시에는 정보의 제약, 상황적 압박, 예측 불가능한 변수들이 존재했음을 간과해서는 안된다. 따라서 사후판단 편향을 고려하는 것은 공정한 평가와 학습을 위해 필수적이다.

우리가 일상 속에서 이 개념을 의식해야 하는 이유는, 결과론적 사고에 빠져 스스로 혹은 타인의 선택을 불필요하게 과소평가하거나 과대평가하지 않기 위해서다. 또한 사후판단 편향을 인식하면 실패를 단순히 '예견 가능했던 필연적 결과'로 오해하지 않고, 당시의 불확실성 속에서 최선의 선택을 했다는 사실을 존중할 수 있다.

● 스포츠 경기

경기가 종료된 뒤 팬들이 흔히 "이길 줄 알았다" 혹은 "질 게 뻔했다"라고 회상하는 과정에서 전형적인 사후판단 편향이 나타난다. 물론 승패가 뻔한 경기도 있고, 통계적 수치를 통해 예측의 가능성을 높일 수도 있다. 하지만 실제 경기 전에는 팀 전력, 선수 컨디션, 심판 판정, 기상 조건, 심리적 압박 등 수많은 변수가 얽혀 있었을테고, 예측 불가능한 상태인 승패의 경우도 존재한다.

감독과 선수 역시 실시간으로 변화하는 전략적 선택을 요구받기 때문에, 경기 결과를 사전에 명확히 알 수는 없다. 그럼에도 결과과 나온 뒤에는 사전적 복잡성이 사라지고, 마치 처음부터 결과가 정해져 있었던 것처럼 단순화하여 기억하려는 경향이 생기는 것이다.

• 투자와 주식 시장

주가가 급등하거나 폭락한 후 사람들은 대개 "그럴 줄 알았다"라고 평가하지만, 이 역시 사후판단 편향의 대표적 사례가 될 수 있다. 실제로는 국내외 경기 지표, 통화 · 재정 정책, 금리와 환율 변동, 국제 정세와 지정학적 갈등, 글로벌 공급망 교란, 원자재 가격 변동, 기업의 재무 건전성과 분기 실적, 내부 경영 전략, 경쟁사의 신제품 출시, 규제 환경 변화, 투자 심리 및 군집 행동 등 수많은 변수들이 상호작용하며 주가에 영향을 미친다. 사건 발생 이전에는 이러한 변수들이 동시에 어떻게 결합해 결과를 만들어낼지를 예측하기가 사실상 불가능한 경우가 많다.

그럼에도 인간의 기억은 결과에 대해 복잡성을 제거하고, 마치 필연적인 경로였던 것처럼 재구성하려고 한다. 이러한 편향은 투자자들로 하여금 자기 과신을 강화하고, 리스크 관리의 중요성을 과소 평가하게 만들며, 포트폴리오 다변화나 헤지 전략 같은 합리적 위험에 대한 관리 기법을 간과하게 하는 결과를 낳을 수 있다.

　　　　　　　　　　서범강의 웹툰 경제학

일상 속의 사후판단 편향

•시험과 입시 결과

합격 발표 후 수험생이나 주변인이 "합격할 줄 알았다" 혹은 "떨어질 줄 알았다"라고 회상하는 것도 사후판단 편향에 포함될 수 있다. 실제 시험 직전의 상황은 불안과 불확실성으로 가득 차 있으며, 응시자의 학업 성취도, 당일 컨디션, 문제 출제 경향, 채점 기준, 경쟁자의 수준 등 다양한 요인이 결합되어 결과를 좌우한다.

그러나 결과가 발표된 후에는 이러한 복잡한 변수들이 무시되고, 합격이나 불합격이 처음부터 예정된 것처럼 기억의 파편은 재조합 된다. 이는 수험생 본인에게 자기비난이나 과신을 강화할 수 있고, 교육기관이나 입시제도 평가에서도 결과론적 왜곡을 일으킬 수 있다.

• 사고·재난

사고나 재난이 발생하면 대중과 언론은 종종 "당연히 위험한 상황이었는데 왜 대비하지 않았느냐"라는 비판적 평가를 내린다. 그러나 실제 사건 당시에는 정보의 불완전성, 위험 신호의 모호성, 상황적 압박, 기술적 제약, 의사 결정자의 인지적 과부하 등 다양한 요인들이 존재해 결과를 사전에 명확히 예측하기 어렵다.

예컨대 산업재해, 교통사고, 자연재해와 같은 사건에서는 사전 경고 신호가 있었다 해도 그것이 실제로 위험으로 이어질지 여부는 확률적이며 불확실하다. 사후판단 편향은 이러한 복잡성을 무시하고 결과를 필연적인 것으로 재해석함으로써, 재난 대응 책임자를 과도하게 비난하거나 정책적 교훈을 왜곡하는 결과를 초래할 수 있다.

• 기업 경영 사례

신제품이 시장에서 실패하면 흔히 "애초에 망할 만했다"는 평가가 뒤따른다. 그러나 실제 출시 전에는 소비자 선호도 조사, 경쟁사 분석, 가격 책정 전략, 유통 채널 확보, 브랜드 이미지와 마케팅 계획 등 다양한 정량·정성적 자료를 바탕으로 합리적인 의사 결정이 이루어졌을 가능성이 크다. 또한 당시에는 경제

　　　　　　　　　　서범강의 웹툰 경제학

상황, 기술 변화 속도, 소비 트렌드 전환, 예기치 못한 규제나 정책 변화 등 외부 변수가 복합적으로 작용했을 수 있다.

그럼에도도 불구하고 결과를 확인한 이후에는 이러한 불확실성과 리스크 요인들이 무시되고, 실패가 필연적이었던 것처럼 단순화되어 회상된다. 자칫하면 기업 내부의 책임 전가, 경영진의 과도한 비난, 혹은 잘못된 교훈 도출로 이어질 수 있으며, 장기적으로 혁신적 시도를 위축시키는 부정적 효과를 낳을 수 있다.

이처럼 사후판단 편향은 단순한 개인적 기억 왜곡을 넘어, 집단적 평가나 사회적 의사 결정에도 큰 영향을 끼친다.

웹툰과
사후판단 편향의 상호성

웹툰산업은 창작물의 성공 여부가 독자 반응, 플랫폼 정책, 장르 트렌드, 글로벌 문화적 수용성 등 수많은 불확실한 요인에 의해 결정되기 때문에, 결과가 드러난 뒤 이를 과거의 필연으로 해석하는 사후판단 편향이 특히 빈번하게 발생하는 영역이다. 작품 기획과 연재 단계에서의 불확실성이 높음에도 불구하고, 흥행 여부가 확인된 후에는 이러한 복잡성과 우연성이 간과되고 단순화된 평가로 귀결되는 경우가 많다.

　이러한 과정은 사후판단 편향의 대표적 부작용인 책임 전가와 비난 문화로 이어지기도 한다. 성공하면 플랫폼과 독자는 작가의 능력만을 과대평가하며 다른 요인을 무시하고, 실패하면 작가 개인이나 특정 부서에 모든 책임을 돌리게 되는 식이다. 이는 웹툰산업이 위축 효과를 낳고 새로운 시도를 저해하는 결과를 초래한다. 따라서 사후판단 편향을 줄이기 위해서는 결과가 아닌 과정 중심의 평가 체계를 강화하고, 실패 사례를 데이터 기반으로 분석하여 제도적 학습 자원으로 전환하는 것이 필요하다.

• 흥행작 평가

어떤 작품이 대히트를 치면 대중과 업계 관계자들은 "스토리와 작화가 뛰어났으니 당연히 성공할 줄 알았다"라는 평가를 쏟아낸다. 그러나 실제 연재 초기에는 해당 작품도 수많은 동시 연재작 가운데 하나에 불과했고, 성공 가능성은 독자 반응, 플랫폼의 추천 알고리즘, 마케팅 강도, 초기 유료화 전환율, 경쟁작의 존재, 장르 트렌드 변화 등 다양한 요인이 작용하므로 성급히 단정짓기 어렵다. 작품의 질적 우수성이 중요한 요소였음은 분명하지만, 그것만으로 성공을 보장한다고 볼 수는 없다.

그렇다고 해서 흥행이 전적으로 계획 불가능한 것은 아니다. 예측 가능성을 높이기 위해서는 독자 행동 데이터를 체계적으로 분석하고, 장르별 소비 패턴과 글로벌 시장의 문화적 수용성을 연구하며, 마케팅·홍보 전략을 정밀하게 설계할 필요가 있다. 또한 플랫폼과 작가가 협력하여 알고리즘 노출 최적화, 초반 연재 속도와 컷 구성, 타깃 독자층의 반응 모니터링 등을 적극 활용하면 흥행 확률을 상대적으로 끌어올릴 수 있다.

다만 이러한 과정이 결과 확인 이후에는 간과되고, 기억이 재구성되면서, 성공했을 때는 작가 개인의 능력을 과도하게 부각하거나 특정 플랫폼의 전략만을 절대화하고, 실패했을 때는 개별 작가나 담당 부서에 과도한 책임을 물으며 종종 책임 전가와 비난의 상황으로 이어진다. 이러한 현상은 산업 내 건강한 평가와 학습을 왜곡하고, 창작자와 플랫폼 모두의 도전 의식을 약화시킬 수 있다. 따라서 흥행작 평가에서는 결과론적 회상에 매몰되지 않고, 과정 중심의 다면적 요인 분석을 통해 균형 잡힌 평가를 수행하는 것이 필요하다.

● 플랫폼 전략

BL이나 로맨스 판타지 장르가 세계적으로 성장한 뒤 업계와 독자들은 "애초에 대세가 될 게 뻔했다"고 말하지만, 실제 당시 플랫폼의 입장에서는 해당 장르가 국내외에서 안정적으로 수요를 확보할 수 있을지, 연재 편수 대비 결제 전환율이 충분히 확보될지, 사회적 수용성과 검열 리스크가 어떠할지, 번역과 해외 현지화가 원활히 진행될지 등 수많은 불확실성이 존재했을 것이다.

그렇다고 해서 장르의 흥행 자체가 전적으로 계획 불가능한 것은 아니므로, 예측 가능성을 높이려면 독자군의 세분화된 취향 데이터를 분석하고, 장르별 소비 주기와 문화적 수용성을 파악하며, 해외 시장의 규제 환경과 현지 독자 반응을 면밀히 조사해야 한다. 여기에 초기 파일럿 작품을 통한 테스트 마케팅, A/B

테스트를 통한 독자 반응 검증, 글로벌 플랫폼과의 전략적 협업 등을 활용하면 리스크를 줄이고 흥행 확률을 점진적으로 높일 수 있다. 그러나 실제 성과가 드러난 뒤에는 이러한 선행 노력들이 간과되고, 마치 장르 성공이 필연적이었던 것처럼 체감되면서 성공 시에는 특정 플랫폼의 전략을 과도하게 절대화하거나 담당 부서를 칭송하는 반면, 실패 시에는 개별 의사 결정자에게 책임 전가를 집중시키는 현상이 나타난다.

이는 조직 내부의 건전한 학습을 방해하고, 위험 감수를 통한 혁신을 저해할 수 있다. 따라서 플랫폼 전략에 대한 평가는 결과론적 단순화가 아니라 과정 전반의 불확실성과 기여 요인을 균형 있게 고려하는 방식으로 이뤄져야 한다.

• 해외 진출

특정 웹툰이 글로벌 시장에서 흥행에 성공했을 때 흔히 "한국적 정서가 통할 줄 알았다"라는 단순화된 평가가 나오지만, 실제 성공 요인은 번역의 정확성과 문화적 맥락 반영 정도, 글로벌 플랫폼의 마케팅 전략, 작품의 장르적 보편성과 현지 문화 코드와의 호환성, 독자 커뮤니티의 자발적 확산, 현지 결제 시스템과 유통 구조의 안정성 등 복합적이고 상호작용하는 요소들이었을 경우가 많다.

해외 진출의 흥행을 계획하고 예측 가능성을 높이기 위해서는 국가별 문화·규제 환경에 대한 정밀한 조사, 다국적 독자군의 소비 패턴 분석, 현지화 번역 품질 관리, 전략적 마케팅 및 공동 프로모션, 글로벌 플랫폼과의 파트너십, 그리고 초기 소규모 론칭을 통한 반응 검증이 필요하다.

그러나 과정에서의 노력들이 결과 확인 이후에는 종종 간과되고, 성공은 마치 당연했던 것처럼 회상되며, 실패는 특정 개인이나 조직의 잘못으로 단순화된다. 이러한 왜곡은 산업 전반의 협력적 학습을 저해하고, 해외 시장에서의 장기적 혁신 시도를 위축시킬 수 있다.

● 실패 사례

흥행하지 못한 작품에 대해 흔히 "원래 매력이 없었다"라고 단정하는 것도 사후판단 편향적 해석이 될 수 있다. 실제로는 작품의 내적 완성도뿐 아니라 독자의 관심을 끌어낼 수 있는 시기적 타이밍, 동시기에 공개된 경쟁작의 강도, 플랫폼의 노출 알고리즘, 마케팅 자원의 배분, 사회적 이슈와 문화적 트렌드 등 다양한 외부 요인들이 흥행 실패에 영향을 미칠 수 있다. 그럼에도 불구하고 결과가 드러난 이후에는 이러한 복합성이 무시되고, 실패가 필연적이었던 것처럼 단순화된다.

이런 경우에도 책임 전가와 비난 문화는 나타나고, 작가 개인이나 특정 부서가 모든 실패의 책임을 떠안는 결과를 낳는다. 실패를 단순히 작품의 본질적 결함으로 환원하는 것은 결과 중심적 착각이며, 실패 사례를 정확히 분석하려면 당시의 시장 구조

와 환경적 요인을 종합적으로 고려해야 하고, 더 나아가 책임 전
가가 아니라 제도적 학습과 개선의 기회로 삼아야 한다.

관점별 적용과
활용

사후판단 편향은 동일한 사건이라도 이해 관계자의 위치에 따라 다르게 인식되고 활용될 수 있다. 무엇보다 웹툰산업에서는 플랫폼, 작가, 독자라는 세 주체가 각기 다른 정보 구조와 평가 기준을 갖고 있어, 편향이 나타나는 방식과 그 결과가 크게 달라진다. 이를 위해 각 관점별로 사후판단 편향이 어떤 식으로 작동하는지, 그리고 이를 어떻게 의식적으로 통제하고 활용할 수 있는지에 대해 전문적으로 살펴볼 필요가 있다.

 플랫폼 관점

• 판단 방식

  서범강의 웹툰 경제학

흥행하지 못한 작품을 두고 "처음부터 가능성이 낮았다"고 회상하거나, 성공작을 '애초에 성공이 확정된 작품'처럼 평가한다.

• 활용 가능성

이런 결과론적 사고는 신규 작품 투자에서 지나친 보수성으로 이어질 수 있다. 사후판단 편향을 의식하면 실패 사례도 '학습 자원'으로 재해석할 수 있고, 시장의 불확실성을 존중하는 장기 전략을 세울 수 있다.

 **작가 관점**

• 판단 방식

흥행에 실패하면 "애초에 망할 줄 알았다"라며 자기 비난을 심화시키거나, 성공하면 "내 실력이면 당연히 성공한다"는 자기 과신에 빠질 수 있다.

• 활용 가능성

사후판단 편향을 경계하면 실패에도 불구하고 창작 도전의 가치를 인정하고, 성공 또한 실력과 운, 시장 상황이 결합한 결과로 받아들일 수 있다. 이는 장기적으로 창작자의 정신 건강과 창작 지속성에 긍정적이다.

독자 관점

• 판단 방식

완결된 작품을 보고 "결말이 뻔했다"거나 "애초에 인기 있을 줄 알았다"는 식으로 결과를 과거에 투영한다.

•활용 가능성

독자의 이러한 회상 왜곡은 리뷰, 평점, 입소문에 영향을 주어 후속 작품의 흥행에도 간접적 파급 효과를 낳는다. 플랫폼과 작가는 이를 고려하여 독자의 기억을 긍정적으로 설계할 수 있는 홍보 전략이나 서사 구조를 설계할 수 있다.

추가적 시사점과 결론

사후판단 편향은 인간이 불확실성과 우연성을 잘 받아들이지 못하고 과거를 결과 중심으로 재해석하는 인지적 함정이다. 웹툰산업에서 플랫폼·작가·독자 모두 이 함정에 빠지기 쉽고, 의사 결정과 평가를 왜곡시킨다.

정책적·산업적 차원에서는 다음과 같은 시사점이 있다.

• 데이터 기반 의사 결정 강화

결과 중심의 기억 왜곡을 줄이려면, 작품 기획·연재·마케팅 과정의 데이터를 체계적으로 기록하고 분석하는 것이 중요하다.

• 실패의 가치 인정

사후판단 편향을 극복하기 위해서는 실패를 단순히 '예견된 결과'로 치부하지 않고, 새로운 도전과 실험의 기록으로 남겨야 한다.

• 교육과 훈련

창작자와 플랫폼 종사자에게 인지적 편향 교육을 제공하면, 불확실성을 더 성숙하게 받아들이고 결과를 객관적으로 평가할 수 있다.

결론적으로, 사후판단 편향은 개인적 판단의 오류를 넘어 산업과 사회 전반의 학습 방식을 왜곡시킬 수 있다. 웹툰산업에서 이를 의식적으로 경계하고, 실패와 성공 모두를 '예측 불가능한 불확실성 속의 산물'로 이해할 때, 창작과 산업 모두 더 건강하게 발전할 수 있다.

## 16장

보이지 않는 거래, 당신의 선택이 나를 바꾼다

그림자 속의 경제와 보이지 않는 파동

외부 효과,
시장을 넘어선 관계의 경제학

경제학에서 외부 효과 Externality 는 한 경제 주체의 행동이 시장 거래를 거치지 않고 다른 주체의 효용이나 생산에 영향을 미치는 현상을 말한다. 다시 말해 개인이나 기업의 활동이 제3자에게 이익이나 피해를 주지만 그 영향이 시장 가격에 반영되지 않는 상태를 의미한다. 예를 들어, 한 공장이 생산 활동을 하면서 배출하는 오염물질이 인근 주민의 건강에 악영향을 미치더라도 그 피해는 제품 가격에 포함되지 않는다. 반대로, 한 시민이 거리 미화를 위해 나무를 심는다면 다른 사람들은 쾌적한 환경을 누리지만, 그 시민은 별도의 보상을 받지 못한다.

이러한 사례들은 외부 효과가 어떻게 현실 속에서 나타나는지를 잘 보여준다. 외부 효과는 경제학에서 시장 실패 Market Failure

의 가장 핵심적인 원인 중 하나로 꼽힌다. 이 현상이 존재하면 시장은 자원을 효율적으로 배분하지 못하고, 개별 행위자의 선택이 사회 전체의 최적 상태에서 벗어나게 된다. 다시 말해 어떤 경제 행위가 초래하는 사회적 비용이나 사회적 편익이 시장 가격 체계에 제대로 포함되지 않기 때문에 생산이나 소비의 수준이 과잉 혹은 과소 상태로 왜곡되는 것이다.

외부 효과는 크게 두 가지로 나뉜다.

첫째, 긍정적 외부 효과 Positive Externality 는 개인의 행동이 다른 사람에게 이익을 제공하지만, 그에 대한 보상이 시장에서 이루어지지 않는 경우를 말한다. 교육, 연구개발, 백신 접종, 문화예술 창작 활동 등이 대표적이다.

둘째, 부정적 외부 효과 Negative Externality 는 개인의 행동이 타인이나 사회 전체에 피해를 주지만, 그 비용을 스스로 부담하지 않는 경우다. 대표적으로는 환경오염, 소음, 교통 혼잡, 불법 복제 등이 있다. 이러한 외부 효과가 존재하면 시장은 사회적으로 바람직한 수준보다 과잉 생산**부정적 외부효과의 경우** 혹은 과소 생산 **긍정적 외부효과의 경우** 상태로 치우치게 된다.

부정적 외부 효과의 경우, 공장이 오염물질을 배출하면서도

정화 비용을 지불하지 않는다면 오염된 공기나 수질로 인해 사회적 비용이 커지지만, 생산자는 그 비용을 고려하지 않기 때문에 상품을 과도하게 생산하게 된다. 긍정적 외부 효과의 경우, 개인이 예방접종을 하거나 교육을 받는 행위는 사회 전체의 건강과 생산성을 높이는 긍정적 영향을 주지만, 개인이 얻는 이익만을 기준으로 판단하기 때문에 사회적으로 필요한 수준보다 덜 이루어질 수 있다. 이런 식으로 외부 효과는 경제 주체가 자신의 행위가 타인에게 미치는 영향을 고려하지 않기 때문에 시장의 균형이 사회적 최적점에서 벗어나게 만든다.

보이지 않는 가치사슬, 웹툰의 외부 효과

웹툰산업은 외부 효과가 다층적으로 작용하는 대표적인 문화 콘텐츠 산업이다. 이 산업은 단순히 작가가 작품을 만들고 독자가 그것을 소비하는 1차적 거래 구조를 넘어, 플랫폼과 작가, 독자, 커뮤니티, 2차 저작물 시장 등 수많은 주체들이 상호작용하면서 경제적·사회적 파급 효과를 만들어낸다. 따라서 외부 효과의 개념은 웹툰산업의 성장, 불균형, 혁신, 갈등을 이해하는 핵심 열쇠로 작용한다.

먼저, 웹툰 플랫폼의 경우 외부 효과가 가장 강하게 나타나는 영역은 '네트워크 효과'다. 플랫폼은 참여자가 많을수록 그 자체의 가치가 커지는 구조를 가진다. 작가와 독자가 많이 모일수록 콘텐츠의 다양성과 질이 높아지고, 독자의 선택폭이 확대되며,

서범강의 웹툰 경제학

이는 다시 신규 이용자의 유입을 촉진한다.

이러한 순환 구조는 '긍정적 네트워크 외부 효과'로 불리며, 플랫폼의 가치가 비례적으로가 아니라 기하급수적으로 증가하는 결과를 낳는다. 주요 웹툰 플랫폼들이 초기에는 치열한 경쟁을 벌였지만 결국 몇 개의 대형 플랫폼으로 시장이 집중된 이유는 이 네트워크 외부성 때문이다. 그러나 긍정적 외부 효과가 강화될수록 역설적으로 부정적 외부 효과도 발생한다. 콘텐츠가 과잉 공급되면 독자는 정보 과부하 상태에 놓이고, 노출 경쟁에서 밀린 신진 작가들은 플랫폼 접근 기회를 상실한다. 다시 말해 플랫폼의 성장이 일정 수준을 넘어서면 오히려 사회 전체의 만족도가 떨어지는 '혼잡 효과 congestion effect'가 발생하는 것이다.

웹툰 작가의 경우에도 외부 효과는 매우 복잡하게 작용한다. 긍정적 외부 효과는 선도적 창작활동이 다른 창작자에게 영감을 주거나 산업 전체의 수준을 끌어올리는 형태로 나타난다. 한 작가의 실험적 서사나 새로운 작화 기술은 다른 작가들의 창작 동기를 자극하고, 더 나은 작품이 만들어지는 선순환을 촉진한다.

가령, 특정 주제나 장르의 작품이 성공하게 되면, 관련 주제와 장르가 다수 등장하며 산업 전반의 장르적 경쟁력이 확대되는 현상을 일으킨다. 또한 AI 작화 도구나 3D 배경 자동화 기술 등은 한 작가의 시도로 시작되었지만, 곧 다른 작가들에게 퍼져 전체 산업의 생산성을 끌어올리는 효과를 내기도 한다. 그러나 이러한 사회적 편익은 시장 가격에 반영되지 않기 때문에, 작가는 자신의 창의적 기여에 대한 정당한 보상을 받지 못하는 경우가 생길 수 있다.

다른 예를 살펴보면, 표절과 불법 복제는 대표적인 부정적 외부 효과다. 누군가의 창작물이 무단으로 이용되면, 그 피해는 개별 작가를 넘어 산업 전체의 신뢰를 무너뜨리고, 소비자들의 지불 의사도 약화시킨다. 불법 웹툰 사이트는 작가의 수익을 줄이는 동시에 합법 시장의 가격 체계를 왜곡시켜, 창작 의욕을 근본적으로 약화시키는 악순환을 초래한다.

독자의 경우에도 외부 효과는 다층적으로 나타난다. 긍정적인 측면에서, 독자의 소비 행위는 단순히 개인적 효용을 넘어 타인에게 영향을 미친다. SNS에서 웹툰을 추천하거나 리뷰를 공유하는 행위는 다른 독자들에게 작품을 알리고, 신규 독자를 유입시킨다. 이것은 구전 효과Word-of-Mouth Effect로, 광고비를 들이지 않고도 콘텐츠의 시장 규모를 확대시키는 강력한 긍정적 외부 효과다.

더 나아가 팬아트, 코스프레, 2차 창작 등 팬덤 기반의 활동은 원작의 인지도와 시장 가치를 높이는 데 기여한다. 하지만 반대로, 일부 독자의 행위는 부정적 외부 효과를 낳기도 한다. 스포일러를 무단으로 유포하거나, 유료화를 우회해 불법으로 콘텐츠를 소비하는 경우가 대표적이다. 이러한 행위는 단기적으로는 개인에게 이익을 주지만, 장기적으로는 작가와 플랫폼, 나아

    서범강의 웹툰 경제학

가 독자 본인에게도 손해를 초래한다. 창작 인센티브가 약화되면 새로운 콘텐츠의 질이 떨어지고, 산업 전반의 지속 가능성이 훼손되기 때문이다.

결국 웹툰산업의 외부 효과는 플랫폼, 작가, 독자가 복합적으로 얽혀서 상호작용하는 체계다. 플랫폼은 네트워크 효과를 통해 시장을 확장시키는 동시에 콘텐츠 과잉이라는 부작용을 낳고, 작가는 창작 혁신을 통해 산업을 발전시키는 동시에 표절이나 불법 복제 피해의 위험에 노출된다. 독자는 팬덤 활동을 통해 산업의 성장을 돕지만, 악성 댓글이나 스포, 불법 소비를 통해 시스템을 무너뜨리기도 한다. 이처럼 외부 효과는 선과 악이 공존하며, 그 균형을 어떻게 조정하느냐가 산업의 방향을 결정한다.

이 문제를 해결하기 위해서는 외부 효과의 '내부화Internalization'
가 필요하다. 다시 말해 시장 참여자들이 자신들의 행위가 사회
에 미치는 영향을 가격이나 제도를 통해 스스로 반영하도록 만
드는 것이다. 정부는 저작권 강화, 불법 유통 단속, 창작 R&D 세
액공제, 공공 아카이브 구축 등을 통해 사회적 비용을 줄이고 사
회적 편익을 높일 수 있다. 플랫폼은 알고리즘의 투명성을 확보
하고, 수익 배분 구조를 공정하게 조정하며, 구독형이나 후원형
모델을 도입해 사회적 편익을 가격 체계에 반영할 수 있다. 또한
팬 커뮤니티는 자발적 후원, 굿즈 펀딩, 작가 응원 캠페인 등을
통해 긍정적 외부 효과를 확산시킬 수 있다.

웹툰산업의 성장은 외부 효과의 균형 위에서 이루어진다. 긍
정적 외부 효과는 플랫폼 확장과 문화 확산의 원동력이지만, 부
정적 외부 효과는 신뢰 하락과 창작 의욕 저하라는 형태로 나
타난다. 따라서 웹툰 경제학의 핵심 과제는 외부 효과를 정교하
게 관리하고, 그 영향을 제도적으로 조정하는 것이다. 긍정적 외
부 효과를 극대화하고 부정적 외부 효과를 최소화함으로써, 창
작자와 독자, 플랫폼, 그리고 사회 전체가 함께 이익을 공유하는
지속 가능한 생태계를 만들어가는 것. 바로 이것이 웹툰산업이
앞으로 나아가야 할 경제학적 방향이자, 창작과 소비가 함께 번
영할 수 있는 사회적 해답이다.

　　　　　　　　　　　　　　서범강의 웹툰 경제학

17장

경계 없는 경제, 산업의 붕괴와 재조립

경계의 해체와 융합이 가져온
새로운 질서와 신新산업 구조의 경제학

빅블러와 경제 구조의 변화

빅블러Big Blur 현상은 현대 사회의 급격한 기술 발전과 산업 구조 변화가 만들어낸 가장 특징적인 흐름 중 하나로, 산업 간의 경계뿐 아니라 인간의 역할, 소비와 생산의 구분, 나아가 현실과 가상의 구분마저 흐려지게 만드는 거대한 사회적 전환을 의미한다. 이를테면, 과거에는 산업이 명확히 구분되어 있었다. 자동차 산업은 자동차를 생산하고, 출판사는 책을 제작하며, 방송사는 방송을 송출했다.

그러나 21세기에 들어서면서 이러한 구분은 점점 무의미해지고 있다. 기술 발전과 정보의 흐름이 산업 간 장벽을 무너뜨리며, 소비자가 원하는 가치가 단순한 물건이 아닌 통합적 경험으로 이동했기 때문이다. 기업 간의 영역 구분이 희미해진 것은 제

품이 단일 기능만으로는 경쟁력을 확보하기 어려운 시대가 되었기 때문이며, 고객은 이제 물건의 품질보다 그것을 통해 얻는 감정, 편리함, 몰입감 등을 더 중요하게 인식한다.

따라서 오늘날의 기업은 단순히 한 가지 제품을 만드는 존재가 아니라, 복합적인 기술과 서비스를 결합하여 고객이 체험하고 느낄 수 있는 '경험'을 제공하는 플랫폼으로 진화하고 있다. 이와 같은 흐름은 단순히 산업 구조의 변화가 아니라, 사회 전체의 가치관과 경제적 질서, 그리고 인간의 정체성 자체를 재정의하는 거대한 변화라 할 수 있다.

서범강의 웹툰 경제학

 # 빅블러 경제의 탄생과 가치 재편

빅블러라는 개념은 2010년대 중후반 이후 본격적으로 주목받기 시작했다. 그 중심에는 4차 산업혁명이라 불리는 거대한 기술 혁신이 있었다. 인공지능AI, 사물 인터넷IoT, 빅데이터, 클라우드, 블록체인, 그리고 메타버스 등 다양한 첨단 기술들이 산업 전반에 깊숙이 스며들며, 전통적인 산업의 경계를 무너뜨렸다. 그 이유는 네 가지로 설명할 수 있다.

첫째, 디지털 기술이 산업의 생산 및 유통 시스템을 표준화하고 연결성을 강화했기 때문이다. 특히 클라우드 컴퓨팅과 네트워크 인프라의 발전으로 인해 산업 간 데이터 교환이 실시간으로 가능해졌고, 기술 표준이 통합되면서 서로 다른 산업의 운영 체계가 하나의 디지털 언어로 소통할 수 있게 되었다.

또한 인공지능과 빅데이터 분석 기술이 산업 전반의 의사 결정에 활용되며 효율성을 높였고, 기존 산업이 공유하던 정보의 비대칭성이 완화되었다. 그 결과, 서로 다른 산업의 데이터와 프로세스가 하나의 플랫폼 안에서 통합되며, 산업 간 장벽이 자연스럽게 약화되었다. 다시 말해 기술의 개방성과 상호 운용성이 전통적 산업 구조의 고립을 무너뜨리고, 협력과 융합을 촉진하는 새로운 생태계를 형성하게 된 것이다.

둘째, 정보기술이 실시간 상호작용과 맞춤형 서비스 제공을 가능하게 하며, 산업 구조의 수직적 계층을 수평적 네트워크 구조로 전환시켰다. 이 변화가 가능했던 이유는 정보기술이 데이터의 흐름을 가속화하고, 기업과 소비자 간의 즉각적인 피드백 순환을 가능하게 만들었기 때문이다. 인터넷과 모바일 기술의 발달로 정보가 중앙집중식으로 통제되지 않고 분산적으로 공유되며, 기업의 의사 결정 구조 또한 수직적인 명령 체계에서 벗어나 유연한 네트워크형 조직으로 변화했다.

클라우드 서비스와 API 연동 기술을 통해 서로 다른 산업과 기업이 협력할 수 있는 기반이 마련되었고, 실시간 데이터 분석과 고객 맞춤형 인터페이스는 산업 간 상호 의존성을 강화시켰다. 결과적으로 정보기술은 산업을 하나의 생태계로 묶는 촉매제가 되어, 기존의 위계적 구조를 파괴하고 상호 협력과 개방성을 중심으로 한 새로운 네트워크 경제를 만들어냈다.

셋째, 소비자의 요구가 다변화됨에 따라 기술이 단순히 제품의 기능을 향상시키는 수준을 넘어 사용자의 경험 전반을 통합적으로 관리하고 예측하게 되었다. 이 변화의 배경에는 소비자의 니즈가 세분화되고 개인화되면서, 기술이 데이터를 통해 사용자의 행동 패턴과 감정, 선호를 실시간으로 분석할 수 있게 된 점이 있다. 인공지능과 빅데이터 기술이 결합되면서, 기업은 사용자가 상품을 구매하기 전 단계부터 구매 후의 감정적 만족

　　　　　　　　서범강의 웹툰 경제학

에 이르기까지 전 과정을 하나의 '경험'으로 설계할 수 있게 되었다.

이처럼 기술이 인간 중심의 감성적 데이터까지 포착하고 반영하게 되면서, 산업은 기능적 경쟁에서 감정적 연결과 경험의 깊이를 중심으로 재편되었다. 결국 산업의 경쟁력이 기술력 그 자체가 아닌 '사용자가 체감하는 총체적 경험'으로 이동함에 따라, 전통적인 산업의 경계는 더 이상 유지될 수 없게 되었다.

넷째, 디지털 인프라의 확산으로 중소기업과 개인 창작자까지도 글로벌 시장에 진입할 수 있는 기반이 마련되며 산업 내 독점 구조가 약화되었다. 이러한 요인들이 복합적으로 작용하여, 첨단 기술은 기존 산업 구분을 해체하고 새로운 융합 생태계를 만들어냈다. 과거에는 기술이 산업의 도구 역할에 머물렀다면, 이제는 기술이 산업을 재편하고 인간의 역할까지 바꾸는 핵심 동력으로 자리 잡았다. 그 중 디지털 전환Digital Transformation 은 기업의 비즈니스 모델뿐 아니라 사회의 기본 질서까지 바꾸어 놓았다. 디지털 플랫폼은 정보의 유통뿐 아니라 생산과 소비, 나아가 인간의 관계까지 통제하는 새로운 사회적 인프라로 부상했다.

변화를 일으키는 변화의 경제 논리

이러한 빅블러 현상이 나타난 배경은 다시 다음의 네 가지로 분석할 수 있다.

첫째, 기술 혁신의 가속화다.

인공지능과 자동화 기술은 사람의 노동을 대체하고, 서로 다른 산업들이 기술을 공유하며 융합하게 만들었다. 자동차 회사가 이제는 소프트웨어 기업이 되고, IT 기업이 금융 서비스를 제공하는 시대가 되었다.

둘째, 소비자의 역할 변화다.

과거 소비자는 생산자가 만든 상품을 단순히 구매하는 수동적 존재였으나, 이제는 제품과 서비스의 기획, 개발, 홍보 단계까지 참여하는 '프로슈머 Prosumer'로 진화했다. SNS의 발달로 소비자는 직접 콘텐츠를 생산하고, 이를 통해 경제적 이익을 창출하는 '1인 미디어 기업'으로 성장하기도 한다.

셋째, 산업 간 경계의 붕괴다.

미디어, 교육, 금융, 유통 등 서로 다른 산업군이 기술을 매개로 결합되며, 완전히 새로운 산업 생태계가 형성되고 있다. 예컨대 '에듀테크'나 '핀테크'처럼 기존에는 존재하지 않던 융합 산

업들이 등장했다.

넷째, 플랫폼 경제의 확산이다.

네이버, 구글, 애플, 아마존 같은 글로벌 플랫폼 기업들은 산업 전반을 장악하며 '모든 산업의 플랫폼화'를 가속화했다. 이들은 생산자와 소비자를 직접 연결하고, 유통 구조를 재편하며, 전통적 산업 질서를 완전히 바꿔놓았다.

빅블러 현상이 초래한 사회적 변화는 실로 광범위하다. 가장 눈에 띄는 것은 직업과 노동의 형태 변화다. 과거에는 명확히 구분된 직업군이 존재했지만, 이제는 하나의 직업이 여러 역할을 동시에 수행하는 복합형 형태로 진화하고 있다. '유튜버', '인플루언서', '콘텐츠 크리에이터', '웹툰 PD'와 같은 신직업들은 기획자이자 제작자이며, 동시에 마케터이자 사업가이다. 이러한 변화는 노동의 유연화이자 자아의 다층화를 의미한다.

또 다른 변화는 공급자와 수요자의 경계 붕괴다. 예를 들어, 쿠팡이나 배달의민족 같은 플랫폼에서는 소비자가 단순히 물건을 구매하는 데 그치지 않고, 리뷰를 통해 다른 소비자에게 영향을 미친다. 이는 소비자가 동시에 '정보 생산자'로 기능하는 것이다. 웹툰 플랫폼에서도 마찬가지다. 독자들은 단순히 웹툰을 읽는 데 그치지 않고, 댓글과 팬아트, 2차 창작 등을 통해 웹툰 생태계의 일부가 된다.

산업 간 협업 역시 빅블러의 주요한 특징 중 하나다. 과거에는 상상하기 어려웠던 산업 간의 결합이 일상화되었다. 게임 회사가 웹툰을 제작하거나, 웹툰이 드라마나 영화, 패션, 음악으로 확장되는 것은 더 이상 특별한 일이 아니다. 넷플릭스 오리지널 시리즈 중 상당수가 웹툰을 원작으로 제작되는 경우도 대표적인 사례이다. 이는 단순히 스토리를 영상화한 것이 아니라, 플랫폼, 기술, 팬덤이 결합된 통합적 산업 구조를 구축한다. 콘텐츠는 더 이상 하나의 매체에 머무르지 않고, 다차원적 확장성을 지닌 IP Intellectual Property 로 진화하는 것이다.

또 다른 대표적 사례는 애플의 금융산업 진출이다. 애플은 스마트폰 제조업체로 출발했지만, '애플페이 Apple Pay '를 통해 금

서범강의 웹툰 경제학

융 서비스 산업에 진입했다. 이는 IT 기업과 금융산업의 경계를 완전히 무너뜨린 빅블러의 대표적 예다. 이제 소비자는 금융 상품을 은행이 아닌 기술 플랫폼을 통해 이용하며, 기술 기업이 금융 신뢰를 구축하는 시대가 되었다. 이처럼 빅블러는 산업뿐 아니라 인간의 신뢰 구조와 생활 방식을 바꾸고 있다.

무엇보다 개인 창작자 경제의 확산은 빅블러의 또 다른 상징이다. 개인이 SNS를 기반으로 자신의 콘텐츠를 직접 생산하고 유통하며, 이를 통해 수익을 창출하는 1인 기업 형태의 '크리에이터 이코노미'가 등장했다. 개인은 더 이상 기업에 종속되지 않고, 자신만의 브랜드를 구축해 세계 시장과 직접 연결된다. 이는 웹툰산업과도 밀접하게 맞닿아 있다. 웹툰 작가들은 플랫폼을 통해 독자와 직접 소통하며, 자신만의 팬덤을 구축하고, 굿즈나 영상화 등 다양한 IP 비즈니스로 확장한다. 이처럼 웹툰산업은 빅블러 현상의 중심에 서 있다고 할 수 있다.

웹툰과 빅블러 시대,
감정과 데이터의 융합

웹툰산업은 본질적으로 '예술 + 기술 + 산업 + 마케팅'이 결합된
복합 생태계다. 따라서 빅블러 현상의 영향을 가장 먼저, 그리고
가장 깊이 받는 분야이기도 하다. 관련된 영향의 사례들은 다음
과 같다.

첫째, 콘텐츠 간의 경계가 무너지고 있다.

웹툰은 더 이상 단순한 작품이나 이야기가 아니다. 그것은 드
라마, 영화, 애니메이션, 게임, 패션 등으로 끊임없이 확장되는
하나의 IP 유니버스다. 원천 IP의 가치는 단순히 출판물에 머무
르지 않고, 플랫폼을 기반으로 다층적인 비즈니스 자산으로 전
환되고 있다.

둘째, 기술과의 융합이다.

AI 작화, 자동 콘티 생성, 독자 반응 분석, 블록체인 기반의 저작권 보호 시스템, 메타버스 내 체험형 전시 등은 창작과 소비의 경계를 허물고 있다. 작가는 AI를 활용해 더 빠르고 정교하게 창작할 수 있으며, 독자는 메타버스 공간에서 직접 작품의 세계관을 체험한다. 이는 창작과 소비가 분리된 구조에서 상호작용적 구조로 변화하고 있음을 의미한다.

셋째, 교육과 산업의 경계 붕괴다.

과거에는 예술과 산업, 학문과 기술이 명확히 분리되어 있었지만, 이제는 대학의 웹툰학과, AI 웹툰 아카데미, 웹툰 PD 양성 과정 등에서 예술과 산업 교육이 융합되고 있다. 예술교육이 산업훈련이 되고, 산업훈련이 다시 창작으로 이어지는 선순환 구조가 형성된 것이다.

넷째, 마케팅과 창작의 융합이다.

팬아트, 댓글 밈, 굿즈 제작 등 독자들이 직접 창작 활동에 참여하는 사례가 늘어나고 있다. 팬덤은 더 이상 수동적인 소비자가 아니라 콘텐츠의 공동 생산자이자 마케팅 주체로 기능하고 있다. 이처럼 웹툰산업은 창작자와 독자, 생산자와 소비자의 경계가 완전히 흐려진 대표적 빅블러 산업이다.

이러한 변화 속에서 웹툰산업이 빅블러를 효과적으로 활용하기 위해서는 전략적 대응이 필요하다.

첫째, 산업 융합형 비즈니스 모델의 구축이다.

웹툰을 중심으로 한 IP 통합 운영 시스템을 마련해 웹툰→드라마→게임→굿즈→메타버스로 이어지는 가치 사슬을 완성해야 한다.

둘째, 기술 수용력 강화다.

AI를 단순히 효율화의 수단이 아니라 창작의 확장 도구로 인식해야 한다. AI 채색, 자동 콘티 분석, 독자 피드백 기반의 실시간 수정 시스템 등은 창작 효율성과 상호작용을 동시에 강화할 수 있다.

셋째, 창작자-소비자 간 참여형 생태계 조성이다.

팬덤을 제작 과정에 직접 참여시키는 커뮤니티 기반 창작 플랫폼이 필요하다. 네이버 웹툰의 '챌린지 플랫폼'은 이러한 모델의 대표적 사례다.

마지막으로 정책적·제도적 지원이 필수적이다.

빅블러 시대의 웹툰 진흥 정책은 문화, 산업, 기술을 통합적으로 다루어야 하며, '만화진흥위원회'의 역할 강화 혹은 '웹툰산업진흥위원회' 설립, 산업 융합형 지원사업, R&D 세제 혜택 확대 등이 필요하다.

결국 빅블러는 단순히 경계가 무너지는 혼란의 시대가 아니다. 그것은 새로운 가치 창출의 기회이자, 산업의 진화 과정에서 불가피한 전환점이다. 웹툰산업은 이 빅블러의 중심에 서 있다. 예술과 기술, 산업과 문화가 만나는 지점에서 새로운 창조가 이루어지고 있으며, 그 과정에서 웹툰은 더 이상 단순한 콘텐츠가 아니라, 글로벌 문화경제를 이끄는 핵심 플랫폼으로 자리 잡고 있다. 빅블러를 두려워하기보다 이해하고 적극적으로 수용할 때, 웹툰산업은 새로운 차원의 도약을 맞이할 것이다. 다시 말해 빅블러는 경계의 종말이 아니라, 통합의 시작이다.

18장

웹툰산업의 경제학 프레임

복잡한 경제적 원리에 의해 움직이는
거대한 웹툰 생태계

웹툰산업의 가치 창출 메커니즘

웹툰산업을 제대로 이해하기 위해서는 그 배경을 형성하는 경제적 원리를 먼저 살펴볼 필요가 있다. 그중에서도 생산성과 효용의 한계 체감, 시장 진입 장벽, 정보 비대칭, 경로 의존성이라는 네 가지 개념은 문화산업을 비롯해 창작 기반 산업의 구조를 설명하는 핵심축으로 작동한다. 이들 개념은 단순한 경제 규칙을 넘어, 플랫폼이 왜 특정 전략을 택하고, 제작사가 어떤 방식으로 조직을 운영하며, 작가가 어떤 선택을 하게 되고, 독자가 어떤 소비 패턴을 보이는지를 결정짓는 중요한 이론적 기반이 된다. 따라서 이 개념들을 충분히 이해하면 웹툰산업 내의 다양한 현상을 보다 입체적이고 체계적으로 해석할 수 있다.

창작·소비 구조를 설명하는 핵심축

생산성과 효용의 한계 체감은 웹툰산업의 창작·소비 양쪽에서 중요한 의미를 갖는다. 생산성은 노동이나 자본을 투입했을 때 얻을 수 있는 산출물의 효율성을 의미하며, 한계 생산성은 추가 투입 단위가 얼마나 더 많은 산출을 만들어내는지를 측정하는 개념이다. 웹툰 제작 현장의 경우 초기에는 인력을 조금만 추가해도 산출연재 속도·작화 품질 이 크게 증가할 수 있으나, 어느 시점을 지나면 인력을 더 늘린다고 해서 생산성이 비례해 늘지 않는 지점에 도달한다. 이를 '한계 생산 체감'이라고 하며, 많은 제작사가 일정 규모를 넘어서면 조직 관리 비용 증가, 소통 비용 증가,

서범강의 웹툰 경제학

작업 간섭 등으로 인해 오히려 효율이 떨어지는 이유가 여기에
있다.

소비 측면에서의 한계 효용 체감도 중요한데, 독자는 초기에
새로운 플랫폼의 웹툰을 접할 때 매우 높은 만족을 느끼지만, 시
간이 지날수록 익숙한 구조의 콘텐츠에서는 추가 만족감이 점
차 감소하는 현상이 나타난다. 이는 단순히 '작품수를 늘리는
것'이 더 높은 만족을 보장하지 않는다는 사실을 의미한다. 문화
소비의 본질이 양이 아니라 질에 기반한다는 점에서, 웹툰산업
은 지속적으로 새로운 서사 구조, 독창적 연출 방식, 기술을 결
합한 표현 방식 등을 통해 질적 효용을 자극해야 한다. 이러한
관점에서 한계 효용 체감은 플랫폼과 작가 모두에게 작품 전략
을 새롭게 설계해야 한다는 신호를 준다.

 플랫폼 중심 구조를 강화하는 보이지 않는 벽

시장 진입 장벽은 웹툰산업의 구조적 특징을 가장 강하게 설명
하는 개념이다. 대형 플랫폼은 이미 방대한 사용자 기반, 정교한
결제 시스템, 브랜드 인지도, 마케팅 역량, 인기 IP 보유량 등을
통해 거대한 장벽을 형성하고 있다. 이러한 요소는 신규 플랫폼
이나 신인 작가, 새로운 제작사가 시장에 들어오는 것을 어렵게
만든다. 대표적으로 네트워크 효과는 이용자가 많을수록 플랫
폼의 가치가 커지는 구조이므로, 이미 대규모 사용자층을 보유

한 플랫폼일수록 경쟁 우위가 강화되고, 신규 사업자는 초기에 사용자와 작품을 동시에 확보하기 어려워 시장 진입 자체가 막힌다.

규모의 경제 역시 중요한 장벽이다. 대형 제작사나 플랫폼은 많은 작품을 한 번에 제작·관리할 수 있어 평균 비용을 낮출 수 있지만, 소규모 창작자는 동일한 효율을 확보하기 어렵다. 기술 장벽 역시 존재하는데, 고품질 컬러 웹툰을 안정적으로 연재하기 위해서는 전문 인력 확보, 일정 수준 이상의 자본, 파이프라인 구축 등 상당한 초기 투자가 요구된다. 이는 독립 작가나 신생 제작사에게 큰 장애물이 된다.

진입 장벽이 너무 높아지면 산업은 소수 주체에 의해 독점되거나 과점 구조가 고착화될 수 있으며, 이와 같은 조건은 장기적으로 혁신 정체, 가격 상승, 산업 다양성 축소라는 부정적 결과로 이어질 수 있다. 다시 말해 진입 장벽이 과도하게 높아진 산업에서는 기술·서사·포맷의 실험이 제한되고, 시장 지배력이 소수 플랫폼과 대형 제작사에 집중되면서 '경쟁 압력'이 약화된다.

경쟁 압력이 줄어들면 기업은 새로운 투자나 혁신을 추진할 유인이 감소하며, 전체 산업의 기술 진보 속도를 늦추고 창작 생태계의 활력을 떨어뜨린다. 더군다나 소수 주체가 시장을 좌우하게 되면 가격 결정권이 특정 기업에 집중되어 소비자 비용이 증가하고, 새로운 장르·신규 작가·독립 스튜디오의 시장 진입이 더 어렵게 되어 산업의 다양성과 역동성이 급격히 위축되는 구조적 문제가 발생할 수밖에 없다.

산업 내 권력 구조를 형성하는 핵심 메커니즘

정보 비대칭은 웹툰산업의 거의 모든 주체 사이에서 나타나는 구조적 문제로, 단순한 정보 부족을 넘어 시장 지배력, 협상력, 수익 배분 구조를 근본적으로 결정하는 핵심 변수로 작동한다. 플랫폼·제작사·작가·독자 간에 축적되는 정보량과 정보의 질이 비대칭적으로 배분될수록, 시장 참여자의 합리적 의사 결정은 제한되고 거래의 공정성 또한 위협받는다. 더 나아가 정보 비대칭은 산업 내 이해 관계자 간 신뢰 형성을 가로막고, 불완전한 정보에 기반한 의사 결정이 누적되면서 장기적으로 산업 전체의 효율성과 혁신 잠재력을 잠식하는 구조적 리스크로 이어진다.

플랫폼은 이용자 체류 시간, 회차별 이탈률, 결제 전환율, 유입 경로, 광고 수익 등 방대한 데이터를 보유하고 있으나, 작가에게 전달되는 정보는 매우 제한적이다. 이러한 현상이 발생하는 근본적 이유는 플랫폼이 데이터 수집·처리·분석 역량을 독점하고 있어 정보의 비대칭적 구조가 자연스럽게 고착되기 때문이다. 플랫폼은 방대한 사용자 규모를 기반으로 다양한 정량 데이터와 행동 데이터를 수집할 수 있는 반면, 작가는 자신의 작품

반응에 대한 부분적 · 표면적 정보만 접근할 수 있어 생산적 · 기획적 · 전략적 의사 결정에서 구조적으로 불리한 위치에 놓이게 된다.

이때 플랫폼은 알고리즘과 추천 시스템의 구체적 구조를 기업 자산으로 간주해 외부 공개를 제한하는 경향이 있어, 투명성이 부족해지고 작가는 자신에게 불리한 조건의 원인을 파악하기 어렵다. 해결 방안으로는,

첫째, 플랫폼이 최소한의 핵심 데이터를 작가에게 정기적으로 제공하도록 하는 표준 데이터 공개 체계가 마련되어야 한다. 회차별 이탈률, 주요 독자군 구성, 결제 전환 지점 등은 작품 개선에 직접적으로 도움이 되는 만큼 공개의 필요성이 높다.

둘째, 독립적 검증 기관이나 협회 중심의 데이터 중개 시스템을 구축해 플랫폼 내부의 데이터 의존도를 낮추고 정보 접근성을 높일 수 있다.

셋째, 작가와 제작사가 데이터 분석 역량을 강화할 수 있도록 교육 프로그램 · 도구 지원을 병행해 정보 비대칭의 구조적 격차를 완화해야 한다.

넷째, 플랫폼의 추천 · 노출 알고리즘에 대한 기본 원리 공개

 서범강의 웹툰 경제학

의무를 도입함으로써 불투명한 운영 방식을 줄이고 시장 참여
자의 신뢰를 높이는 것도 방법이 될 수 있다.

위의 방안과 별개로 정보 비대칭이 유지될 경우, 이로 인해 작
가는 자신의 작품이 전체 시장에서 어떤 위치를 차지하고 있는
지, 어떤 요소가 독자 반응을 이끌어내는지, 어떤 방식으로 수익
이 발생하는지를 정확히 판단하기 어렵다. 이러한 정보 비대칭
은 협상력의 차이를 확대시키고, 과도하게 플랫폼 중심의 수익
구조가 형성되는 원인이 되기도 한다.

제작사와 작가 간의 정보 비대칭 역시 문제를 유발한다. 제작
사는 여러 플랫폼과의 계약 경험과 산업 내 관행을 잘 알고 있
기 때문에 수익 배분률, 2차 저작권 가치, 해외 유통 조건 등을
잘 파악하고 있지만, 신인 작가는 이러한 정보를 대부분 알지 못
한다. 이 때문에 불리한 조건의 계약을 체결하거나 계약 구조를
이해하지 못해 후에 분쟁이 발생하는 경우가 있다.

그러나 최근에는 이러한 문제들이 업계 전반의 인식 개선, 표
준계약서 보급 확대, 교육 프로그램 강화 등을 통해 상당 부분
해소되거나 예방되고 있다는 점도 주목할 필요가 있다. 플랫폼
과 제작사가 예전보다 투명한 정산 체계와 데이터 공유를 확대
하고, 작가 또한 법률적 이해와 계약 분석 역량을 높이면서 정보
비대칭의 격차가 빠르게 줄어들고 있기 때문이다. 다만 역설적
으로 이러한 변화가 일부 작가에게는 협상력을 과도하게 활용

하거나 데이터를 선택적으로 해석해 자신에게 유리한 방향으로 주장하는 '역정보 비대칭' 형태의 문제로 이어지는 사례도 관찰되고 있다.

다시 말해 정보 격차가 줄어들면서 오히려 작가가 플랫폼 또는 제작사의 구조적 제약이나 생산 현실을 무시한 채 과도한 요구를 하거나, 협상 과정에서 제공된 데이터를 왜곡하여 해석하는 등 신뢰를 훼손하는 사례가 나타나는 것이다. 이러한 상황은 장기적으로 플랫폼·제작사·작가 간 협력 기반을 약화시키고, 불필요한 갈등과 거래 비용을 증가시킬 수 있다. 따라서 정보 비대칭이 해소되는 현재의 흐름 속에서는 단순히 정보를 더 많이 제공하거나 더 강한 권리를 주장하는 것을 넘어, 상호 간의 현실적 이해와 신뢰 구축을 중심으로 한 균형 있는 관계 관리가 필수적이다.

이를 위해 작가와 제작사 모두 투명성을 강화하되, 제공된 정보를 공동의 생산 효율 향상과 장기적 파트너십 구축을 위한 자료로 활용하는 문화가 동시에 정착되어야 한다. 독자 또한 플랫폼의 추천 알고리즘이나 광고·PPL 구조 등을 정확히 알기 어렵기 때문에 콘텐츠 선택 과정에서 왜곡된 신호를 받을 수 있다. 이런 문제는 전체 생태계의 신뢰를 약화시키므로, 투명한 정산 구조, 공정 계약, 최소한의 데이터 공유 등이 필수적인 개선 방향으로 제시된다.

 ## 과거 선택이 미래 혁신을 제약하는 구조적 요인

경로 의존성은 현재 웹툰산업이 한정된 구조 안에서 반복적으로 유사한 패턴을 생산하는 이유를 설명한다. 보다 전문가적인 관점에서 보면, 경로 의존성은 단순히 '익숙한 방식이 반복된다'는 현상적 차원을 넘어 과거의 선택이 미래의 선택 비용을 비대칭적으로 높여 산업 전체의 전략적 유연성을 근본적으로 제한하는 구조적 메커니즘을 의미한다. 이는 특정 포맷·장르·편성 방식·수익 모델에 집중된 투자와 인력이 누적되면서, 새로운 방식을 채택할 경우 기존 자원의 가치가 급격히 하락하는 '전환 비용'이 증가하기 때문이다.

산업 내부에서는 이러한 전환 비용이 조직적 관성, 기술적 경직성, 기획 의사 결정의 보수성 등으로 나타나며, 장기적으로는 혁신의 기회 비용을 확대하고 글로벌 경쟁력 확보를 어렵게 만드는 구조적 제약으로 작동한다. 한국 웹툰은 특정 플랫폼이 주도하는 '세로 스크롤 포맷', '주간 연재', '특정 장르 중심'의 구조가 오랜 기간 산업 표준으로 자리 잡아왔다. 이 구조는 초기에는 효율성과 성장성을 높이는 역할을 했지만, 시간이 흐르면서 새로운 실험과 전환을 어렵게 만드는 요소로 작용한다.

제작사는 기존 포맷에 최적화된 파이프라인을 갖추게 되고, 작가는 특정 장르에서 성공하면 동일한 유형의 작품을 반복하며, 독자 또한 익숙한 포맷에 적응해 새로운 형식을 낯설게 느

끼게 된다. 이러한 경로 의존성은 산업의 혁신을 제한하고, 글로
벌 시장 확장이나 새로운 포맷 개발에 필요한 유연성을 떨어뜨
린다.

플랫폼·제작사·작가·독자가 얻어야 할 시사점

이제 이 네 가지 개념을 웹툰산업의 각 주체별 시각에서 다시 살펴보면 더욱 중요한 시사점을 도출할 수 있다. 플랫폼은 한계 효용 체감 구조를 이해하고, 단순히 작품수를 늘리는 전략보다 독자의 질적 만족을 높이는 방향으로 서비스 구조를 발전시켜야 한다. 이를 위해 정교한 큐레이션, 팬 커뮤니티 활성화, 다중 포맷 지원, IP 확장 전략과 같은 플랫폼 경쟁력 요소들은 단순한 서비스 기능을 넘어 독자 효용 체감 속도를 늦추고 소비 경험의 질을 구조적으로 향상시키는 핵심 경제적 장치로 작동한다.

정교한 큐레이션은 방대한 콘텐츠 속에서 독자의 탐색 비용을 낮추어 만족 효용을 극대화하고, 팬 커뮤니티 활성화는 독자의 관계적 효용을 강화해 장기적 충성도를 높이는 효과가 있다.

다중 포맷 지원은 동일한 IP라도 플랫폼·국가·디바이스별로 각기 다른 사용 경험을 제공함으로써 '형태 다양성에 기반한 추가 효용'을 창출한다. 마지막으로 IP 확장 전략은 단일 웹툰을 애니메이션·드라마·게임 등으로 확장하며 콘텐츠 생애 주기 연장Lifecycle Extension 과 수익 구조 다변화를 동시에 실현하는 고부가가치 전략으로 제시된 모두를 강화해야 한다. 이에 더해 진입 장벽을 적절히 조정하여 신인 작가와 새로운 제작사가 유입될 수 있는 생태계를 유지해야 하며, 공정한 데이터 공유를 통해 작가와의 신뢰를 쌓아야 한다.

제작사는 한계 생산 체감 구조를 고려하여 단순한 인력 확충이 아니라 파이프라인 정교화, 툴·AI 활용, 전문 인력 배치 등 생산성 중심의 운영은 단순히 작업 효율을 높이는 차원을 넘어 조직의 구조적 생산성을 지속적으로 확장하는 전략적 인프라 구축 행위로 이해해야 한다. 파이프라인 정교화는 각 공정 간 병목을 제거하고 반복 업무를 체계화함으로써, 제작 변동성을 최소화하고 예측 가능한 생산성을 확보하는 효과가 있다.

툴·AI 활용은 단순한 작업 속도 향상을 넘어서 작업 품질의 표준화, 오류 감소, 기획-제작-검수 단계 간 데이터 연동을 가능하게 해 전체 제작 프로세스의 일관성을 강화한다. 전문 인력 배치는 각 단계에서 요구되는 전문성을 미세하게 분리해 '적소 적재placing the right expertise at the right step '를 실현함으로써, 전체 프로젝트의 리스크를 분산시키고 고품질 산출물을 안정적으로 생산하는 데 핵심적인 역할을 한다.

이러한 요소들은 총체적으로 결합되어, 제작사가 외부 충격에 강한 구조적 탄력성 Structural Resilience 을 확보하고, 장기적으로는 창작의 범위·속도·완성도를 동시에 끌어올리는 기반이 되므로 반드시 필요하다. 또 한 가지, 특정 장르 혹은 특정 플랫폼에만 의존하지 않도록 자체 IP 확보, 다중 유통 전략, 해외 진출 등 경로 다변화 전략을 마련해야 한다.

작가는 정보 비대칭을 극복하기 위해 계약 구조와 저작권 체계를 이해하고, 플랫폼과 제작사에서 제공하는 데이터를 적극 활용해야 한다. 나아가 한 장르에만 머물기보다 실험적인 단편, 다른 포맷, 글로벌 플랫폼 등을 탐색하여 자신의 창작 경로를 스스로 확장할 필요가 있다.

독자는 한계 효용 체감 구조를 이해함으로써 콘텐츠 과소비의 불필요함을 인식하고, 더 깊이 있는 방식으로 작품을 즐기는 태도를 가질 수 있다. 플랫폼의 추천 구조나 광고 시스템을 무조건적으로 수용하기보다 객관적이고 분석적으로 인식함으로써 보다 주체적인 선택을 할 수 있도록 하는 것도 유용하다.

종합하면, 생산성과 효용의 한계 체감, 시장 진입 장벽, 정보 비대칭, 경로 의존성이라는 네 가지 개념은 웹툰산업의 현재와 미래를 분석하는 데 있어 필수적인 프레임이다. 이 개념들을 기반으로 산업을 바라보면, 플랫폼의 전략적 움직임, 제작사의 조직 운영 방식, 작가의 창작 결정, 독자의 소비 패턴이 왜 특정 방향으로 나아가는지 명확히 이해할 수 있다. 무엇보다 이러한 분석은 산업 주체들이 더 나은 판단을 내리고 지속 가능한 웹툰 생태계를 구축하는 데 중요한 준거점을 제공한다.

19장

오래 머문 자리일수록 길게 드리워지는 그림자

당신의 선택 뒤에 숨어 있는 손,
떠나는 발길을 멈추게 하는 힘

묶여 버린 선택의 경제학

락인 lock-in 효과는 경제학과 산업조직 이론에서 자주 논의되는 핵심 개념으로, 경제 주체가 특정 제품이나 서비스, 플랫폼을 한 번 선택하게 되면 시간이 지날수록 그 선택에서 벗어나기 어려워지는 현상을 의미한다. 이는 더 나은 대안이 존재하더라도 전환 과정에서 발생하는 다양한 비용 때문에 기존 선택을 유지하게 되는 구조를 말한다. 이러한 락인 현상은 단순히 사용자가 현재 선택을 절대적으로 선호해서가 아니라, 전환 과정 자체에서 느끼는 부담감과 비효율성 때문에 지속되는 경향이 있다. 만약 경제 주체가 새로운 플랫폼으로 이동을 시도할 경우 기존 데이터가 호환되지 않거나, 익숙한 사용 방식을 잃게 되는 심리적 불편함이 발생할 수 있다.

또한 특정 서비스에서 형성한 개인화된 환경 ex. 맞춤형 추천 알고리즘, 사용 기록에 기반한 인터페이스 이 다른 곳에서는 처음부터 다시 구축해야 한다는 점도 전환을 망설이게 만든다. 이처럼 전환 비용에는 금전적 비용뿐 아니라 학습 비용, 습관에 기반한 행동 패턴, 생태계 안에서 형성된 관계나 경험을 포기해야 하는 심리적 부담 등 다층적인 요인이 복합적으로 작용하여 락인 효과를 강화한다.

락인 효과를 형성하는 요인은 크게 전환 비용, 경로 의존성, 네트워크 효과로 구분할 수 있다.

첫째, 전환 비용에는 위약금이나 수수료 같은 직접적 비용뿐 아니라 새로운 시스템을 익히는 데 드는 시간과 노력, 익숙한 환

 서범강의 웹툰 경제학

경을 벗어나는 불안감 같은 심리적 요인이 모두 포함된다.

둘째, 경로 의존성은 초기의 작은 선택이나 우연한 결정이 시간이 지날수록 점점 더 큰 영향력을 가지며, 결국 그 주체의 다음 선택과 행동을 강하게 제한하게 되는 현상을 의미한다. 특정 플랫폼이나 기술을 처음 채택했을 때는 단순한 선택처럼 보이지만, 시간이 흐르면서 그 선택을 기반으로 한 데이터, 습관, 작업 방식, 인프라가 축적되면서 되돌아가기 어려운 구조가 형성된다.

이는 하나의 길에 발자국이 계속 쌓여 새로운 길이 만들어지는 과정에 비유할 수 있다. 한 번 형성된 생태계나 관행은 사용자와 기업이 투자한 시간과 자원, 이미 형성된 구조적 안정성 때문에 쉽게 바뀌지 않으며, 새로운 대안이 등장해도 기존 경로를 벗어나는 데 매우 큰 저항이 발생하는 것이다.

셋째, 네트워크 효과는 사용자수가 많아질수록 제품이나 서비스의 가치가 커지는 특성을 의미하며, 사용자들이 함께 모여 있을수록 플랫폼을 떠나는 것이 더욱 어렵게 된다.

결국 이 세 가지 요인이 결합되면서 락인 효과는 선택이 지속적으로 유지되거나, 선택의 틀이 굳어져 다른 선택지로 나아가지 못하게 되는 '선택의 고착화'라는 형태로 나타난다.

구조적 종속의
메커니즘

이러한 락인은 무엇보다 기술 표준 경쟁에서 가장 선명하게 드러난다. 시장에서 특정 기술이나 플랫폼이 사실상의 표준으로 자리 잡으면, 그 위에 관련된 앱, 도구, 생태계가 구축되며 다른 기술로 이동하기 위한 비용이 급격히 상승한다. 대표적인 예로 어도비Adobe 생태계를 들 수 있다. 포토샵, 일러스트레이터, 프리미어 등 다양한 소프트웨어가 서로 긴밀하게 연동되도록 설계되어 있고, 디자이너나 영상 편집자는 수년 동안 쌓아온 작업 파일, 단축키 체계, 플러그인, 협업 방식이 고착화 되어 있기 때문에 쉽게 다른 툴로 옮기기 어렵다.

만약 어도비를 떠나기 위해서는 수천 개의 프로젝트 파일을 새로운 포맷으로 변환하거나, 팀 전체가 다른 프로그램을 새로

 서범강의 웹툰 경제학

익혀야 하는 부담이 발생한다. 이때 사용하는 툴 간의 호환성은 더욱 큰 문제 요소로 떠오른다. 이러한 요인은 더 저렴하거나 혁신적인 대안이 존재하더라도 전환을 주저하게 만드는 강력한 락인 구조로 작용하게 된다. 운영체제나 소프트웨어 플랫폼의 경우도 마찬가지로, 기업과 소비자가 이미 구축한 시스템, 파일 구조, 작업 환경은 새로운 환경으로의 전환을 어렵게 만드는 강력한 장벽이 되는데, 마이크로소프트 오피스MS Office 나 애플의 생태계에서도 동일하게 나타난다.

수많은 문서가 docx나 xlsx 형식으로 축적되어 있으면, 다른 오피스 프로그램으로 이동할 때 호환성 문제가 발생하며, 이는 조직 전체의 생산성에 영향을 줄 수 있다. 애플의 경우 아이클라우드, 에어드롭, 아이메시지 등 기기 간 연동 기능이 강력한 편리함을 제공하지만, 동시에 사용자가 타 플랫폼으로 이동하기 어렵게 만드는 대표적 락인 사례로 꼽힌다. 더 나은 기술이 등장하더라도 전환 비용이 너무 크면 기존 기술이 유지되며, 이 과정에서 지배적 사업자의 시장 지배력은 강화되고 신규 진입자는 더욱 어려움을 겪는다.

구독 경제와 개인 맞춤형 데이터 서비스를 기반으로 하는 현대 플랫폼 환경에서도 락인은 강력하게 발생한다. 구독자가 쌓아 온 재생 목록, 기록, 선호 데이터는 특정 서비스 안에서만 최적화되기 때문에, 이를 포기하고 다른 서비스로 옮기는 것이 심리적 · 경험적으로 부담스럽다. 플랫폼은 이러한 락인을 기반으로 가격 인상이나 조건 변경을 하더라도 사용자 이탈이 크지 않다는 점에서 강한 협상력을 가지게 된다. 개인화된 추천 서비스는 사용자에게 높은 만족도를 주지만, 그 자체가 락인을 강화하는 요소가 되기도 한다.

금융권의 포인트나 마일리지 제도 역시 대표적인 락인 장치다. 이미 쌓아 둔 포인트나 등급은 소비자로 하여금 특정 금융사나 항공사를 계속 이용하게 만드는 유인으로 작용한다. 표면적으로는 혜택처럼 보이지만, 경제학적으로는 매몰 비용이 미래의 선택을 제약하는 구조다. 노동시장에서도 조직 내 관행, 장기 근속 구조, 내부 승진 시스템이 일종의 락인으로 작용해 노동 이동성을 제한하고, 사회적인 제도나 규범 또한 변화의 비용이 너무 커 쉽게 바뀌지 않는 락인을 형성한다.

이처럼 락인은 긍정적·부정적 효과를 동시에 가진다. 사용자는 편리함과 익숙함을 얻고, 기업은 생태계를 강화해 안정적인 고객층을 확보할 수 있다. 반면 전환 비용이 지나치게 높아지거나 경쟁을 제한하는 방향으로 락인이 작동할 경우, 소비자 후생이 감소하고 시장 혁신이 저해되는 문제도 발생한다. 따라서 락인을 무조건 배격하기보다는, 이를 어떻게 이해하고 활용하며 필요할 때 적절히 완화할 것인지 판단하는 것이 중요하다.

소비자는 자신의 선택이 매몰 비용 때문에 유지되는 것은 아닌지 점검해야 하고, 데이터의 이동성과 접근권을 확인하는 태도가 필요하다. 기업은 건강한 락인을 기반으로 사용자의 가치를 높이는 전략을 추구해야 하며, 지나친 폐쇄성은 장기적으로 신뢰와 혁신 역량을 약화시킬 수 있다. 정책적으로는 데이터 이동권과 상호 운용성 확보를 통해 과도한 락인을 완화하고 시장 경쟁을 활성화해야 한다.

플랫폼이 만들어 낸 중력

웹툰산업은 디지털 플랫폼 기반이라는 구조적 특성 때문에 락인 효과가 매우 강하게 작용한다. 플랫폼은 독자를 붙잡기 위해 전용 코인·캐시 시스템, 유효 기간을 둔 포인트, 정액제·정기 구독, 등급제와 같은 다양한 장치를 활용한다. 이 과정에서 독자는 자신이 쌓아 온 구매 기록, 서재, 찜 목록, 댓글 활동 등으로 인해 자연스럽게 한 플랫폼에 머무르게 된다. 독점 연재 작품이나 선공개 콘텐츠는 독자의 선택을 더욱 특정 플랫폼으로 한정하며, 익숙한 UI·UX는 다른 플랫폼으로 옮겼을 때 느끼는 작은 불편을 전환 비용으로 증폭시킨다.

작가와 제작사는 웹툰 플랫폼 구조 안에서 가장 강하게 락인의 영향을 받는 주체 중 하나다. 전속 계약, 우선 협상권, 2차 저

서범강의 웹툰 경제학

작권IP 확보에 대한 플랫폼 우선권과 같은 법적 · 계약적 장치는 작가와 제작사가 특정 플랫폼을 벗어나기 어렵도록 만드는 구조적 메커니즘으로 작동한다. 2차 저작권의 경우 드라마 · 영화 · 애니메이션 · 게임 등의 OSMU 확장성과 직접적으로 연결되기 때문에, 플랫폼이 이를 우선적으로 통제할 경우 작가 · 제작사는 장기적으로 IP 활용 전략을 독자적으로 설계하기 어렵게 된다. 더불어 정산 주기, 정산 방식, 수익 배분 규칙 등에 대한 플랫폼의 고유한 구조에 적응한 제작사와 작가는 새로운 환경에서 다시 협상하고 시스템을 재정비해야 하기 때문에 심리적 · 운영상 전환 비용이 높아진다.

여기에 더해 플랫폼이 제공하는 기술적 인프라ex. 업로드 및 원고 관리 시스템, 콘텐츠 안전성 검수 도구, AI 기반 자동 채색·보정 기능, 번역·현지화 툴, 클라우드 기반 작업 환경 등 는 장기적으로 제작의 표준 프로세스로 자리 잡는다. 이러한 기술 스택은 플랫폼마다 구조적 차이가 존재하기 때문에, 한 생태계에 완전히 적응한 제작사는 다른 플랫폼으로 이동 시 내부 파이프라인을 대대적으로 수정해야 할 수 있다. 이는 교육 비용, 운영 효율 저하, 파일 호환성 문제, 작업 흐름 재설계 등의 부담으로 이어지며, 플랫폼 락인을 더욱 공고하게 만드는 요인이 되기도 한다.

제작사와 특정 작가 · IP에 사이에서도 구조적 락인 관계는 형성하게 된다. 플랫폼별 기술 규격과 연재 포맷에 맞추어 구축된 제작사의 내부 파이프라인은 시간이 지날수록 표준화 · 고착화되며, 작가의 '프로덕션 경로 의존성'은 새로운 플랫폼으로의 확장을 시도할 때 기술적·조직적 전환 비용을 고려해야 하는 상황이 발생한다. 가령 컷 구성 방식, 파일 출력 형식, 검수 기준, 편집 워크플로우 등이 특정 플랫폼에 최적화되어 있는 경우, 다른 플랫폼에 맞추기 위해서는 도구·프로세스·팀 역량 전체를 재정비해야 한다. 이때 충분한 준비와 관리가 수반되지 못하게 되면 운영 효율성 저하, 품질 변동, 일정 지연 등의 리스크를 초래할 수 있다.

제작사의 입장에서도 특정 인기 작가나 특정 흥행 IP에 과도하게 의존할 경우, 양측 사이에는 경제학적으로 '양방향 락인bilateral lock-in'이 발생한다. 이는 제작사가 작가의 브랜드 파워와 작품 성과에 종속되는 동시에, 작가 역시 제작사가 구축한 어시스턴트 팀, 작업 파이프라인, 편집·품질관리 시스템에 의존하게 되는 구조를 의미한다. 이러한 상호 락인은 평상시에는 높은 효율성과 안정성을 제공하지만, 갈등이나 계약 분쟁이 발생할 경우 협상력이 비대칭적으로 흔들리며 사업 지속성에 큰 위험을 초래할 수 있다. 대표적인 예로 흥행 IP에 자원이 집중된 제작사는 단일 IP 리스크single-IP dependency risk에 취약해지며, 특정 작가와의 관계 악화나 계약 종료만으로도 조직 전체의 수익 구조가 흔들리는 구조적 리스크가 발생한다.

작가 개인의 관점에서도 락인은 여러 방식으로 나타난다. 데뷔부터 특정 플랫폼에서 성장한 작가는 그 플랫폼의 독자층, 알

　　　　　　　　　　　　　　　　　서범강의 웹툰 경제학

고리즘, 편집 방식에 최적화된 창작 감각을 가지게 되며, 다른 플랫폼으로 지금까지의 경험을 옮기는 데 큰 전환 비용을 느낀다. 이때 특정 장르나 그림체, 연출 방식에 대한 독자 기대가 강할수록, 작가는 새로운 시도를 주저하게 되며 창작상의 경로 의존성이 강화된다. 이러한 상황은 장기적으로 작가의 커리어 확장과 실험적 작업을 제한하는 요인으로 작용할 수 있다.

독자는 표면적으로는 락인의 '피해자'처럼 보이지만, 실제로는 락인을 강화하는 주체이기도 하다. 한 플랫폼의 서재와 구매 기록, 커뮤니티 활동이 독자의 정체성과 경험의 일부가 되기 때문에, 그 플랫폼을 떠나는 것이 단순한 전환이 아니라 일종의 상실처럼 느껴지기도 한다. 정기 결제나 할인 번들은 독자의 소비를 특정 플랫폼에 고착시키는 데 큰 역할을 한다.

따라서 웹툰산업에서 락인 효과를 올바르게 이해한다는 것은 단순히 특정 플랫폼의 사용자 유지 전략을 분석하는 차원을 넘어, 플랫폼 · 작가 · 제작사 · 독자가 어떻게 서로에게 락인을 만들고, 그 락인이 어떤 조건에서 장점 또는 위험으로 작용하는지 총체적으로 바라보는 데 있다. 플랫폼은 건강한 락인을 기반으로 생태계를 구축해야 하며, 작가와 제작사는 자신의 장기적 선택권을 보존하기 위한 전략을 세워야 한다. 독자는 편리함만을 이유로 특정 플랫폼에 과도하게 머무르지 않도록 판단 기준을 가져야 한다. 이러한 균형 잡힌 시각은 웹툰산업의 구조적 이해뿐 아니라, 향후 전략 · 계약 · 투자 · 창작 방향 설정에 있어서도 중요한 판단 기준이 된다.

20장

집중과 편중의 경제학, 세상을 지배하는 불균형의 법칙

왜 세상은 20%가 모든 것을 결정하는가?
'소수의 힘'을 읽어내는 기술

파레토 법칙과 산업의 현실

파레토의 법칙은 19세기말 이탈리아의 경제학자 빌프레도 파레토Vilfredo Pareto 가 발견한 경험적 원리로, 사회와 경제 전반에서 나타나는 불균등한 분포 현상을 설명한다. 그는 당시 이탈리아 인구의 상위 20%가 전체 부의 80%를 소유한다는 사실을 실증적으로 관찰했으며, 이를 통해 경제체계 내 자원의 배분이 선형적이지 않고 비대칭적이라는 점을 지적했다.

파레토는 이 현상이 단순한 소득 불평등이 아니라 경제 시스템의 내재적 구조적 특성, 다시 말해 생산성과 소비 효용의 한계체감, 시장 진입 장벽, 정보 비대칭, 자본 축적의 경로 의존성 등으로 인해 필연적으로 나타나는 패턴임을 통찰했다. 그는 효율성과 형평성의 긴장관계 속에서, '자원의 최적 분배가 반드시

평등한 분배를 의미하지 않는다'는 점을 강조하며 '파레토 효율 Pareto Efficiency' 개념의 기초를 마련했다.

파레토 효율은 '한 사람의 행복이나 만족 경제학적으로 '후생'이라 부른다 을 높이기 위해 다른 사람의 행복이 줄어들지 않는 상태'로 누군가의 이익을 늘리면서도 아무도 손해를 보지 않는 완벽한 자원 배분 상태다. 두 사람이 사과와 빵을 나누어 갖고 있다고 하자. 서로의 취향에 맞게 사과와 빵을 교환하여 둘 다 더 만족스러워진다면, 그 결과가 바로 파레토 효율적인 상태다. 하지만 어느 순간부터는 아무리 사과와 빵을 더 교환하려고 해도 둘 중 누구의 만족도 더 이상 올라가지 않는 때가 온다. 바로 그 지점이 '더 나아질 수는 없지만, 누구도 손해 보지도 않는 상태', 다시 말해 파레토 효율이 이루어진 순간이며 자원이 가장 알맞게 쓰이고 있는 상태를 의미한다.

쉽게 설명하면, 사람들은 서로 원하는 물건을 바꾸면서 만족을 높이고, 생산자는 가지고 있는 자원을 가장 알맞은 방식으로 사용하려 한다. 이 두 흐름이 딱 맞아떨어지는 지점을 '자원이 가장 효율적으로 쓰인 상태'라고 이해하면 된다. 다시 말해 소비자들이 서로 교환하고 싶은 비율과 생산자가 자원을 전환하는 비율이 완벽히 맞아떨어질 때, 경제는 낭비가 없는 효율적 상태에 이른다는 개념이다. 이는 시장 참여자 간의 거래가 완전 경쟁 조건 perfect competition 을 충족하고, 외부 효과 externalities 와 정보 비대칭이 존재하지 않을 때 실현되는 효율적 상태를 말하지만,

서범강의 웹툰 경제학

완전 경쟁 조건만 보더라도 수많은 수요자와 공급자가 존재하여 개별 경제 주체가 가격에 영향을 미칠 수 없고, 공급되는 상품이 모두 동일하며, 모든 시장 참여자가 가격, 기술 등에 대해 완전한 정보를 가지고 있으며, 시장에 자유롭게 진입하거나 퇴출할 수 있다는 조건을 충족시켜야 한다.

이처럼 어떤 정책을 시행할 때 승자Winner 는 생기더라도 패자Loser 가 전혀 없어야 하는 파레토 효율은 현실 경제에서는 완전 달성이 어렵다. 따라서 칼도-힉스 보상원리 Kaldor-Hicks criterion 나 제2복지 정리 Second Welfare Theorem 와 결합되어 현실적 정책 대안을 제시하는 분석의 출발점이 된다.

첫째, 실제 정책에서는 '누구도 손해 보지 않게 만드는 완벽한 배분'인 파레토 효율이 거의 불가능하므로, 대신 '누군가 손해를 보더라도 전체 이익이 더 크다면 사회적으로 바람직할 수 있다'라는 칼도 – 힉스 기준을 적용한다. 가령 새로운 도로를 건설하면 인근 주민은 소음 피해를 보지만, 도로를 이용하는 사람들의 시간 절약과 물류 효율이 훨씬 더 크다면 전체 사회는 더 나아질 수 있다는 뜻이다.

둘째, 제2복지 정리는 이런 상황에서 정부가 세금 · 보상 제도를 활용해 출발선의 불평등을 조정하면, 시장이 다시 효율적으로 작동할 수 있다고 설명한다.

A와 B 두 사람이 있다. A는 부유한 집안 출신, B는 가난한 집안 출신이다. 시장은 '능력 있는 사람'이 더 생산적인 일자리를 얻어야 효율적인데, B는 가난해서 교육 기회가 적어 능력 발휘를 못 한다. 이때 정부가 장학금·교육 지원을 통해 B가 필요한 역량을 갖출 수 있게 도와주게 되면,

재분배를 통해 '출발선'을 맞춰주니,
A와 B 모두 자유롭게 경쟁할 수 있게 되고,
시장은 효율적으로 돌아가는 상태로 수렴한다.

이것을 웹툰산업에 연결하면 더 직관적으로 파악된다. 플랫폼은 인기 작가와 신인 작가 사이의 격차가 매우 큰 '파레토 구조'를 가지고 있다. 하지만 신인 작가는 자본·시간·장비 부족으로 인기 작가들과의 경쟁조차 어렵다. 정부는 이를 해소하기 위해 기초 창작 지원금, 장비·교육 지원, 해외 확장 기회를 위한 번역 지원 등으로 기본적인 조건의 간격을 좁혀준다. 이로써 신인 작가들이 경쟁에 참여하게 되면서 시장은 더 많은 작품이 경쟁하며 효율적으로 작동하게 된다. 정부가 출발선의 불평등을 줄여주면 시장은 다시 스스로 효율성을 회복한다고 보는 것이다. 정리하면, 제2복지 정리는 "출발선만 평평하게 만들어주면 시장이 알아서 효율적인 배분을 만들어낸다"는 뜻이다.

파레토의 법칙은 단순한 통계적 현상을 넘어서, '왜 성과와 자원이 소수에게 집중되는가'를 이해하게 해주는 중요한 경제학적 개념이다. 쉽게 말해, 이 법칙은 "왜 몇몇 사람·기업·작품이 대부분의 결과를 차지하는가?"라는 질문에 답한다.

좀 더 직관적으로 예를 들어보자. 만약 특정 상품이 조금 더 인기를 끌어 소비자가 많이 찾기 시작하면, 생산자는 그 상품을 더 많이 만들고 품질을 높이며 가격을 낮출 수 있다. 그러면 소비자는 그 상품을 더 선호하게 되고, 다시 인기가 높아지는 선순환이 만들어진다. 즉, '조금 먼저 앞서간 상품'이 시간이 흐르며 '훨씬 많이 앞서가는 상품'으로 바뀌는 것이다. 웹툰 플랫폼에서도 비슷한 현상이 생긴다.

80:20의 법칙의 숨겨진 질서

초기에 잠깐 더 주목받은 작품은 추천 알고리즘과 이용자 반응 덕분에 더 많은 독자를 끌어들이고, 동시에 상위권에 고착된다. 그 결과 초기의 작은 차이가 시간이 지나며 큰 격차로 확대된다. 이처럼 파레토의 법칙은 "작은 차이가 누적되면서 큰 불균형을 만든다"는 현실을 설명하고, 경제학뿐 아니라 경영학, 사회학, 심리학, 정보과학 등 다양한 분야에서 반복적으로 확인되며 활용된다.

파레토의 법칙은 흔히 "전체 결과의 80%가 상위 20%의 원인에서 비롯된다"라는 형태로 표현되지만, 이 비율은 단지 상징적인 수치일 뿐이다. 핵심은 결과가 모든 원인에 균등하게 분포하지 않고, 특정한 소수의 핵심 요인이 대부분의 성과나 영향

서범강의 웹툰 경제학

을 차지한다는 점이다. 이 현상은 수학적으로 파레토 분포Pareto Distribution로 표현되며, 꼬리가 두꺼운 분포 형태를 가진다. 분포의 꼬리 지수 α가 작을수록 상위 일부에 집중되는 정도가 높아지고, 불평등이 심화된다. 이러한 통계적 특성은 단순한 경험적 관찰을 넘어, 데이터 분석과 정책 설계의 근간으로 활용된다.

파레토의 법칙은 현대 사회 거의 모든 영역에서 관찰된다. 부의 분포나 소득 격차는 물론, 기업의 이익 구조, 도시의 인구 집중, 주식 시장의 수익률, SNS 팔로워 수, 앱 다운로드 수, 온라인 트래픽, 그리고 문화 콘텐츠의 인기도 모두 파레토적 패턴을 보인다. 글로벌 기업의 매출 중 대부분은 소수의 히트 상품이 차지하며, 디지털 플랫폼에서는 클릭 수나 체류 시간이 상위 몇 개의 콘텐츠에 집중된다. 유튜브나 웹툰 플랫폼에서도 상위 10~20%의 인기 콘텐츠가 전체 트래픽의 절대적인 비중을 차지하며, 이는 네트워크 효과와 추천 알고리즘의 강화로 인해 더욱 심화되는 추세다.

이 법칙의 핵심 가치는 단순한 통계적 설명을 넘어, 실질적인 의사 결정의 기준을 제시한다는 데 있다. 모든 영역을 똑같이 챙기려 하기보다 '가장 큰 성과를 만드는 소수'에 자원을 집중하는 것이 더 효율적이라는 뜻이다. 한 회사의 제품 라인업이 10개라면, 실제 매출의 대부분은 그중 2개 정도가 만들고 있을 가능성이 높다. 이때 회사가 모든 제품에 똑같이 예산을 쓰는 것은 비효율적이고, 매출을 견인하는 핵심 제품에 더 투자하는 것이 합리적인 선택이다.

　반면 나머지 80%에 해당하는 영역, 다시 말해 '롱테일Long Tail'은 무조건 버려야 할 대상이 아니라는 점도 중요하다. 개별적으로는 성과가 작더라도, 이들을 잘 관리하면 전체 다양성을 유지하고 위기 상황에서 주력 분야의 리스크를 보완하는 역할을 하기 때문이다. 웹툰 플랫폼에서 상위 웹툰 몇 작품이 대부분의 트래픽을 차지한다고 해서 나머지 작품들을 모두 방치하면, 이용자 취향의 다양성이 사라지고 신규 수요 발굴이 어려워질 수 있다. 롱테일은 작은 점유율이 모여 전체 생태계를 안정시키는 '안전망' 같은 역할을 한다. 따라서 파레토적 구조에서는 단순히 상위 20%만 강조하는 것이 아니라, 집중과 분산, 효율성과 다양성 사이의 균형을 전략적으로 설계하는 것이 무엇보다 중요하다.

파레토 법칙으로 읽는 웹툰산업

웹툰산업은 파레토의 법칙이 얼마나 강하게 나타나는지를 보여주는 대표적인 사례다. 대부분의 플랫폼에서는 상위 10~20%의 웹툰이 전체 트래픽과 매출의 80~90%를 차지하는데, 이는 단순히 작품의 질이 좋아서만이 아니라 플랫폼 구조 자체 때문이기도 하다. 이미 알고 있듯이 웹툰 플랫폼에는 '정보가 한쪽으로 몰리는 구조'와 '많이 볼수록 더 많이 보게 되는 현상'이 동시에 존재한다.

 파레토 법칙으로 읽는 플랫폼 생태계의 비대칭

앞선 설명처럼 '정보가 한 쪽으로 치우쳐 있는 상황'에서 독자들은 수천 편의 웹툰을 모두 읽어보고 판단할 수 없으므로, 결국 이미 많은 사람들이 보고 있는 작품을 더 쉽게 선택하게 된다. 음식점 선택에서 리뷰가 많은 곳을 먼저 고르는 것과 비슷하다. 이렇게 '무엇이 재미있는 직접 확인하기 어려운 상황' 때문에 인기 작품에 독자가 몰리는 현상이 나타난다.

사람이 몰릴수록 더 많은 사람이 새로 몰리는 현상은 인기 있는 웹툰은 댓글이 활발하고, 추천수가 높고, SNS에서 자연스럽게 공유되도록 한다. 이러한 활동들이 다시 새로운 독자를 끌어들이므로 '인기 있는 작품은 더 인기'의 반복되는 구조가 만들어진다. 한 번 주목받기 시작하면 그 인기가 스스로 커지는 힘을 갖게 되는 것이다.

여기에 양면시장 구조가 더해질 때, 웹툰 플랫폼은 한 쪽에는 독자, 다른 한 쪽에는 작가 · 제작사가 있어 두 집단이 서로 영향을 주고받는다. 독자가 많으면 작가 · 제작사가 플랫폼에 더 많이 들어오고, 작품이 많아지면 다시 독자가 늘어난다. 이런 순환이 강할수록 인기 있는 몇몇 작품에 주목과 트래픽이 더욱 빠르게 몰리는 현상이 발생한다.

결국, 웹툰 플랫폼에서 파레토 현상이 나타나는 이유는 단순히 작품의 품질 때문이 아니라, '정보 부족 + 인기의 자기 증폭 + 플랫폼 구조'가 함께 작용해 상위 작품의 집중도가 훨씬 더 강해지는 구조적 이유 때문으로 볼 수 있다.

 　　　　　　　　　　　　　　　서범강의 웹툰 경제학

알고리즘과 파레토 패턴의 결합

초기 노출 알고리즘은 처음에 어떤 작품이 눈에 띄게 되면, 그 작품이 이후에도 계속해서 더 많이 보이도록 만드는 방식이다. 한 번 사람들이 관심을 보인 작품은 계속해서 상위에 노출되기 때문에 더 많은 독자가 자연스럽게 몰리게 된다. 처음 얻은 작은 주목이 시간이 지나면서 큰 차이를 만들어내는 것이다.

댓글이나 추천, 공유처럼 사람들이 많이 반응하는 모습은 다른 이용자들에게 "이 웹툰은 사람들이 좋아하는 작품이구나"라는 신호가 된다. 많은 사람이 보는 콘텐츠는 그것만으로도 더 믿음이 가고, 사람들은 이런 분위기를 보고 자연스럽게 따라가려는 경향이 있다. 인기 있는 작품은 '이미 인기가 많다는 사실' 때문에 더 많은 관심을 끌게 된다.

플랫폼도 보통 잘 되는 작품에 광고나 노출을 더 배정한다. 그렇게 하면 단기간에 성과가 더 잘 나오기 때문이다. 그래서 인기 있는 작품은 더 많은 노출을 받고, 자연스럽게 더 큰 성공을 거두는 구조가 만들어진다. 이를 가격 차별 price discrimination 혹은 경쟁적 독점 competitive monopoly 상황이라고 하는데, 쉽게 말해 플랫폼이 '잘 팔리는 상품에 더 많은 자원을 배분해 단기 수익을 극대화하려는 전략'이라고 보면 된다.

이런 구조에서는 소수의 작품이 전체 성과의 대부분을 차지하는 현상이 나타난다. 하지만 이것이 항상 나쁘기만 한 것은 아니다. 인기 작품이 많으면 플랫폼 전체의 평균 수준이 올라가고, 제작사나 플랫폼이 더 큰 규모로 마케팅이나 확장을 진행할 수 있어 전체 비용이 줄어드는 장점도 있다. 다만 그렇다고 상위 작품만 밀어주면 신작이나 다양한 작품이 성장할 기회를 잃게 된다. 그래서 플랫폼은 '잘되는 작품을 밀어주는 효율성'과 '새로운 작품도 발견될 수 있게 기회를 주는 형평성' 사이에서 균형을 맞추는 전략이 필요해진다.

 제작사의 전략을 결정하는 파레토 구조

제작사 관점에서 보면 파레토의 법칙은 단순한 경험적 관찰을 넘어 '여러 작품에 나누어 투자해 위험을 줄이는 방식'과 '한 작품에만 모든 걸 걸지 않는 전략'을 담고 있다. 제작사의 수익 구조는 파레토 분포를 따르는 경우가 많으며, 소수의 히트작이 전체 현금 흐름의 대부분을 담당한다. 따라서 제작사는 한정된 자본과 인력을 이들 잠재적 히트작에 전략적으로 집중시키되, 동시에 현금 흐름의 변동성 variance of cash flow 을 완화하기 위해 다각화 전략을 병행해야 한다.

수익을 낼 가능성이 큰 작품에 더 힘을 싣되, 모든 작품이 비슷한 장르나 같은 독자층만을 겨냥하지 않도록 구성해 전체 위험을 줄이는 것이다. 전체적으로 히트작과 같은 성격의 작품만 만들면 한 번에 무너질 위험이 크니, 서로 다른 장르와 독자층을

서범강의 웹툰 경제학

적절히 섞어 위험을 분산시키는 전략이다.

리스크 관리 차원에서는 파일럿 프로젝트나 단기 협업이 '상황을 먼저 시험해볼 수 있는 안전한 선택지처럼 작동하며', 미래의 불확실성을 관리하고 시장 반응에 따라 투입 자원을 조정할 수 있게 한다. 성공적인 제작사는 이러한 '상황에 따라 유연하게 투자 계획을 조정하는 방식'을 통해 히트작의 성공을 2차·3차 저작물로 확장하여 꼬리 분포를 두껍게 만들고, 장기적으로는 산업 전체의 안정성과 지속 가능한 성장 경로를 확보한다. 이런 관점에서 파레토 구조는 단순한 불균등의 문제가 아니라, 자본 배분과 위험 관리의 경제학적 최적화 문제로 이해될 수 있다.

 작가에게 필요한 '핵심 20% 집중 전략'

작가 역시 파레토적 구조 속에서 자신의 핵심 팬층을 경제학적으로 이해하고 관리해야 한다. 상위 20%의 충성 독자가 전체 매출의 대부분을 만들어내는 이유는, 꾸준히 지지해주는 팬들이 작가에게 매우 큰 힘이 되기 때문이다. 이들은 새로운 작품이 나오면 빠르게 반응하고, 댓글과 공유로 다른 독자까지 불러오며, 굿즈나 부가 상품에도 적극적으로 참여한다. 하지만 처음에는 같은 노력을 들여도 반응이 크게 오지만, 시간이 지나면 그 효과가 서서히 줄어드는 경우도 많아 작가는 어떤 시점에 힘을 더 실어야 하는지 고민하게 된다.

따라서 작가는 창작활동을 단순히 '작품을 만드는 일'로만 보지 말고, 팬들과의 관계를 어떻게 이어가고 넓혀갈지에 대한 균형점을 찾는 과정으로 이해할 필요가 있다. 어느 순간에는 새로운 팬을 끌어들이는 데 집중해야 하고, 또 어떤 순간에는 기존 팬들이 계속 남아 있도록 돌보는 데 더 신경 써야 한다. 이러한 균형을 잘 잡을 때 작가의 작품 세계는 안정적으로 성장할 수 있다.

커뮤니티 운영, 멤버십 서비스, 후원 시스템, 굿즈나 한정판 콘텐츠 같은 활동은 '팬이 많아질수록 그 안에 속해 있는 한 사람 한 사람이 더 즐거워지는 구조'를 만든다. 좋아하는 작가를 함께 응원하는 사람이 많아질수록 팬들끼리 교류가 활발해지고, 굿즈나 한정판 콘텐츠의 가치는 더 특별하게 느껴진다. 이런 흐름을 작가가 제대로 활용하면, 단순히 작품을 만드는 것을 넘어 '팬들이 함께 성장하고 더 큰 즐거움을 느끼는 공간'을 만들 수 있다. 시간이 지나면서 이러한 방식은 작가의 브랜드 가치를 자연스럽게 크게 키우고, 팬들이 오래 머무는 튼튼한 생태계를 만드는 데 도움을 준다.

또한 작가는 자신의 작품 데이터를 볼 때 단순히 숫자가 늘었는지 줄었는지만 확인하는 데서 그치지 않고, '독자가 어떤 순간에 재미를 느끼고 어떤 순간에 지루함을 느끼는지'를 세심하게 파악할 필요가 있다. 완독률, 댓글 참여도, 결제 전환율 같은 지표는 모두 독자가 작품을 어떻게 받아들이는지 보여주는 신

호다. 특정 회차에서 완독률이 갑자기 떨어진다면, 그 부분에서
긴장감이 낮아졌거나 전개가 늘어졌다는 뜻일 수 있다. 이런 변
화를 발견하면 작가는 이야기 전개 속도를 조정하거나 업데이
트 간격을 조절해 독자가 지치지 않도록 도와줘야 한다. 이렇게
데이터를 통해 독자의 흐름을 읽어내면, 독자의 피로감을 줄이
고 작품에 오래 머무르게 만드는 데 큰 도움이 된다.

초반 10~20화에 힘을 많이 쏟아야 하는 이유는 단순히 '처음
이 중요하다'는 감각적인 말이 아니라, 실제로 초반 반응이 작품
의 향후 흐름을 크게 좌우하기 때문이다. 초반에 좋은 반응을 얻
은 작품은 "이 작품은 재미있다"는 인식이 퍼지면서 자연스럽게
더 많은 독자가 찾아오게 되고, 이렇게 한 번 만들어진 분위기는
시간이 지나며 더 큰 효과를 낸다. 웹툰을 처음 본 독자들이 댓
글을 많이 달고 높은 별점을 주면, 플랫폼은 그 작품을 더 많은
사람에게 보여주게 된다.

그러면 새 독자들이 유입되고, 이들이 다시 긍정적인 반응을
보이면 또 더 많은 사람이 찾아오는 '좋은 순환'이 만들어진다.
반대로 초반에 반응이 약하면 아무리 후반부가 좋아도 많은 사
람이 그 작품을 발견하지 못하고 지나칠 가능성이 크다. 세계관
의 완성도, 캐릭터의 매력, 초반 몇 화에서 주는 인상은 단순히
"초반을 보기 좋게 꾸민다"는 수준이 아니라, 독자에게 강한 첫
신호를 주어 작품 전체의 성장 가능성을 높이는 전략적 요소라
고 할 수 있다. 이런 요소들은 결국 작품이 상위권으로 올라갈

기회를 크게 높여주는 핵심 요인으로 작용한다.

파레토 원리로 본 웹툰 소비 패턴

독자의 소비 방식도 파레토 구조와 비슷하게 움직인다. 대부분의 독자는 여러 작품을 골고루 보는 것이 아니라, 자신이 특히 좋아하는 몇 작품에 시간을 집중한다. 좋아하는 웹툰을 반복해서 보거나, 업데이트될 때마다 빠짐 없이 찾아보는 행동이 여기에 해당한다. 반면 나머지 작품들은 '새로운 재미를 찾기 위한 가벼운 탐색' 정도로 소비된다. 대체적으로 독자가 "새로운 작품을 한번 볼까?" 하고 시도해보지만, 몇 화를 보고 재미가 없으면 다시 익숙하고 좋아하던 작품으로 돌아가는 흐름이다.

새로운 작품을 찾는 데에는 시간과 에너지가 들기 때문에 일종의 탐색 비용, 어느 순간이 되면 "그냥 좋아하는 작품을 다시 보는 게 낫겠다"라고 판단하게 되는 것이다. 이처럼 독자는 좋아하는 작품 몇 개에 깊이 몰입하면서도, 가끔씩 새로운 작품을 찾아보려는 두 가지 행동을 함께 보인다. 하지만 새로운 작품을 찾는 데 드는 노력이 커지면, 결국 익숙한 작품으로 돌아가는 경향이 강해진다.

이러한 행동은 플랫폼의 추천 알고리즘과 만나면서 더 강하게 나타난다. 추천 시스템은 사용자가 지금까지 어떤 작품을 봐왔는지를 기반으로, '이 사람이 좋아할 만한 작품'을 자동으로 골

서범강의 웹툰 경제학

라 보여준다. 말하자면, 사용자의 취향을 기억해두었다가 비슷한 작품을 계속 추천해주는 방식이다. 문제는 이 과정에서 사용자가 실제로 선택할 수 있는 작품의 범위가 달라진다는 점이다. 플랫폼이 어떤 작품을 더 자주 보여주느냐에 따라 사용자는 자연스럽게 특정 작품들만 접하게 되고, 다른 작품들은 발견조차 하기 어려워진다. 플랫폼이 정보를 어떻게 보여주느냐가 독자의 선택 폭을 사실상 결정하게 되는 것이다.

플랫폼이 상위 인기 작품만 계속 강조해보여주면, 새로운 작품이나 덜 알려진 작품이 독자의 눈에 띌 기회는 크게 줄어든다. 이렇게 되면 독자들은 '인기 있는 것만 보게 되는 구조'에 갇히고, 다양한 작품을 즐길 수 있는 환경이 약해진다. 결국 시장 전체의 균형 있는 성장은 방해받고, 많은 작품이 기회를 얻지 못하게 된다.

독자의 소비 방식은 크게 두 가지로 나눌 수 있다. 한 쪽에서는 특별히 좋아하는 몇 작품에 집중해 꾸준히 찾아보는 20%의 '핵심 소비'가 이루어지고, 다른 한 쪽에서는 새로운 재미를 찾기 위해 여러 작품을 가볍게 시도해보는 80%의 '탐색 소비'가 함께 일어난다. 독자는 좋아하는 작품을 보면 안정감과 익숙함이라는 '확실한 만족'을 느끼고, 반면 새로운 작품을 시도하면서는 '혹시 더 재미있는 작품을 발견할 수 있을까?' 하는 예상치 못한 재미에 기대를 갖는다. 이 두 가지 행동은 서로 다른 욕구를 충족시킴으로써, 익숙함과 새로움이 균형을 이루며 전체적인 만족도가 더 높아진다.

결국 파레토의 법칙은 단순한 숫자의 규칙이 아니라, 사람들의 작은 선택이 여러 번 쌓이고 반복되면서, 사회 전체에서는 큰 격차가 생기는 자연스러운 흐름이 만들어지는 상태로, 자원과 성과가 왜 소수에게 집중되는지를 자연스럽게 설명되도록 보여주는 셈이다. 개인의 선택 하나하나는 작아 보이지만, 그것이 모이면 사회 전체의 불균형으로 이어지는 일종의 '스스로 형성된 질서'라고 이해할 수 있다.

 ## 시장 효율성과 형평성의 균형 찾기

웹툰산업처럼 많은 사람이 한 작품에 몰리면 더 많은 사람이 추가로 몰리는 구조에서는, 인기 작품이 소수에게 더 강하게 집중되는 현상이 나타난다. 이런 환경에서는 처음에 인기를 얻은 작품이 시간이 지날수록 더욱 크게 성장하고, 반대로 초반에 주목받지 못한 작품은 눈에 띄기 어려워지는 흐름이 강화된다. 이때 인기 작품만 집중적으로 밀어주면 단기적으로는 이익이 날 수 있지만, 장기적으로는 새로운 작품이 설 자리가 없어져 산업 전체가 활력을 잃을 수 있다.

이 때문에 산업에 참여하는 플랫폼, 제작사, 작가 등 모두가 필요한 것은 단순히 성과를 나누는 문제가 아니라, '잘되는 작품이 만든 이익을 바탕으로 다양한 작품이 기회를 얻을 수 있게 돕

　　　　　서범강의 웹툰 경제학

는 구조'를 만드는 것이다. 다시 말해 상위 작품이 만들어낸 여유와 자원을 활용해 신작 지원이나 신규 작가 발굴 등으로 다시 산업 전체가 성장하도록 돕는 장치가 필요하다는 뜻이다. 이를 뒷받침하기 위해서는 몇 가지 기본적인 환경이 함께 갖춰져야 한다.

먼저, 플랫폼과 기업이 데이터를 투명하게 공개해 정보의 비대칭을 해소해야 한다. 어떤 작품이 얼마나 성장하고 있는지, 어떤 기준으로 노출이 이루어지는지 명확해야 독자와 창작자 모두가 신뢰할 수 있다.

신인 창작자들이 시장에 쉽게 들어올 수 있도록 지원하는 장치도 필요하다. 교육 프로그램, 장비 지원, 피드백 시스템, 안정적인 데뷔 기회 등이 마련되면 다양한 창작자가 경쟁에 참여할 수 있다. 아울러 작품의 성과나 산업 흐름을 파악할 수 있는 공통된 기준과 자료가 마련되어야 한다. 누구나 같은 기준으로 산업을 바라봐야 불필요한 오해가 줄고, 성장 방향을 함께 논의할 수 있기 때문이다.

파레토의 법칙은 '일부만 더 중요하다'는 메시지를 넘어서, 불균형이 심한 구조 속에서도 산업 전체가 오래 성장할 수 있는 방법을 고민하게 한다는 점에서 중요하다. 잘 되는 소수만 챙기는 것이 아니라, 전체 생태계가 함께 성장할 수 있는 방향을 찾는 것. 이런 관점을 제대로 이해하고 실천할 때, 빠르게 변화하는 디지털 환경에서도 웹툰산업은 건강하게 성장할 수 있다.

21장

웹툰을 보는 또 다른 시선, 웹툰 경제학

웹툰을 움직이는 보이지 않는 언어를 해독하라

IP 시대, 웹툰 경제학이 답이다

웹툰산업은 지난 20여 년 동안 전 세계에서 유례 없는 방식으로 성장해 왔다. 초창기 포털의 실험적 연재 형식에서 출발한 웹툰은 이제 글로벌 콘텐츠 시장의 한 축을 담당하는 거대한 산업이 되었고, 창작자, 기업, 플랫폼, 투자자, 정책 입안자, 소비자 모두가 얽힌 복잡한 생태계를 형성하고 있다. 이렇게 다양한 주체들이 참여하는 산업이 되었음에도 불구하고, 웹툰을 바라보는 관점은 여전히 '창작물 감상'에 머물러 있는 경우가 많았다. 이제 웹툰산업이 급속도로 성장하면서, 더 이상 웹툰을 단순히 그림으로 된 이야기, 취미적 소비의 대상으로만 다루는 것은 그 실체를 설명하기에 부족한 시각이 되었다.

웹툰이 산업의 언어로 설명되기 시작한 것은 비교적 최근의 일이다. 시장 규모가 커지고, 플랫폼 경쟁이 심화되고, 해외 진출이 본격화되면서, 웹툰은 자연스럽게 경제학적 분석이 가능한 구조를 갖추어 가기 시작했다. 다운로드 수, 조회수, 이용자 잔존율, 결제 전환률, IP 확장성, 플랫폼 점유율 등은 본래 경제학이나 경영학에서 자주 다루던 언어들이다. 하지만 이러한 지표들이 웹툰산업의 중심으로 이동하고, 플랫폼 중심의 가치 사슬이 강화되면서 '웹툰산업을 이해하기 위해 경제학이 필수'라는 흐름이 형성되기 시작했다.

하지만 이는 어디까지나 산업 성장의 자연스러운 결과일 뿐, 웹툰 경제학을 본격적으로 정리한 체계적인 도서나 연구는 거의 없었다. 나는 이 공백을 메워 보고자 했다. 웹툰산업은 단순히 창작자의 개별 창작물을 넘어 더 거대한 구조적 힘에 의해 움직이고 있으나, 상대적으로 이를 분석할 언어가 부족했다. 플랫폼의 네트워크 효과, 창작자의 기회 비용, 소비자 선택 구조, 편집 및 알고리즘의 의사 결정 구조, 해외 시장에서의 교두보 효과 등은 모두 경제학적 개념과 맞닿아 있음에도 웹툰산업 안에서는 제대로 설명되거나 살펴지 못한 것이 사실이다.

이 책은 단순히 경제학 이론을 웹툰산업에 끼워 맞추려는 시도가 아니다. 오히려 웹툰이라는 동적인 산업 현장에서 이미 작동하고 있는 경제적 메커니즘을 드러내고, 이를 창작자 · 플랫폼 · 정책 · 투자자 모두가 이해할 수 있는 구조로 정리함으로써, 산업 전체가 보다 건강하고 효율적으로 움직일 수 있게 하는

서범강의 웹툰 경제학

데 목적이 있다. 이는 곧 웹툰산업이 다음 단계로 도약하기 위해
반드시 필요한 사고의 전환이기도 하다.

웹툰 경제학으로 산업을 설계하다

웹툰은 기본적으로 '창작물'이며, 어떤 산업보다 창작자의 역량이 중요하다. 훌륭한 스토리와 매력적인 캐릭터, 독자가 빠져드는 서사와 개성 있는 작화는 웹툰의 본질적 가치다. 그러나 아무리 뛰어난 작품이라도 시장이 이를 발견하지 못하면 빛을 발할 수 없다. 그리고 이 발견의 과정에서 경제학은 반드시 고려해야 할 중요한 도구다.

시장이 커질수록 창작은 경제적 환경의 영향을 받는다. 웹툰 시장이 작은 규모일 때는 창작자의 역량과 독자의 취향이 직접적으로 연결되는 경우가 많았다. 그러나 시장이 커질수록 다른 요인들이 개입한다. 플랫폼 구조, 유통 정책, 광고 모델, 결제 방식, 알고리즘 추천, 데이터 기반 의사 결정, IP 확장 전략 등이 작

서범강의 웹툰 경제학

품의 성패에 영향을 주기 시작한다. 다시 말해 창작물의 가치가 소비자에게 도달하는 과정에서 경제적 요인들이 점차 중요하게 작동하는 것이다.

창작자 입장에서는 자신이 왜 특정 장르에서 성공하는지, 왜 특정 플랫폼에서는 성과가 더 좋은지, 왜 어떤 시점에 독자 유입이 늘거나 줄어드는지 이해해야 한다. 이런 흐름은 단순히 감에 기댈 것이 아니라 구조적 분석이 필요하다. 소비자가 무엇을 선택하는가, 선택할 때 어떤 제약을 받는가, 플랫폼이 어떤 방식으로 노출을 분배하는가 등은 모두 경제학의 핵심 주제다.

플랫폼 경제와 창작 생태계의 이해

웹툰의 상위 플랫폼들은 이미 거대 플랫폼 기업들과 유사한 구조로 움직이고 있다. 네이버웹툰, 카카오웹툰, 레진엔터테인먼트, 북미와 일본의 글로벌 사업자들은 모두 이용자 기반을 확장하고, IP 포트폴리오를 강화하며, 경쟁 플랫폼과 차별화된 가치를 만들어내기 위해 대규모 투자를 이어간다. 이는 철저히 플랫폼의 경제논리 위에서 움직인다.

이 과정에서 자연스럽게 플랫폼 락인 lock-in 효과, 교차 네트워크 효과, 규모의 경제, 범위의 경제와 같은 개념들이 등장한다. 웹툰 플랫폼은 단순한 유통 창구가 아니라, 창작자와 독자 사이의 정보 비대칭을 줄이고 거래 비용을 절감시키며, 작품을 정교하게 배분하는 조정자의 역할을 한다. 이러한 구조적 힘을 이해하지 못한 채 창작만으로 승부하려고 하면, 산업의 절반만 보는 셈이다.

웹툰 경제학은 이 관계를 분석하고, 창작자 · 플랫폼 · 독자가 어떻게 상호작용하며 가치를 만들어내는지를 설명한다. 무엇보다 IP 비즈니스가 강화되는 시대에는 플랫폼의 의사 결정 구조가 작품의 미래를 결정하기 때문에, 이를 설명할 언어가 반드시 필요하다.

 정책과 산업 전략을 위한 기반

웹툰산업은 이제 하나의 국가산업으로 논의되어야 할 만큼 성장했다. 고용 창출, 수출, 글로벌 문화 파급력, 지역 기반 산업 육성, 미래 인재 양성 등 다양한 분야에서 정책의 대상이 되고 있다. 그러나 지금까지의 정책은 주로 '창작 지원'이나 '소규모 사업자 지원' 중심이었고, 산업 구조 전체를 분석하여 체계적인 관점에서 접근한 연구는 많지 않았다.

경제학적 분석은 정책 설계의 중요한 기초가 된다. 웹툰 창작자의 노동 구조가 어떤 특성을 갖고 있는지, 플랫폼 시장의 경쟁 구도가 어떤 방향으로 수렴하는지, 독점 또는 과점 구조에서 어떤 규제가 필요한지, IP 확장 산업이 얼마나 외부 효과를 창출하는지 등은 모두 경제학적 접근을 통해 효과적으로 설명할 수

서범강의 웹툰 경제학

있다.

웹툰 경제학은 창작자 개인의 어려움부터 플랫폼 산업의 구조적 문제, 글로벌 경쟁력 확보까지를 모두 포괄할 수 있는 분석 틀을 제공한다.

웹툰 경제학을 통해 만들어가야 할 산업의 방향

웹툰 경제학은 단순히 산업 분석을 넘어 웹툰이 앞으로 어떤 산업으로 성장해야 하는지 방향성을 제시하는 데 목적이 있다. 그 방향은 크게 다섯 가지 축으로 정리할 수 있다.

 창작자 중심의 지속 가능한 생태계

산업이 아무리 성장해도 창작자가 지속적으로 창작하기 어려운 구조라면 해당 산업은 오래가지 못한다. 웹툰 경제학은 창작자가 시장에서 적정한 보상을 받을 수 있는 구조를 구축하는 데 있어 중요한 역할을 한다. 수익 배분 구조, 창작자의 위험 부담, 기회 비용, 노동 투입 대비 산출 가치 등을 분석해 공정하고 지속

서범강의 웹툰 경제학

가능한 창작환경을 설계하는 데 도움을 줄 수 있다.

특히 창작자의 노동구조를 노동경제학적으로 분석하면, 웹툰 산업에서 반복적으로 발생하는 과로, 수익 불안정성, 협상력 격차 문제를 보다 명확하게 이해할 수 있다. 이는 곧 정책과 플랫폼이 어떤 방향의 개선이 필요한지를 알려주는 나침반이 된다.

 플랫폼 간 건전한 경쟁과 혁신 구조

특정 플랫폼에 대한 과도한 집중은 독점적 구조를 만들고, 창작자와 소비자 모두에게 불리한 결과를 낳을 수 있다. 따라서 플랫폼 간 건전한 경쟁을 유지하고, 혁신이 지속될 수 있는 경제 구조를 설계해야 한다. 웹툰 경제학은 플랫폼 경쟁을 게임 이론적·산업 조직적 관점에서 분석하고, 어떤 방향이 산업 효율성을 높이는지 설명할 수 있다.

디지털 콘텐츠 플랫폼 생태계에서는 승자독식 구조가 나타나기 쉬운데, 이를 어떻게 조정할 것인지, 창작자와 소비자의 선택권을 어떻게 보장할 것인지, 중소 플랫폼이 생존할 수 있는 틈새 전략은 무엇인지 모두 경제학적 분석을 통해 정리할 수 있다.

 글로벌 IP 산업으로의 확장 전략

웹툰은 이제 한국만의 산업이 아니다. 미국, 일본, 유럽, 동남아 여러 지역에서 빠르게 시장을 넓혀가고 있다. 하지만 단순한 번역을 넘어 글로벌 소비자 구조에 맞춘 유통 전략, 가격 전략, 플랫폼 확장 전략이 필요하다. 이것은 국제 경제학, 문화 경제학, 소비자 행동 이론 등과 맞닿아 있다.

웹툰 경제학은 글로벌 시장에서 한국 웹툰이 어떤 경쟁 우위를 갖는지를 분석하고, 어떻게 지속적으로 시장을 넓힐지 전략적 접근을 제시한다.

IP 기반 융합산업의 가치 극대화

웹툰은 스토리텔링 기반 IP 산업의 중심축이 되고 있다. 영상화, 게임화, 애니메이션, 출판, 전시, 공연, 굿즈 사업 등 다양한 산업과 결합 가능하다. 이러한 융합산업은 외부 효과를 크게 창출하며 국가 경제에도 긍정적 영향을 준다. 웹툰 경제학은 이러한 가치 사슬을 분석해 IP의 경제적 가치를 극대화하는 전략을 다룬다.

데이터 기반의 산업 의사 결정 체계 확립

웹툰산업은 데이터가 축적되면 될수록 더 정확한 분석과 예측이 가능해지는 산업이다. 소비 패턴, 이용자 여정, 노출 효과, 전환율, 잔존율 등은 경제학과 행동과학의 핵심 분석 대상이기도

 서범강의 웹툰 경제학

하다. 산업은 이러한 데이터를 기반으로 한 의사 결정 체계로 이동해야 하며, 웹툰 경제학은 그 과학적 기반을 제공한다.

웹툰 경제학은 창작의 가치를 폄훼하려는 것이 아니다. 오히려 훌륭한 창작물이 시장에서 정당한 가치를 인정받고, 지속적으로 성장할 수 있도록 돕는 데 목적이 있다. 창작은 감정과 이야기의 영역이지만, 산업은 구조와 인센티브의 영역이다. 두 영역이 조화를 이루어야 웹툰산업은 다음 단계로 성장할 수 있다.

이 책은 웹툰을 단순 감상의 대상이 아니라, 경제적 원리 위에서 움직이는 하나의 거대한 산업으로 바라보는 새로운 시각을 제공하고자 한다. 창작자, 플랫폼, 정책 입안자, 연구자, 투자자 모두가 더 나은 결정을 내릴 수 있는 기반을 마련하고, 한국 웹툰이 세계에서 지속적으로 확장될 수 있는 토대를 세우는 것이 웹툰 경제학의 궁극적 목표다.

웹툰산업의 구조적 특징과 경제학적 해석

웹툰산업을 경제학적으로 분석하기 위해서는 우선 이 산업이 갖고 있는 고유한 구조적 특징을 이해해야 한다. 디지털 콘텐츠 산업과 유사한 면도 있지만, 웹툰은 형식적·기술적·문화적 측면에서 독특한 속성을 가지고 있으며, 이는 경제적 메커니즘을 분석하는 데 중요한 단초가 된다.

웹툰은 세로 스크롤 기반의 모바일 중심 포맷을 바탕으로 발전한 산업이다. 이 형식은 제작비, 제작 기간, 회차 구성, 콘텐츠 소비 속도 등에서 전통 만화나 애니메이션과 완전히 다른 경제 구조를 만든다. 회차 단위로 결제가 이루어지는 모델은 소액 결제Micro Payment 구조를 강화하며, 이는 가격 탄력성과 소비자 심리에 직접 작용한다. 시즌제·에피소드제 구성은 공급 탄력성

서범강의 웹툰 경제학

을 높이며, 플랫폼이 지속적인 독자 유입과 잔존율 관리에 유리
한 구조를 만들어낸다.

이처럼 웹툰의 형식적 특성은 단순한 창작 방식의 차이를 넘
어 경제적 구조에 영향을 미친다. 나아가 플랫폼의 역할, 알고리
즘 기반의 노출 구조, 소비자의 탐색 비용 search cost 변화 등도
웹툰산업만의 독특한 경제학적 구조를 형성한다.

생산 구조의 경제학적 특징

웹툰 생산은 전통적 의미의 제작 공정과는 다르게 '연속적 생
산'이라는 특징을 갖는다. 영화나 게임처럼 완성된 하나의 제품
을 출시하는 것이 아니라, 매주 새로운 회차가 공급되며 곧 생산
활동이 작품 전체의 가치를 지속적으로 변화시키는 구조를 가
진다는 것을 의미한다.

이때 창작자는 주당 일정량을 생산해야 하는 압박을 받는데,
이는 고정된 노동 투입과 변동적 창작 품질 사이에서 다양한 경
제적 선택을 요구한다. 결국 주당 70장 이상의 컷을 생산해야 하
는 창작자는 작업 효율성을 위해 어시스턴트, 매니저, 스튜디오
시스템을 도입할 수밖에 없다. 이 과정에서 비용 구조가 발생하
고, 수익 배분의 경제적 합리성을 고민해야 한다.

생산 요소 관점에서 보면 창작자의 시간은 희소한 자원이며,
높은 대체 비용을 가진다. 다시 말해 창작자의 시간을 다른 활동

으로 대체하기 어렵기 때문에 기회 비용이 매우 높다. 말하자면, 곧 창작자의 시간 효율성을 높이는 기술적·조직적 지원이 산업 전체 생산성을 향상시키는 핵심 요소가 됨을 의미한다. AI 작화 보조, 자동 채색, 컷 분할 자동화 도구 등이 등장하는 이유가 바로 여기에 있다.

# 소비 구조의 경제학적 특징

웹툰 소비는 '누적 소비 모델'을 갖는다. 독자는 한 회차만으로 작품의 전모를 알기 어렵기 때문에, 소비가 이어지는 시간이 길수록 작품 가치가 상승하는 구조를 가진다. 이는 '잔존율 retention'이 작품의 경제적 가치를 좌우하게 된다는 의미다. 이때 가격 구조는 독자의 소비 패턴을 변화시킨다. 웹툰의 대표적 가격 전략인 '기다리면 무료' 모델은 행동 경제학적으로 여러 흥미로운 함의를 갖는다. 무료로 시작해 일정 시점부터 유료 결제로 전환하는 구조는 소비자의 습관을 형성하고, 누적된 몰입도를 기반으로 결제 전환을 자연스럽게 유도한다.

나아가 대표적인 '손실 회피 Loss Aversion' 심리와도 연결된다. 이미 몇 회차를 소비한 독자는 스토리를 포기하는 것을 손실로 느끼기 때문에, 결제 전환으로 이어지는 경우가 많다. 이러한 소비자 행동 구조는 웹툰산업의 가격 전략이 단순한 할인이나 이벤트가 아니라 행동 경제학 기반의 설계라는 것을 보여준다.

　　　　　　　　　　　　　　　　서범강의 웹툰 경제학

플랫폼의 조정자 역할

플랫폼은 생산자와 소비자 사이에서 중요한 조정자의 역할을 한다. 작품을 노출하고 추천하며, 특정 장르나 형태의 작품을 부각시키고, 결제 시점과 가격 정책을 설계한다. 이러한 의사 결정은 단순히 콘텐츠 배치의 문제가 아니라 산업 전체에 영향을 미치는 경제적 조정 행위다.

플랫폼이 특정 장르를 밀면 해당 장르의 작품 공급이 증가하고, 반대로 노출 기회를 줄이면 공급이 감소한다. 이와 같은 구조는 플랫폼의 정책이 창작자 행위에 직접적인 인센티브를 제공한다는 것을 의미한다. 만약 로맨스 장르가 많은 수익을 낼 수 있는 구조라면 자연스럽게 공급이 몰리게 되며, 플랫폼 간 차별화 전략으로 장르 포트폴리오를 다르게 구성하기도 한다.

이때 플랫폼의 알고리즘은 중요한 역할을 한다. 알고리즘은 독자의 취향을 예측하고, 노출 순위를 조정하며, 독자의 탐색 비용을 줄여준다. 그러나 동시에 알고리즘은 특정 작품을 다른 작품보다 더 많이 노출시키는 불평등을 만들기도 한다. 이런 상황은 창작자들에게 정보 비대칭을 유발하며, 플랫폼의 규칙을 맞춰 창작해야 하는 압력을 낳을 수 있기에 적절한 해소 방안이 요구된다.

# IP 확장과 외부 효과의 경제학

웹툰은 IP 비즈니스의 핵심 출발점이 되었다. 드라마, 영화, 애니메이션, 게임, 소설, 전시, 공연 등 다양한 산업으로 확장되는 과정에서 막대한 외부 효과가 발생한다. 웹툰이 단순한 콘텐츠가 아니라 경제적 재화로서 가치사슬 전체에 영향을 주는 존재임을 의미한다.

인기 웹툰이 영상화되면 플랫폼 유입이 증가하고, 원작 판매가 상승하며, 주변 콘텐츠 소비도 함께 늘어난다. 이는 대표적인 긍정적 외부 효과다. 또한 영상화 성공작이 늘어날수록 산업 전체에 IP 투자 자본이 유입되고, 창작자의 협상력이 올라가는 구조도 만들어진다.

웹툰 경제학은 이러한 외부 효과를 분석하여 산업 전체의 최적 분배 구조를 고민하게 한다. 어떤 부분에 투자해야 전체 산업 가치가 극대화되는지, 어떤 구조적 병목이 외부 효과의 확산을 저해하는지 설명하는 데 중요한 역할을 한다.

웹툰산업의 문제점과 구조적 병목

웹툰산업이 성장했음에도 해결되지 않은 근본적인 문제들이 있다. 이러한 문제를 해결하지 않는다면 산업은 지속 가능성을 잃고, 창작자가 소모되며, 플랫폼 경쟁은 혁신이 아니라 규모 경쟁에 머물 위험이 있다. 현재 웹툰 창작자는 주 60~80시간 이상 노동하는 경우가 흔하다. 상대적으로 전통 만화산업보다 더 심각한 노동 강도이며, 지속 가능한 창작을 어렵게 만든다. 경제학적으로 보면 이는 '생산 요소의 비효율적 투입'이자 '노동력의 조기 소진'으로 해석할 수 있다.

또한 창작자의 수익이 불안정하고, 플랫폼과의 협상력이 낮으며, 성과가 일정하게 보장되지 않는 구조는 기회 비용을 증가시킨다. 업계에 남아 있을 유인이 부족해지고, 재능 있는 창작자들이 다른 산업으로 이탈할 가능성도 커진다. 이를 위해 웹툰산업의 중간 지점을 안정적으로 확장하고 '파인애플 효과'가 '파인애플 데미지'로 이어지지 않도록 예방하는 것 또한 웹툰 경제학을 통해 접근해야 할 부분이다.

한국 웹툰은 해외에서 빠르게 성장하고 있지만, 플랫폼 간 경쟁이 심화되면서 콘텐츠의 질적 차별화가 어려워지고 있다. 이에 더해 현지화 전략의 부족, 가격 전략의 불균형, 특정 장르 의존도, 정부 지원 부족이 문제로 지적된다. 이는 단순한 창작 역량의 문제가 아니라 산업 구조의 문제다. 글로벌 시장에서 경쟁하기 위해서는 플랫폼 기술력, IP 확장 전략, 현지 파트너십 구조와 정부의 진흥 정책 등 경제적 요소들이 정교하게 설계되어야 한다.

무엇보다 두드러지는 문제는 웹툰산업은 데이터가 빠르게 쌓이고 있지만, 플랫폼 외부의 연구자 · 정책 기관 · 창작자가 이 데이터를 접근할 수 있는 구조는 여전히 부족하다. 이는 산업 전체가 데이터 기반 의사 결정을 하기 어렵게 만들며, 장르 편중, 상업성 중심의 작품 공급, 단기 성과 중심의 투자 구조를 강화시키는 결과를 낳는다.

지속가능성과 확장성의 관점에서 웹툰산업의 미래

웹툰산업은 앞으로도 기술 변화, 소비 패턴 변화, 글로벌 시장 확대에 따라 다양한 형태로 진화할 것이다. 그러나 그 핵심에는 여전히 창작자와 독자의 관계, 플랫폼의 조정 기능, IP 가치의 확장 가능성이 자리한다. 산업이 어려운 시기를 맞더라도 웹툰은 지속적으로 성장할 잠재력을 가진 산업이다. 경제학적으로 보면 높은 수요 탄력성을 가진 문화재이면서 동시에 네트워크 효과를 기반으로 성장하는 디지털 산업이기 때문이다.

웹툰 경제학은 결국 산업을 이해하기 위한 새로운 관점의 제안이다. 창작의 본질을 존중하되, 산업의 구조적 메커니즘을 이해해야 산업이 건강하게 성장할 수 있다. 웹툰은 더 이상 단순 소비재가 아니다. 산업이며, 경제이며, 하나의 가치 사슬을 가진 거대한 생태계다. 웹툰 경제학은 이 생태계가 어떻게 작동하고, 앞으로 어떻게 진화해야 하는지 설명하는 분석 틀이다.

웹툰산업이 앞으로 10년, 20년을 넘어 그 이상을 지속적으로 성장하기 위해서는 단순히 플랫폼 규모를 확장하는 수준을 넘어 산업의 근본적 체질을 강화하는 정책적·경제적 설계가 필요하다. 이는 단기 수익과 장기 산업 가치 사이의 균형을 유지해야 한다는 점에서 중요하며, 경제학적으로는 '산업의 동태적 효율성 dynamic efficiency'을 높이는 과정으로 이해할 수 있다.

웹툰산업은 현재 정체 구간과 확장 구간이 교차하는 전환점에 놓여 있다. 국내 시장의 성장률은 둔화되고 있지만 글로벌 시장에서는 여전히 빠른 확장이 가능하다. 기술 발전 속도는 창작 노동 구조를 바꾸고 있고, AI는 제작비 구조와 제작 방식 전반을 재편하고 있다. 이러한 환경 변화 속에서 산업이 장기적으로 성장하기 위해서는 '산업 생산성 향상'과 '가치 사슬 확장'이라는 두 축이 반드시 결합되어야 한다.

경제학에서 산업이 장기적으로 성장하기 위해 필요한 핵심 요소는 바로 '혁신'이다. 웹툰산업은 제작 방식의 혁신, 플랫폼 기술의 혁신, 유통 전략의 혁신, IP 확장 방식의 혁신 등을 통해 동태적 효율성을 확보해야 한다. 여기서 중요한 점은 혁신이 단일 주체의 전략이 아니라는 것이다. 창작자·플랫폼·투자자·정책기관이 서로 다른 방향으로 움직일 경우 산업 전반의 비효율이 발생한다. 따라서 다음과 같은 구조적 설계가 필요하다.

- 창작 단계의 혁신 : AI 도구 도입, 제작 자동화, 팀 기반 제작 모델의 확대
- 유통 단계의 혁신 : 글로벌 동시 서비스, 가격 전략 다변화, 초개인화 추천 시스템 강화
- IP 확장 단계의 혁신 : 원천 스토리 확보 체계화, 영상 · 게임 · 출판 등과의 통합 사업 모델 구축
- 정책 단계의 혁신 : 데이터 생태계 구축, 표준 계약 제도화, 웹툰산업 기반 연구 지원 등

이러한 요소들이 맞물려 돌아갈 때 산업은 비로소 동태적 효율성을 갖추게 되고, 장기적 성장의 동력을 얻게 된다.

웹툰 경제학, 산업의 언어로 웹툰을 다시 정의하다

웹툰 경제학의 핵심 결론은 다음과 같다.

웹툰은 대중예술이면서 동시에 산업이다. 창작의 가치와 산업의 구조는 충돌하는 것이 아니라 서로를 보완해야 한다. 웹툰의 산업 구조를 이해하지 못하면 창작은 시장에서 온전히 평가받기 어렵다. 창작과 경제학은 대립하지 않으며, 산업적 이해는 창작의 생존을 돕는다. 플랫폼 중심 산업 구조는 창작자·독자·정책의 균형적 조정이 필요하다. IP 기반 확장은 웹툰의 가장 큰 경제적 자산이다. 스토리는 산업의 원천이며, 스토리를 둘러싼 가치사슬이 미래 성장의 핵심이다. 웹툰산업은 이제 국가 전략 산업이며, 체계적 정책과 경제학적 분석이 필수다.

웹툰은 창작자가 만드는 이야기이지만, 그 이야기가 시장에서

살아 움직이기 위해서는 산업의 언어를 이해해야 한다. 웹툰 경제학은 창작의 가치를 줄이는 학문이 아니라, 오히려 창작이 지속될 수 있도록 산업 구조를 견고하게 만드는 지식이다. 웹툰을 단순 감상의 영역에서 벗어나 '경제적 분석이 가능한 산업'으로 바라보는 순간, 우리는 웹툰이 어디에서 가치를 창출하고, 무엇이 성장을 가로막으며, 어떻게 더 큰 산업으로 확장될 수 있는지를 분명하게 이해하게 된다.

웹툰 경제학은 바로 그 관점을 제공한다. 창작자의 시간을 지키고, 플랫폼의 역할을 재정의하며, 국가 산업적 전략 속에서 웹툰의 위치를 명확히 하고, 글로벌 시장에서 한국 웹툰이 지속적으로 확장될 수 있는 구조를 설계한다. 이것이 내가 웹툰 경제학을 쓰게 된 이유이며, 왜 지금 이 시점에서 웹툰산업이 경제학적

분석을 필요로 하는지에 대한 답이며, 앞으로 나아가야 할 방향
에 대한 하나의 제안이다.

서범강의 웹툰 경제학

웹툰 경제학을 만나다.
창작은 감성, 전략은 이성

경제학은 단순히 돈의 흐름을 쫓는 학문이 아니라, '한정된 자원으로 인간의 무한한 욕망을 어떻게 효율적으로 충족시킬 것인가'를 연구하는 선택의 학문이라고 할 수 있다. 경제학은 '현상을 해석하는 언어'로서 과거, 현재, 미래에 이르기까지 산업과 사회 현상에 대해 복잡한 세상을 이해하는 해석의 틀Lens 로서 의미를 지니게 되는 것이다.

우리가 살아가는 사회의 자원은 유한하다. 경제학은 이 자원을 어디에, 얼마나 투입해야 낭비를 줄이고 가장 큰 효용을 얻을 수 있는지 결정하는 중요한 키를 제공하며, 감이나 직관이 아닌, 데이터와 논리에 기반한 의사 결정을 할 수 있도록 한다. 사회 구성원들은 경제학에 기초한 바람직한 방향을 정하여 '판Rule '

을 짜게 된다. 다시 말해 경제학은 산업과 사회가 굴러가는 '운영 체제OS'와 같아서, 기업에는 이윤 극대화의 전략을, 정부에는 공공정책의 나침반을, 개인에게는 합리적 선택의 기준을 제시하여 사회 전체의 후생Welfare을 높이는 기능을 해야 한다.

이러한 경제학의 관점과 논리를 바탕으로 웹툰Webtoon과 경제Economics의 합성어로 만들어진 웹투노믹스Webtoonomics는 웹툰이 단순한 콘텐츠의 상태를 넘어서고 거대한 지식재산권IP 비즈니스의 핵심 원천이 되어 창출해내는 경제 생태계가 되었으며, 웹툰산업을 단지 실력 있는 작가와 좋은 작품에만 기대어 흐르도록 해서는 안 되는 때가 되었음을 강조한다. 웹투노믹스는 웹툰을 '감상하는 콘텐츠'에서 '확장하는 원천 IP'로 재정의하는 경제 구조 원리다. 이제 웹툰산업과 시장은,

- 영화, 드라마, 게임, 애니메이션, 캐릭터 상품 등 다양한 2차 창작물로 무한히 확장되는 OSMU의 중심이 되는 슈퍼 IP
- 작가와 독자 간의 일차원적 관계를 넘어, 포털 및 전문 플랫폼이 트래픽, 데이터, 광고, 유료 결제 모델을 통해 수익을 극대화하는 플랫폼 경제

의 산업 구조를 전제로 두고 목적과 목표, 전략과 계획을 다져가야 한다. 이제 각 장에 대한 핵심 내용을 집중 조명하고, 웹툰산업과 경제학의 만남을 통해 얻을 수 있는 17가지

핵심 인사이트를 제시하며 긴 글의 마무리를 지어볼까 한다.

▶ 자아 고갈 이론 Ego Depletion 은 사람의 의지력 Willpower 은 무
한하지 않으며, 근육처럼 쓰면 쓸수록 고갈되는 한정된 자
원임을 이해해야 함을 설명한다. 주간 연재라는 고강도 노
동 환경에서 작가는 창작, 작화, 소통 등 수많은 결정을 내려
야 하고, 마감이 임박할수록 의지력이 소진되어 결정의 질이
떨어지거나 번아웃이 올 수밖에 없는 웹툰산업의 환경을 들
여다 본다. 이때 '마감 앞에서는 힘이 빠지게 되는 현상'이 단
순히 게으름의 문제가 아니라, 연재 초반의 과도한 에너지
투입으로 인해 의지력 자원이 '고갈'되었음을 인지하고, 에
너지 분배 전략을 다시 짜야 함을 시사한다.

▶ 사슴 사냥 게임 Stag Hunt Game 은 게임 이론의 일종으로, 불확
실한 큰 이익 사슴 을 위해 협력할 것인가, 확실한 작은 이익 토
끼 을 위해 배신 독자 행동 할 것인가에 대한 딜레마를 설명한다.
웹툰산업에서는 글 작가와 그림 작가의 협업, 혹은 작가와 플
랫폼의 관계 구조를 형성한다. 서로를 완벽히 신뢰하고 위험
을 감수하면 대작 사슴 을 만들 수 있지만, 신뢰가 깨지면 각자
안전한 선택 토끼, 평범한 작품/계약 에 머무르게 될 가능성이 발생
한다. 결국 '사슴을 잡기로 했는데, 왜 토끼만 남았을까?'라는
질문은 협력 과정에서 상호 신뢰가 부족하여 각자가 리스크

를 회피하는 선택을 했기 때문에, 최종적으로 혁신적인 결과
물 대신 평범한 결과물만 남게 된 현상을 설명한다.

▶ 밴드웨건 효과 Bandwagon Effect 는 대중적으로 유행하는 정보
를 따라 상품을 구매하는 현상편승 효과 을 의미한다. 회빙환회
귀, 빙의, 환생 등 특정 장르가 유행하면 독자들이 몰리고, 제작
사도 흥행이 보장된 장르만 양산하게 되는 흐름이 나타난다.
'남들처럼'과 '남들과 다르게'의 선택은 누가 하는가?'라는
질문을 통해 시장의 유행에 탑승하여 안정적인 수익을 낼 것
인가, 위험하지만 독창적인 길을 갈 것인가에 대한 선택이
결국 대중의 '쏠림 현상'이라는 경제 심리가 영향을 주고 있
음을 보여준다.

▶ 행동 경제학 Behavioral Economics 은 인간은 완전히 합리적
이지 않으며, 감정과 편향에 의해 비합리적인 경제활동을
한다는 것을 연구하는 학문이다. 지망생이나 신인 작가들
이 객관적인 시장 데이터보다 "내 작품은 대박 날 거야"라
는 과도한 낙관주의 편향Optimism Bias 을 가질 때 "잘될 거
야"라는 믿음을 위해 착각의 비용을 지불하는 이유를 생각
해봄으로써, 성공 확률을 이성적으로 계산하기보다, 희망
을 유지하기 위해 투입하는 시간과 노력비용 이 때로는 합
리적 판단을 흐리게 할 수 있음을 경계하도록 한다.

▶ 프랜차이즈 Franchise 는 브랜드와 시스템을 공유하여 사업의 성공 확률을 높이고 표준화하는 방식이다. 웹툰산업에서는 대형 에이전시나 스튜디오 시스템을 의미할 수 있으며, 이는 안정적인 퀄리티와 수익을 보장하지만, 작가 개개인의 개성은 표준화된 공정 속에 희석될 수 있음을 생각하게 만든다. '울타리 안과 밖의 경계, 어디에 머물 것인가?'라는 질문은 시스템의 보호울타리 안를 받으며 안정성을 택할 것인가, 야생울타리 밖에서 리스크를 지고 온전한 내 것을 만들 것인가에 대한 작가의 실존적 고민이라고 할 수 있다.

▶ 희소성의 경제학 Scarcity 은 인간의 욕망은 무한하나 자원은 유한하기 때문에 경제활동이 발생함을 보여준다. 웹툰시장에서 독자의 '시간'과 '재화쿠키 등'는 희소할 수밖에 없다. 또 '미리보기' 시스템은 시간이라는 희소 자원을 돈으로 사게 만드는 모델이기도 하다. '당신의 소비는 보이지 않는 손에 의해 결정된다'는 메시지를 던져 독자가 어떤 웹툰을 볼지 결정하는 것은 단순한 취향이 아니라, 한정된 시간과 돈을 가장 효율적으로 쓰려는 무의식적인 경제적 계산의 결과가 될 수 있음을 설명한다.

▶ 게임 이론 Game Theory 은 자신의 이익이 상대방의 행동에

따라 달라질 때, 어떤 전략을 취해야 하는지를 분석한다. 웹툰산업에서는 경쟁 플랫폼 간의 독점 연재 전쟁, 작가 간의 순위 경쟁 등이 이에 해당한다. 따라서 내가 연재를 쉴 때 경쟁작이 치고 올라오는 상황 등을 고려한 전략적 휴재나 연재 주기가 결정될 필요가 있는 셈이다. '협력이냐 경쟁이냐, 전략이 곧 생존이다'라는 메시지는 단순히 열심히 그리는 것을 넘어, 시장 내 경쟁자들의 움직임타 작품의 장르, 플랫폼의 정책 변화 을 읽고 대응하는 전략이 생존의 필수 조건임을 의미한다.

▶ 수요와 공급의 '보이지 않는 손' Invisible Hand 은 시장 가격과 거래량은 계획이 아니라 수요와 공급의 상호작용에 의해 자연스럽게 결정된다는 것을 설명한다. 아무리 작가가 예술성을 고집해도공급, 독자가 원하지 않으면수요 시장에서 도태되는 결과를 낳는다. 반대로 양산형 작품이라도 수요가 많으면 공급은 계속되게 되는 것이다. '창작은 자유, 시장의 로직은 자유인가?'라는 질문은 창작 행위 자체는 자유로울지 몰라도, 그것이 '산업' 안으로 들어오는 순간 철저한 시장논리수요와 공급 의 지배를 받게 됨을 시사하고 있다.

▶ 교두보 효과 Bridgehead Effect 는 적진에 침투하기 위해 마련

 서범강의 웹툰 경제학

한 발판교두보 이 확보되면, 이후의 작전은 그곳을 중심으로 전개될 수밖에 없음을 말한다. 웹툰에 있어 초기에 설정한 작품의 세계관이나 캐릭터 설정교두보 이 잘못되었을 때, 이를 수정하지 못하고 계속 억지로 이야기를 전개하다 작품 전체가 무너지는 경우도 이에 해당한다. '의사 결정, 왜 우리는 실수를 반복하는가?'라는 질문을 통해 초기의 잘못된 설정이나 계약교두보 이 아까워서, 혹은 그것을 기반으로 이미 많은 것을 쌓아올렸기 때문에 알면서도 잘못된 방향으로 계속 가게 되는 오류를 지적한다.

▶ '한계'의 경제학 Marginal Concept 에서 '한계'는 '추가적인 하나'를 의미한다. 한계 효용 체감의 법칙갈수록 만족도 감소 등이 포함되며, 웹툰에 있어서는 컷 수가 늘어날수록 독자의 만족도는 오르지만, 일정 수준을 넘으면 작가의 한계 비용노동력 은 급증하고 독자의 만족도 증가폭은 줄어드는 경우를 대입할 수 있다. '과유불급의 경제학, 어디까지가 한계인가?'의 질문은 무조건 분량을 늘리는 것이 능사가 아니며, 투입 대비 효율이 꺾이는 '최적의 지점'을 찾아내는 것이 경제적인 창작임을 의미한다.

▶ 넛지 Nudge 는 강압하지 않고 부드러운 개입으로 사람들의 선택을 유도하는 설계이다. 웹툰 플랫폼에서 '다음 화 3초

뒤 자동 재생', '첫 화 무료 보기', 베스트 도전 만화의 배치 등 플랫폼의 UI/UX 설계가 독자의 클릭을 유도하는 넛지 Nudge 에 해당한다. '내 옆구리를 콕, 콕 찌른 게 너지? 넛지?'는 나의 웹툰 감상 패턴이 온전히 나의 자유의지라기보다, 플랫폼이 설계한 넛지 설계된 경로에 의해 유도된 결과일 수 있음을 보여주는 질문이다.

▶ 사후판단 편향 Hindsight Bias 은 일이 벌어진 후에 "내 그럴 줄 알았다"며 마치 결과를 예측했던 것처럼 착각하는 심리이다. 웹툰의 사례로는 흥행한 작품을 두고 "이건 원래 성공할 요소가 있었다"고 끼워 맞추거나, 실패한 작품을 "이래서 망했다"고 결과론적으로 비난하는 평론 등이 있을 수 있다. '지금은 맞고 그때는 틀리다'라는 메시지를 통해 결과만 보고 과정을 재단하는 오류를 범하지 말고, 당시의 불확실한 상황에서 어떤 의사 결정이 있었는지를 객관적으로 복기해야 함을 의미한다.

▶ 외부 효과 Externalities 는 어떤 경제활동이 당사자가 아닌 제3자에게 의도치 않은 이익이나 손해를 주는 현상이다. 웹툰의 경우 불법 웹툰 사이트 부정적 외부효과 로 인한 수익 악화, 혹은 인기 웹툰 덕분에 원작 소설이나 관련 굿즈 시장이 활성화되는 것 긍정적 외부효과 등이 있다. '보이지 않는 거

래, 당신의 선택이 나를 바꾼다'는 의미는 내가 정식 사이
트에서 웹툰을 보는 행위가 작가의 생태계를 살리고, 불법
사이트 이용이 시장 전체를 죽이는, 서로 연결된 경제 생
태계임을 강조한다.

▶ 빅블러 현상 Big Blur 은 산업 간의 경계가 모호해지는 현상
을 말한다. 웹툰산업에서는 웹툰이 드라마가 되고, 게임이
웹툰이 되며, 아이돌이 웹툰 캐릭터가 되기도 한다. 웹툰
작가가 방송인이 되고 유튜버가 되는 것도 마찬가지이다.
'경계 없는 경제, 산업의 붕괴와 재조립'을 통해 웹툰을 단
순히 '작품'으로 정의하는 시대는 지났으며, 모든 엔터테인
먼트 산업과 융합되는 거대한 콘텐츠 비즈니스의 관점에
서 바라봐야 함을 뜻한다.

▶ 웹툰산업의 경제학 프레임은 웹툰을 순수 예술이 아닌 '산
업'으로 이해하기 위해 경제학적 원리 수익성, 효율성, 시장성 를
대입해보는 시각이다. 작가는 예술가이자 자영업자 혹은 기
업가 될 수 있다. 후자의 경우에는 ROI 투자 대비 수익, 마케팅,
시장 분석이 창작만큼 중요해진다. '웹툰산업의 경제학 프
레임'이란 감성에 호소하는 창작의 영역에도 냉철한 자본
과 경제의 논리가 뼈대를 이루고 있음을 인정하고, 그 위
에서 전략을 짜야 한다는 거시적 관점이 중요해짐을 전

한다.

▶ 락인 효과 Lock-in Effect 는 소비자가 특정 제품이나 서비스에 고착되어 다른 곳으로 옮겨가지 못하는 현상잠금 효과 을 의미한다. 특정 플랫폼에 충전해 둔 코인, 익숙한 UI, 보관함의 서재 때문에 독자들은 타 플랫폼으로 이동하지 않으려 하는 경우가 생긴다. '오래 머문 자리일수록 길게 드리워지는 그림자'라는 메시지는 플랫폼의 독점력이 강화될수록 작가나 독자의 선택권은 줄어들고, 플랫폼 종속도가 심화되는 경향이 나타나므로, 이를 제대로 인지하고 필요한 때에 올바른 판단과 결정을 할 수 있도록 준비하라고 이야기한다.

▶ 파레토 법칙 Pareto Principle 은 전체 결과의 80%가 전체 원인의 20%에서 일어나는 현상80:20 법칙 을 말한다. 웹툰산업에서 상위 20%의 인기 작가또는 작품 가 전체 웹툰시장 매출의 80%를 가져가는 수익 불균형 현상이 일어나는 경우도 이에 해당한다. '집중과 편중의 경제학, 세상을 지배하는 불균형의 법칙'을 통해 웹툰시장 역시 극단적인 '승자독식Winner takes all ' 구조를 가지고 있으며, 이 불균형 속에서 어떻게 생존하거나 상위 20%로 진입할 것인가에 대한 전략적 고민과 방안을 제시한다.

 서범강의 웹툰 경제학

　이와 같은 개념들은 웹툰산업을 단순히 '그림을 그리고 보는 행위'가 아니라, 치밀한 심리 게임이자 거대한 자본의 흐름으로 해석하게 해준다. 창작자에게는 자신의 감정과 에너지를 관리하고, 시장의 흐름을 읽는 전략적 도구가 되어 주고, 웹툰산업 종사자에게는 독자의 행동을 예측하고, 지속 가능한 비즈니스 모델을 설계하는 나침반이 되어 준다. 동시에 독자에게는 자신의 소비 패턴이 어떤 경제적 유인에 의해 움직이는지 깨닫게 해줄 수 있다.

　무엇보다 '웹툰 경제학'이라는 타이틀을 가지고는 있지만, 웹툰이라는 친근한 예시를 들어 근본적이고 기본적인 '경제학'의 개념과 원리를 이해하도록 설명하고 있다고 봐도 좋다. 따라서 이 책은 경제학을 공부하고자 하는 모든 이들에게 유용한 도구가 되어 줄 것이며, 웹툰을 좋아하는 이들에게는 경제학과 웹툰을 두루 이해하고 익힐 수 있는 최고의 정보가 되어 줄 것이다.